1,60

Christian Oelemann

# DUMME GEDANKEN

**Verlag 3.0**

Christian Oelemann
Dumme Gedanken
Roman

ISBN-Print: 978-3-95667-051-0  Edition BUCH[+eBook]
ISBN-eBooks: 978-3-95667-052-7 ePub
978-3-95667-053-4 mobi

© 2014 by Verlag 3.0 Zsolt Majsai,
50181 Bedburg, Neusser Str. 23 | http:/buch-ist-mehr.de

Sollten Sie Fragen oder Anregungen haben, können Sie gerne eine E-Mail senden an service@verlag30.de

Alle Rechte vorbehalten, insbesondere das Recht der mechanischen, elektronischen oder fotografischen Vervielfältigung, der Einspeicherung und Verarbeitung in elektronischen Systemen, des Nachdrucks in Zeitschriften oder Zeitungen, des öffentlichen Vortrags, der Verfilmung oder Dramatisierung, der Übertragung durch Rundfunk, Fernsehen oder Video, auch einzelner Text- und Bildteile sowie der Übersetzung in andere Sprachen.

*Lektorat:* Sabrina Lim, 71404 Korb
*Umschlaggestaltung:* Attila Hirth | www.kurziv.hu
*Satz und Layout:* OLD-Media, 69126 Heidelberg
*eBook-Erstellung:* Gerd Schulz-Pilath | datamorgana@mac.com

Printed in EU

*Bibliografische Information der Deutschen Nationalbibliothek*
Die Deutsche Nationalbibliothek verzeichnet diese Publikation in der Deutschen Nationalbibliografie; detaillierte bibliografische Daten sind im Internet über http://dnb.ddb.de abrufbar.

*Dumme Gedanken*

Meine Bestürzung war eine totale, auch wenn ich mich gegenüber dem Angestellten des *Moodymarts* am Werth gelassen und unbeeindruckt gab. Das vorweg. Ich hatte gerade in diesen Laden nie hineingehen wollen, weil mich die Werbekampagnen von *Moodymart* stets angewidert haben und jetzt noch mehr anwidern. *Moodymart, so blöd bin ich doch auch wieder nicht,* oder *geil, geiler, geizig,* wie sehr kann man noch verdummen, um einer Firma zu vertrauen, die solche Slogans erfindet. Ich bin dann aber am Donnerstag vor der Ansmeerfahrt doch spontan hineingegangen, um einen Fotoapparat zu kaufen. Und zwar nicht, weil ich plötzlich hereingefallen wäre auf die *Moodymart*slogans, das sicher nicht! Fakt ist, man kann in Wuppertal nichts mehr kaufen, ohne auf einen *Moodymart* oder einen Neptun angewiesen zu sein, denn nach und nach haben alle sogenannten Fachgeschäfte ihre Pforten dicht gemacht; ein Radio kannst du in Wuppertal nicht mehr kaufen, selbst wenn du nicht *geizig* bist und/oder *blöd,* außer man geht in einen *Moodymart* oder einen Neptun. Dort findet man – vielleicht – was man gern in einem Fachgeschäft zu einem akzeptiert höheren Preis gekauft hätte, weil in den Fachgeschäften Verkäufer am Werke waren, die ihr Fach verstanden. Im *Moodymart* trifft man aber nur auf Verkäufer, die ihr Fach nicht verstehen, weil sie sich keine Zeit nehmen für den Kunden und ihr Fach. Weil sie darauf gedrillt werden, dass das, was man im *Moodymart* oder im *Neptun* heute bekommt, morgen schon *out* ist. Will man in einem *Moodymart* ein simples Gerät erstehen, wird man belehrt, dass es in Bälde einen Nachfolger für das Produkt geben wird, viel besser, viel günstiger, viel *nutzerfreundlicher.* Dennoch verkaufen sie ihr obsoletes Zeug, weil man ja blöd ist und derlei Veraltetes kaufen will, beispielsweise einen schlichten Fotoapparat.

Jetzt; gemeint ist die Zeit nach meiner Ansmeerfahrt mit Marie, wollte ich den Moodymart-Angestellten nicht seinen Triumph auskosten lassen, als er mir mitteilte, nicht ein einziges Bild der abgegebenen Speicherkarte sei *etwas geworden;* deshalb regte ich mich nicht auf, zumindest nach außen hin nicht. Natürlich war es ein Triumph für diesen Schnösel, da mache ich mir nichts vor; schon beim Kauf des Fotoapparats war er mir überheblich und geringschätzig gekommen, der Moodymartler.

Überheblich, weil er offensichtlich bedeutend jünger war als ich und geringschätzig, weil ich offensichtlich älter war als er, viel älter, im Grunde zu alt, um einen *digitalen* Fotoapparat zu erwerben, den er mir dann aber doch unbedingt verkaufen wollte, andrehen wollte, wie ich eigentlich sagen müsste. Der Moodymartler hat mir diesen Apparat geradezu aufgeschwätzt. Man konnte ihm keinen Film einlegen, sondern lediglich ein Medium, wie er die Speicherkarte nannte, die er mir gleich mitverkaufte. Die Kapazität von zwei Gigabyte, die diese Speicherkarte angeblich hatte, belächelte er sogar, als seien zwei Gigabyte im Grunde ja nichts, aber sicher genug für einen ältlichen Trottel wie mich.

Ich hatte nach einem richtigen Fotoapparat gefragt, in den man einen Film einlegen konnte, meinetwegen auch eine Kassette, wie früher in meine Kodak Instamatic, aber er hatte nur gelacht und mich gefragt, was das denn sei. Habe er ja noch nie gehört. Sodann drückte er mir den Apparat in die Hand, den ich dann auch gekauft habe; er erklärte, es handele sich um eine digitale Kamera, die am einfachsten zu bedienende, die derzeitig im Angebot sei, und bei mir läuteten bei dem Wort *digital* sofort die Alarmglocken und ich wies ihn darauf hin, dass ich keinen Computer besitze, aus Gründen, die ihn nichts angingen.

Der Moodymartler versicherte mir, ich brauche zur Verwendung des Apparates, den ich leider im Moodymart gekauft habe, keinen Rechner; er verwendete den Ausdruck *Rechner,* vermutlich war ihm *Computer* zu hochtrabend.

„Und wie bekomme ich dann meine Fotos?", wollte ich von ihm wissen, und er erklärte in seinem gnädigen Ton die Sache mit der Speicherkarte, die ich ehrlich gesagt nicht vollends verstand; aber mir fehlte die Lust auf Erklärungen, mir reichte seine Zusage, dass ich mithilfe des Moodymarts an meine Fotos käme, was ein Fehler war, wie ich jetzt weiß.

Die von mir am Vortag abgegebene Speicherkarte – er nannte sie nach wie vor großkotzig das *Medium*, als sei von Okkultismus die Rede – sei *leer gewesen*, was schlichtweg unmöglich ist, denn ich hatte mich bei meinem neu gekauften, extra für die Ansmeerfahrt angeschafften *digitalen* Fotoapparat exakt nach den Anweisungen dieses Moodymartlers verhalten, der mir schon beim ersten Mal, also beim Kauf, zutiefst unsympathisch gewesen war; den Fotoapparat hatte ich am Meer genau so bedient, wie er es mir – geduldig übrigens, als habe er es mit einem Debilen zu tun – erklärt hatte, da bin ich ganz sicher.

Ich hatte die Speicherkarte vorschriftsgemäß aus dem Fotoapparat herausgezogen und zum Moodymart getragen, um mir meine Bilder ausdrucken zu lassen, genau wie er es mir erklärt und empfohlen hatte. Der Moodymart-Angestellte bestand jedoch jetzt darauf, dass auf meiner am Vortag abgegebenen Speicherkarte keine Daten zu finden seien, also auch keine Bilder, die man hätte drucken können; zum angeblichen Beweis ließ er mich einen Blick auf seinen Flachbildschirm werfen, als ob mir das nutzen würde.

„Leer, absolut leer", wiederholte er und zeigte mit seinem Kugelschreiber auf das Symbol eines gelben Koffers, unter dem die Zahl 0 prangte, was offenbar nichts Gutes bedeutete.

„Sie haben uns ein vollkommen leeres Medium gegeben", so er und damit schob er quasi die Schuld am Desaster, das es für mich bedeutete und noch immer bedeutet, mir in die Schuhe, als hätte ich, wenn auch nicht absichtlich, so doch immerhin grob fahrlässig die Speicherkarte *geleert*.

Das kann jedoch gar nicht so sein bzw. gewesen sein, denn ich bin ein die Technik mit Ehrfurcht, mit Skepsis betrachtender Mensch, ich würde mich niemals an das Löschen irgendwelcher *Daten* auf *Medien* heranwagen, abgesehen davon, dass ich gar nicht wüsste, wie man so etwas anstellt.

Eine Regung oder Erregung meinerseits auf eine derartig lächerliche Behauptung hätte jedoch zweifellos dem Moodymartler die größtmögliche Genugtuung bereitet, das sah ich ihm an, weshalb ich all meine Kraft aufwandte, nicht aus der Haut zu fahren und ihm den Fotoapparat, den ich aus unerklärlichen Gründen zur Abholung meiner Speicherkarte, eigentlich zur Abholung meiner Fotos, mitgebracht hatte, nicht vor die Füße zu werfen.

Er hätte seine Überlegenheit in puncto Fotoapparat- bzw. Speicherkartenhandhabung durch Erklärungen, auf die ich in keiner Weise erpicht war, zur Schau gestellt und mich in meinem Entsetzen nur noch mehr vor den Kopf gestoßen.

Noch nie ist es mir vorgekommen, dass ein Verkäufer oder Bediensteter, gleich um welches Gewerbe es sich handelt, für die Verdorbenheit der Ware einsteht, die er repräsentiert. Mein Moodymartler repräsentierte für mich Speicherkarten und Fotoapparate, und diese Sache erledigte er schlecht.

Stets ist der ahnungslose Kunde der zu Unrecht Unzufriedene und Gedemütigte, wie ich es immer wieder erlebt habe und erlebe, nicht nur in Wuppertal, sondern praktisch in jeder Stadt der Welt. Es handelt sich bei meinen Aufnahmen, die, wie sich jetzt abzeichnete, gar keine waren, weil unter dem gelben Koffer auf dem Flachbildschirm des Moodymartlers irgendeine Zahl außer null hätte stehen müssen, um die wichtigsten, die ich in meinem ganzen Leben je gemacht habe, aber das sagte ich dem Moodymartler selbstverständlich nicht.

Das Vertrauen, das man in einen neu gekauften Apparat setzt, ist ja schlicht grotesk! Ich hatte den Fotoapparat eigens wegen eines Urlaubs gekauft, den ich, zum ersten Mal spontan seit Jahren, wie man sagen muss, an der Seite eines von mir zunächst bestaunten, dann sogar geliebten Menschen verbringen sollte und auch verbracht habe, im Gegensatz zu so vielen lange im Voraus geplanten Urlaubsreisen, die ich an der Seite von nicht geliebten und nicht nur nicht geliebten, sondern im Grunde verabscheuten, durch diese Reisen verhasst gewordenen Menschen verlebte, wie ich jetzt sagen muss.

Von den meisten Reisen, die ich mit von mir keinesfalls geliebten oder sogar sukzessive verhassten Personen unternommen habe, existieren heute Fotos, die ich selbst oder aber meine Gefährten *geschossen* haben, immer nur zu dem einen Zweck, Erinnerungen zu sichern, derer zu erinnern sich rückblickend *in keiner Weise* gelohnt hat, das weiß ich heute. Im Gegensatz dazu nun diese Aufnahmen, die mir nicht vorliegen. Sie wären mir die wichtigsten gewesen, die allerwichtigsten sogar. An einige der nun nicht vorliegenden Bilder konnte ich mich noch gut erinnern, denn der neu gekaufte, wegen Marie angeschaffte Fotoapparat hatte ein sogenanntes *Display*; auf diesem *Display* erscheinen die Aufnahmen, die man geschossen hat, noch etwa fünf Sekunden, damit man sich vergewissern kann, ob hinsichtlich der Qualität, sprich Bildausschnitt, Schärfe oder Helligkeit, alles zur Zufriedenheit des Schützen bestellt ist, oder ob Nachschussbedarf besteht. In meinem Fall hatte einige Male Nachschussbedarf bestanden, weniger der Schärfe oder Helligkeit wegen, sondern weil ich die Aufnahme um Sekunden zu früh oder zu spät ausgelöst hatte, und ich empfand diese Kontrollmöglichkeit als echten Fortschritt im Vergleich zu den Ergebnissen, die ich mit meinem alten Fotoapparat, einer Kodak Instamatic, erzielt hatte. Das könnte ich notfalls beweisen, Schränke voller Urlaubserinnerungsfotos habe ich in meiner Wohnung, aber ich öffne diese Schränke gar nicht, scheue vor diesen Schränken regelrecht zurück, damit ich sie nicht womöglich öffne aus Langeweile oder Selbstbestrafung. Habe ich während einer Reise beispielsweise mit Absicht überhaupt keine Fotos *geschossen*, weil mir schon während dieser Reise bereits klar war oder zumindest wurde, dass ich mich nicht an sie würde erinnern wollen, haben naturgemäß andere diese Fotos geschossen und mir später mehr oder weniger gegen meinen Willen zukommen lassen, *in Erinnerung an*, wie häufig auf der Rückseite zu lesen ist. Oft habe ich mich sogar dafür bedankt lächerlicherweise! Habe ich selbst ganz bewusst bei einer Reise nicht fotografiert, fotografierte stets ein anderer oder eine andere, und immer habe ich die Resultate dieses Fotografierens später entgegennehmen müssen, ohne dass ich um sie gebeten hätte, und immer habe ich mich bedanken müssen für diese Aufnahmen, die von denen, die sie gemacht hatten, meistens als reizend oder *entzückend* bezeichnet wurden; ich habe sie dann selbst auch als reizend oder *entzückend* bezeichnet und mich bedankt und meine Schränke damit gefüllt, ohne sie mir je wieder anzusehen. Das ist Tatsache. Im Grunde stehe ich der Fotografie immer dann ablehnend gegenüber, wenn sie nicht als Ausdruck künstlerischer Ambition, sondern als Erinnerungsvehikel dient, was immer der Fall war bei den Fotos, die ich oder meine Reisegefährten geschossen haben, allesamt sogenannte Schnappschüsse, die nichts anderes als verlogen und pervers waren, denn immer wurde unter dem Vorwand des Hintergrundes, sei es ein berühmter Berg oder der Eiffelturm oder ein Wasserfall, irgendein lachendes *blödes* Gesicht gezeigt auf diesen Bildern, und ich weiß noch gut, dass ich bei einer Reise der unglücklichste Mensch war und ausschließlich gelitten habe und nichts als Heimweh nach meinen eigenen vier Wänden gehabt habe. Nachher hielt ich allerdings zwanzig, dreißig Fotos in meinen Händen, auf denen ich lächle oder sogar lache, vor dem Eiffelturm oder einem berühmten Berg, und ich weiß nur zu gut, dass mir während der ganzen Reise nicht ein einziges Mal zum Lachen gewesen war oder zum Lächeln, aber das scherte sie nicht, die Schnappschießer. Im Gegenteil. Ist auf einem dieser Urlaubsserien einmal ein Foto dabei gewesen, auf dem nicht in der beschriebenen Weise gelacht oder gelächelt wurde, zerrissen sie es auf der Stelle und schenkten es mir nicht, weil sie glaubten, ich vergäße alles Gewesene, die Niederträchtigkeiten und Verheerungen, die die Reise mit sich gebracht hatte. Sie schenkten mir dafür Schränke voller Lächel- und Lachfotos. Das sind die verlogenen und perversen Erinnerungsvehikel, die ich ablehne und wie nichts auf der Welt hasse. Ich gehe aber doch tatsächlich her und nehme sie in Empfang und bedanke mich und entblöde mich nicht einmal, sie auch noch reizend und entzückend zu nennen, bevor ich sie in meine Schränke sperre auf nimmer Wiedersehen. Meine Aufnahmen, die jetzt nicht vorliegen, waren keine Lächel- oder Lachaufnahmen, das will ich betonen. Die Stunden, die ich mit Marie in Noordholland, am Meer, verbracht hatte, verliefen weitestgehend lächelfrei, meine Fotos hätten es bewiesen.

Gibt man eine Speicherkarte ab, so denke ich jetzt, liefert man sich aus auf Gedeih und Verderb, genauso wie man, als es noch nicht Speicherkarten und derlei *Medien* gab, einen Film einreichte und sich damit auf Gedeih und Verderb auslieferte, vorausgesetzt, die geschossenen Aufnahmen waren einem wichtig. Gibt man einen Film *ab*, kann man nicht ausschließen, dass man ihn *auf*gibt, wie seinen Urin beim Arzt; auf Ärzte trifft alles das zu, was auf andere Verkäufer und Moodymartler in der ganzen Welt auch zutrifft, auch der Arzt haftet nicht für eine verdorbene oder möglicherweise vertauschte Entgegennahme, und der Arzt konstatiert und diagnostiziert dann Krebs oder eine andere tödliche und in jedem Fall immer scheußliche Krankheit, mit der er dich vor den Kopf stößt, und sie schneiden dir alles heraus und du erlebst, überlebst diese Herausschneidungen mit knapper Not, und letztendlich hast du dich aufgegeben wie einen zu entwickelnden Film, der angeblich bereits belichtet gewesen sei, wie eine angeblich leere Speicherkarte, und dann stellt es sich womöglich heraus, dass es gar nicht dein Urin war, der analysiert worden war, sondern ein ganz anderer Urin. Dieses Glück hat man aber meistens nicht; meist stirbt man zuvor aufgrund seines abgegebenen Urins an den Herausschneidungen, die für einen menschlichen Körper ja immer die größte Zumutung sind, wie ich am eigenen Leibe erfahren habe. Das Glück, dass dir ein Arzt zugibt, er habe den falschen, also nicht deinen Urin untersucht und analysiert, hat man normalerweise nicht. Meistens sagen sie es einem nicht, dass sie den falschen Urin analysieren, oder sie sagen es, nachdem sie alles aus dir herausgeschnitten haben und du längst von ihnen vernichtet bist und an dieser Vernichtung stirbst, weil sie zu viel war für dich und weil dir das Wissen, dass es gar nicht dein Urin war, der zu deiner Vernichtung geführt hat, längst nichts mehr nützt und im Grunde gar nicht mehr hätte erwähnt werden müssen. Wer sagt denn überhaupt, dass diese Speicherkarte, die mir der arrogante Moodymartler mit dem Hinweis ausgefolgt hat, sie sei ohne Daten gewesen, also *leer*, überhaupt die meine war?

Gibst du eine Speicherkarte ab, begibst du dich in die gleiche tödliche Abhängigkeit und Unberechenbarkeit, denn du weißt ja nicht, was sie mit deiner Speicherkarte machen in ihren Rechnern. Es kann die dir wichtigste Speicherkarte sein, und du gibst sie ab und man sagt dir, sie sei leer, obwohl du das ausschließen musst, aber du kannst es nicht offiziell ausschließen, weil du es nicht beweisen kannst naturgemäß. Für mich waren die auf meinem abgegebenen *Medium* gespeicherten Daten die wichtigsten. Fast möchte ich behaupten, es ist leichter zu beweisen, dass der von dir abgegebene Urin nicht der von den Ärzten letztendlich analysierte ist, als eine Speicherkarte, die du abgibst und danach nichts mehr in der Hand hast; in ein Röhrchen pinkeln kannst du zur Not noch ein weiteres Mal, aber diese Aufnahmen von Marie, die ich während unserer gemeinsamen Ansmeerfahrt *geschossen* habe, sind einmalig und nicht zu wiederholen. Ich hätte in diesen Moodymart am Werth nicht hineingehen dürfen, hätte meiner Abneigung gegen diese Kette mit den unsäglichen Werbespots trauen sollen und nicht hineingehen, dann wäre mir meine Bestürzung erspart geblieben, denke ich heute. Jahrelang halten wir uns an Abmachungen, die wir mit uns selbst getroffen haben aus gutem Grund, und auf einmal ändern wir spontan unser bewährtes Verhalten und weichen spontan von den Abmachungen ab und richten auf der Stelle den schlimmsten Schaden an, suchen eine Filiale dieser Firma auf, die mit dem Slogan *Ich bin doch nicht blöd* wirbt und haben uns obendrein noch der Arroganz der Schädiger zu erwehren und sind naturgemäß bestürzt. Es ist deine eigene Schuld, sagte ich mir immer wieder, du hättest dich auf dein Gefühl verlassen sollen, das dich immer vor Mediamärkten, nicht nur dem am Werth, gewarnt hat, aber du bist doch spontan hineingegangen und hast einen *digitalen* Fotoapparat gekauft samt Speicherkarte, die du mit Daten gefüllt hast, indem du Marie fotografiert hast; diese Speicherkarte hast du mit all den kostbaren Aufnahmen leider im Moodymart abgegeben nach deiner Ansmeerfahrt, von wegen *ich bin ja nicht blöd* und du brauchst dich gar nicht zu wundern, dass du jetzt deine Marieaufnahmen nicht hast. Es ist deine eigene Schuld, immer wieder sage ich mir das, ohne dass es mich beruhigt, weil mir der Verlust der von mir diesmal mit Bedacht geschaffenen *Erinnerungsvehikel* geradezu Schmerzen verursacht. Du hättest die spontane Reise mit der geliebten Frau gar nicht erst antreten sollen oder zumindest nicht fotografieren sollen während dieser Spontanreise, dann wäre jetzt keine Bestürzung nötig, so denke ich wieder und wieder, mich meiner grundsätzlichen Abneigung gegen das Reisen und meiner grundsätzlichen Abneigung gegen das Fotografieren erinnernd. Vor allen Dingen hättest du deine Speicherkarte nicht ausgerechnet im Moodymart am Werth, in den du nie hast hineingehen wollen, *ab*geben und *auf*geben sollen. Noch dazu, wo es sich bei diesen Erinnerungsvehikeln diesmal tatsächlich um einmalige Aufnahmen gehandelt hat, da auf allen Aufnahmen ein von mir geliebter Mensch zu sehen gewesen wäre, diese wunderbare Frau, die ich übrigens erst am Tag vor Antritt unserer Reise kennengelernt und zu dieser Spontanreise überredet hatte, einige Male sogar in kreatürlichem Zustand, also nackt; in jedem Falle immer schön und reizend, wie ich mich erinnere. Die Nacktaufnahmen habe ich mich zuerst gar nicht zu *schießen* getraut, um die Frau nicht vor den Kopf zu stoßen und sie nicht einzuschränken in ihrer spontanen Unbeschwertheit, die sie während der ganzen Reise an den Tag gelegt hat, nach und nach immer mehr; aber sie selbst hat mich dann darum ersucht, „drück doch mal ab", hat sie gesagt und dabei dieses einmalige Marielächeln an den Tag gelegt. Sie selbst hatte mein Fotografieren, genauer ihr

Fotografiertwerden, angeregt, und in diesem Moment war sie vollkommen nackt gewesen, hat aber nicht gelächelt. Später hat es mir nichts mehr ausgemacht, wie man sagt, und ich habe sie einige Male nackt aufgenommen, weil ja im Grunde nichts dabei ist, wie auch sie mir mehrere Male sagte, es sei doch nichts dabei!, warum denn eigentlich nicht? Auf all diesen Aufnahmen wäre die von mir am Tag vor meiner Reise erst kennengelernte und dann bald auf das heftigste geliebte Frau zu sehen gewesen, mitunter sogar lächelnd, was mir in diesem Falle aber nichts ausgemacht hätte, da es sich nicht um Vorwandsaufnahmen gehandelt hat wie vor einem berühmten Berg oder einem Wasserfall oder dem Eiffelturm, sondern um lebensverändernde, das muss betont werden. Zuerst wunderte ich mich naturgemäß, dachte, dass sie sich hier auszieht, noch dazu vor mir, einem Mann, den sie nicht einmal kennt, aber dann verstand ich, dass sie sich nach diesem *Sich-ruhig-auch-mal-ausziehen-können* wahrscheinlich schon lange gesehnt hatte, und es liefen an diesem Strand ja viele Menschen, Frauen vor allem, unbekleidet herum, schon als wir angekommen waren am Meer.

Wie sich denken lässt, wunderte ich mich und fragte mich zuerst, warum geniert sie sich nicht, und ich verstand, dass sie sich sehr wohl genierte, aber so viele Frauen und auch einige Männer liefen unbekleidet durch den Sand oder lagen auf Handtüchern, dass wir uns in unserer mitgebrachten jahrelangen, jahrzehntelangen, lebenslangen Zugeknöpftheit miteins geradezu lächerlich vorkamen und uns ebenfalls auszogen nebeneinander, auch wenn wir uns nicht kannten.

Im Nachhinein, und ich greife jetzt vor, erkenne ich ihre Absicht, als sie mich gewissermaßen dazu aufforderte, sie nackt zu fotografieren, als sei es das *Natürlichste von der Welt*, was es zwar durchaus nicht ist, unserer Geschichte aber vor allem nicht entsprach in diesem Moment, und ich beeilte mich auch gleich, nachzufragen, ob sie das nackt Fotografiertwerden für eine Selbstverständlichkeit halte, in diesem Moment noch nicht ahnend, dass ich zu Unrecht auf die Speicherfähigkeit meines zu diesem Zweck erst gekauften *Mediums* setzte. Sich einem fremden Mann an einem Nacktbadestrand zu zeigen, ist ja das eine, dachte ich. Aber ihn die eigene Nacktheit sogar *digital* abspeichern zu lassen ist etwas anderes, dachte ich zu diesem Zeitpunkt, als ich noch annahm, Maries Körper auf meiner Speicherkarte konserviert zu haben. Einen vielleicht nicht mehr wildfremden aber doch fremden Mann auf den Auslöser drücken zu lassen, wenn man völlig unbekleidet neben ihm am Strand spaziert, ist schon stark, dachte ich am Strand neben Marie. Das setzt ein Vertrauen voraus, dessen ich mich noch nicht hatte würdig erweisen können, und das sagte ich ihr auch. Ich bekam die mich zunächst verblüffende, im selben Moment aber auch beglückende Antwort, ich sei der erste, der sie dergestalt unbekleidet am Strande laufend und überhaupt unbekleidet sähe, noch nie habe sie sich in der Öffentlichkeit ausgezogen, noch nie sei sie an einem FKK-Strand gewesen, und sie äußerte mehrere Male, wie beglückend sie es empfände, *mir und der Welt, der Welt und mir,* so sie wörtlich, unverrichteter Dinge splitternackt gegenüberzutreten.

Hätte ich in diesem Moment bereits gewusst, was mir die geliebte Frau später anvertraute, hätte ich es nicht ausgehalten vor Ergriffenheit und Lust, da bin ich sicher. Das mir von ihr jedoch erst später Anvertraute veränderte meine Haltung ihr sowie auch mir selbst gegenüber radikal. Alles sie Betreffende und alles mich Betreffende sehe ich jetzt wie mit neuen Augen, aber das ist bereits ein Vorgriff und gehört nicht hierher. Es war Marie, die ihren Arm um mich legte, wie man seinen Vater umarmt, den man durch den Park führt. Auch ich legte meinen Arm um sie und berührte dadurch unweigerlich ihre linke Brust, was gar nicht meine Absicht gewesen war zunächst, mir aber ungeheuer gefiel. Mehrere Minuten spazierten wir wortlos in der beschriebenen Umarmung, und ich fühlte mich von ihrer linken Brust beschenkt, sie gab mir das Gefühl eines ein Gnadenbrot Erhaltenden, und ich fragte mich, ob es tatsächlich spontane Zuneigung ihrerseits oder vielmehr Mitleid war, was mir diese ersterlebte Brustbefassung ermöglichte. Wie gesagt hatte ich zu diesem Zeitpunkt noch ein Tochter-Vater-Gefühl bei uns beiden. Ich war der alte Vater, dem die Tochter erlaubt, durch den Park zu spazieren. Dem sie es erlaubt, ihre Brust zu berühren, vielleicht weil sie spürt, dass der arme, alte Mann ja noch nichts erlebt hat. Ist es Zuneigung oder ist es Mitleid, das fragte ich mich in einem fort und hätte diese meine Gedanken beinahe laut ausgesprochen. Stattdessen sagte ich, und es entsprach auch den Tatsachen, dass mir mein rechter Arm allmählich erlahmte, denn er trug sowohl ihre als auch meine gesamte Kleidung, die wir ja nicht auf einem Handtuch zurücklassen konnten wie viele andere Nackte am Strand, da wir keines bei uns hatten und unsere Entkleidung eine nicht geplante, sondern völlig spontane gewesen war: Marie hatte unsere *Sachen* geschickt zu einem griffigen Bündel verknäult; selbstredend verstand sie mich sofort und wechselte hinter meinem Rücken auf die rechte Seite herüber und ich ließ das Bündel von meiner Rechten in meine Linke wandern. Alsbald ruhte meine Rechte auf ihrer Brust, jetzt aber ihrer rechten, die ich zwar schon bestaunt, jedoch nicht berührt hatte bislang. So fühlen sie sich also an, dachte ich, und in einem Anflug von Offenbarungslust sagte ich dann laut „so fühlen sie sich also an, diese Brüste! Beglückend!" Nichtsdestotrotz grübelte ich noch immer darüber nach, ob mir diese Beglückung aus Gründen der Zuneigung oder aus purem Mitleid, Mitleid mit einem alten *Zukurzgekommenen*, zuteil geworden war, aus Zuneigung oder aus Mitleid mit einem *sexuell* Zukurzgekommenen, aber das wusste Marie ja noch nicht. „Alles ist gut jetzt", sagte die von mir wahrscheinlich schon geliebte und zumindest bereits an der Brust gefasste Frau, weniger zu mir, so kam es mir vor, denn zu sich selbst, und es klang weder abgedroschen noch verkitscht, es war schlicht und ergreifend die Wahrheit. Dieses *Alles-ist-gut-jetzt* nährte zwar meine Mitleidbefürchtung, aber doch stimmte es, es war alles gut jetzt. „Dass wir jetzt hier sind", sagte die von mir minütlich mehr Geliebte, „dass wir jetzt hier sind und hier miteinander spazieren, ist ein Glück, finden Sie nicht auch?" Sie sprach von Glück, dabei klang ihre

Stimme plötzlich traurig. Das erschien mir bemerkenswert; hinter diesen Worten lauerte Leid, und ich wollte in diesem herrlichen Augenblick an nichts denken, das mit Leid zu tun hatte, und ich verhielt mich, als hätte ich Maries Traurigkeit nicht bemerkt.

„Ein einziges Glück!", sagte sie. Ich hätte nicht gedacht, dass es zu einem solchen Spaziergang jemals kommen würde. Es hat nicht mehr danach ausgesehen mittlerweile, das kann ich wirklich so sagen. „Nie nie sagen!", sagte sie; noch zweimal sagte sie jetzt schnell hintereinander „nie nie sagen! Ich hätte auch nicht gedacht, dass es zu solch einer spontanen Reise mit einem mir völlig fremden Mann jemals kommen würde, aber ich finde es schön!" Dass sie in einem Moment, in dem ich ihre Brust hielt, mich als fremden Mann bezeichnete, versetzte mir einen Stich, wie man sich vorstellen kann. Wir sind gekränkt, werden wir als Fremde bezeichnet, während wir die uns so Bezeichnenden umarmen und an der Brust halten. In dem Moment verlor die Frage, ob es sich bei der Brustberührung um eine *sexuelle* Handlung handelte, ihre Bedeutung und wich einer anderen, mir jetzt auf den Nägeln brennenden, nämlich der, was meine Reisegefährtin dazu bewogen haben mochte, auf mein Angebot, gemeinsam für ein paar Tage zu verreisen, einzugehen, mir eine spontane Zusage zu geben. „Was hat Sie eigentlich dazu bewogen, mit einem völlig fremden Mann zu verreisen, wenn ich fragen darf?", fragte ich Marie. „Eigentlich nicht!" war ihre Antwort. Dieses *eigentlich* verursachte sofort meine größte Bestürzung, aber sie wusste sie zunichte zu machen, indem sie anschließend erklärte, es werde ihr kalt allmählich, ob es nicht an der Zeit sei, unser Bündel zu entwirren und uns wieder anzuziehen.

Wir zogen uns also wieder an, und ich dachte, es ist viel lächerlicher, sich vor einer nahezu fremden Frau die Unterhose anzuziehen als sie auszuziehen, und ich war froh, dass sie mit ihrem eigenen Anziehen viel zu beschäftigt war, als dass sie mich hätte beobachten können beim Vertuschen meiner Gleichgewichtsstörungen. Wir setzten unseren Spaziergang jetzt bekleidet fort, behielten aber die gegenseitige Umarmung bei, auch wenn meine Hand jetzt nicht mehr auf ihrer Brust lag, sondern in ihrem Haar spielte. Genauso wenig, wie ich bislang einer Frau an die Brust gefasst hatte, hatte ich jemals im Haar einer Frau gespielt, weswegen die Fortsetzung unseres Spaziergangs nicht weniger einzigartig war als zuvor unser gemeinsames Nacktsein. Wir gingen ja, kaum dass wir in Schoorl angekommen waren, beinahe sofort zum Strand, nachdem wir unser Gepäck im Hotel Camperduin unter- bzw. abgestellt hatten. „Erst einmal zum Strand!", hatte sie gesagt, und auch ich sehnte mich wie nichts nach dem Meeresanblick. Wir waren allenfalls fünf Minuten in unseren Zimmern, um uns *frisch* zu machen, wie man sagt, und dann gingen wir auf direktem Weg zum Strand und spazierten mehrere Stunden und legten während dieser Zeit spontan unsere Kleidung ab in der beschriebenen Art und Weise, und als wir sie wieder anlegten, stellten wir beide gleichzeitig fest, dass wir längst ein Hungergefühl verspürten.

Es ging ja auch bereits auf den Abend zu, und seit dem Frühstück, welches wir noch jeder für sich in seiner eigenen Wohnung eingenommen hatten, den jeweiligen Reisegefährten bis dahin noch gar nicht kennend, sieht man von dem kurzen Gespräch ab, von dem noch die Rede sein wird, hatten wir nichts gegessen am Reisetag. „Was halten Sie davon, wenn ich Sie zu einer Pizza einlade?", sagte ich zu ihr, „eine Pizza oder ein Nudelgericht oder auch Fleisch, wenn Sie das mögen, jedenfalls etwas vom Italiener, haben Sie Lust?" – „Gibt es denn in diesem kleinen Kaff einen Italiener?", fragte Marie erstaunt, und ich wies sie darauf hin, dass es keine zehn Minuten mit dem Auto seien, ein Katzensprung sozusagen, bis Bergen aan Zee, dem touristischsten Ort in dieser Touristengegend. Ich kannte mich aus, war schon seit Jahren immer wieder, meist für ein verlängertes Wochenende und bislang stets *allein* nach Noord-Holland gekommen, in die Duinstreek, wie sich die Küstenlandschaft zwischen Almaar und Den Helder nennt.

Sie sagte „ja gern, auf eine Pizza oder auf Spaghetti hätte ich Lust, wenn es keine *angebliche* Pizza oder *angebliche* Spaghetti sind!" Das war eine Anspielung auf unser Kennenlernen am Vortag, wovon ich noch reden werde. Sie wolle sich allerdings, wenn mein Hunger dies zulasse, vor dem Abendessen eine halbe Stunde hinlegen; „eine halbe Stunde die Beine hochlegen, nicht schlafen etwa, sondern nur eine halbe Stunde ruhen! Aber nur, wenn es Ihnen nichts ausmacht!" Oft brauche sie ihre Beine nur eine halbe Stunde hochzulegen, und sie sei hernach ein völlig neuer Mensch, wie ausgewechselt, so sie, gerade nach einem Spaziergang wie dem unsrigen, der der schönste seit Wochen, seit Monaten, ja was sage sie, seit Jahren gewesen sei. Naturgemäß erfreute mich ihre Bewertung unseres Spaziergangs, denn zweifellos hatte sie etwas Nettes sagen, mir eine Freude machen wollen mit dieser für mich so wichtigen Bewertung, die ich teilte, absolut teilte, da gibt es nichts. Ich nutzte die halbe Stunde, in der die in diesem Moment von mir wahrscheinlich längst geliebte Frau ihre Beine hochlegte, um in meinem Zimmer den am Morgen gekauften und noch originalverpackten digitalen Fotoapparat auszupacken und mit Batterien zu bestücken, so wie es in der Gebrauchsanleitung detailliert war, und um die Speicherkarte in den vorgesehenen Schlitz zu schieben, der sich erst zeigte, wenn man eine Klappe am Apparatrücken öffnete. Schon beim Einlegen der Speicherkarte ging es mir durch den Kopf, wie gerne ich die von mir bereits geliebte Frau während unseres Spaziergangs fotografiert hätte, gerade in der nackten Phase, die sich so spontan und unerwartet ergeben hatte. Ihre Brustwarzen waren zuletzt erigiert gewesen, erinnerte ich mich, und ich war froh, dass Frieren beim Mann ein anderes Resultat zeitigt, wobei ich nicht gefroren hatte. Wäre ich neben dieser wunderbaren Frau am Strand mit erhobenem Penis in die Unterhose gestiegen, hätte ich ihr nicht mehr erhobenen Hauptes entgegentreten können, so meine Blitzüberlegung. Hätte ich doch nur ein Bild von dieser wunderbaren Frau, wie sie in ihrem schönsten Kostüm, dem Evakostüm nämlich, die Duinstreek bereichert, dachte ich. Ich konnte noch nicht davon ausgehen, dass wir einen weiteren Strandspaziergang ähnlicher Art vor uns hatten und tröstete mich damit, dass ich, auch wenn ich den neu gekauften Fotoapparat mitgenommen hätte zu unserem ersten Strandspaziergang, ihn nicht zu benutzen gewagt hätte, jedenfalls nicht in der nackten Phase, deren Grundlage ja Spontaneität und Natürlichkeit gewesen waren. Die Selbstverständlichkeit unseres gemeinsamen Nacktseins hätte darunter gelitten, dachte ich jetzt; durch mein Fotografierenwollen hätte ich vermutlich jegliche Spontaneität und Natürlichkeit zunichte gemacht. Ich tröste mich, dass ich die schon jetzt geliebte Frau niemals vor den Kopf hätte stoßen wollen durch einen Schnappschuss, den sie unweigerlich als anzüglich hätte auffassen müssen. Immerhin war der Gedanke, die von mir schon jetzt geliebte und in der Tat bezaubernd aussehende Frau nackt zu fotografieren, von dem Moment an, als ich die Speicherkarte in den Apparat geschoben hatte, in meinem Kopf, und ist ein Gedanke, mag er noch so unsinnig sein, erst einmal im Kopf, hat man ihn meist für längere Zeit, manchmal sein Leben lang im Kopf, wie ich weiß. Ist ein Gedanke, und dieser Gedanke mag vielleicht der abwegigste schlechthin sein, erst einmal im Kopf verankert, schlägt man ihn sich so schnell nicht wieder heraus. Man hat seine Gedanken ja nicht aufgrund seines Willens im Kopf, sondern es verhält sich umgekehrt, man denkt, und daraus leiten sich Wünsche erst ab. Erst ist der Gedanke da, und für den kann man nichts, der ist bekanntlich frei, und dann kommt erst der Wille. Selbstredend war ich nicht erpicht darauf, nur Nacktfotos von der bereits zu diesem Zeitpunkt geliebten Frau zu schießen, wie man in diesem Fall treffend sagt. Ich bin schließlich kein Lüstling! Ich werde den Fotoapparat am besten nicht mitnehmen, wenn wir noch einmal an den Strand gehen und unsere Kleider ablegen sollten, sagte ich mir in dieser halben Stunde, in der Marie im Nebenzimmer ihre Beine hochgelegt hatte. Wenn wir noch einmal zum Strand gehen sollten, womöglich noch einmal einen solchen Spaziergang wie den heute unternommenen ins Auge fassen sollten, nehme ich ihn schlicht nicht mit, damit sie gar nicht erst auf *dumme Gedanken* kommt, dachte ich. Niemals darf ich sie, noch dazu ausgerechnet mit einem Fotoapparat, vor den Kopf stoßen, dachte ich verständlicherweise, denn meine Einstellung zur Fotografie ist mittlerweile bekannt. Am besten lasse ich den neu gekauften Fotoapparat im Hotelzimmer, damit ich erst gar nicht in Versuchung komme, ein Foto zu *schießen*, sollte es zu einem solchen Strandspaziergang überhaupt noch einmal kommen, nahm ich mir vor.

Zunächst aber lag kein Strandspaziergang an, sondern ein Abendessen, und ich hörte jetzt, da die Wände in niederländischen Hotels außerordentlich dünn, eigentlich eher Wandattrappen sind, dass die von mir zu diesem Zeitpunkt schon geliebte Frau im Nebenzimmer auf und ab ging, ihre Beine also nicht mehr *hoch* liegen hatte. Ich hörte die Wasserleitung und nach einiger Zeit auch das Rauschen der WC-Spülung, und in diesem Moment konnte ich den Fotografiergedanken beiseiteschieben, hintanstellen, wie man sagt, vorläufig zwar nur, denn ich freute mich jetzt geradezu enthusiastisch auf die nun vermutlich Ausgeruhte, von der ich noch nicht einmal den Familiennamen wusste; fast nichts wusste ich von dieser Frau, nur, dass ich der Erste war, der sie in der sogenannten Öffentlichkeit nackt gesehen hatte. Ich wusste lediglich, dass ich sie bezaubernd schön fand und bereits liebte und sonst praktisch nichts.

Verrückt, dachte ich, du weißt ja von ihr praktisch nichts und verreist mit ihr, kaufst sogar eigens für diese Reise aufgrund einer Wahnsinnsidee für neunundsechzig Euro einen neuen Fotoapparat und für 12 Euro Fünfzig eine zusätzliche Speicherkarte, doch weißt du bis jetzt nicht mehr von dieser Frau, als dass sie die Erste ist, der du an die Brust gefasst hast, und dass du sie vielleicht deswegen liebst. Ich dachte, nur du bist zu einem solchen Wahnsinn in der Lage! Kein Mensch sonst würde spontan mit einer völlig unbekannten Person für ein paar Tage ans Meer fahren und riskieren, dass diese Reise, wie schon so viele Reisen zuvor, die du mit Bekannten unternahmst, das reinste Fiasko werden würde, wovon ich aber schon jetzt nicht mehr ausging; der Strandspaziergang vom

Nachmittag hatte diese Ansmeerfahrt allein schon mehr als gerechtfertigt, wie ich sagen muss. Ich hatte am Donnerstag in einer Filiale der Restaurantkette Maritima auf dem Werth, das ist die Haupteinkaufsstraße in Wuppertal Barmen, ein Schollenfilet mit einem fürchterlichen Kartoffelsalat bereits ungefähr zur Hälfte zu mir genommen und darüber nachgedacht, ob ich mich über den Kartoffelsalat, der im Grunde nichts als ein Mayonnaisematsch war, beschweren sollte, als sie sich an meinen Tisch setzte.

Sie fragte gar nicht erst, ob der Platz frei sei, wie man es gewöhnlich tut oder einmal getan hat. Sie besetzte den *offensichtlich* freien Platz mir gegenüber ganz selbstbewusst, ebenfalls ein Schollenfilet mit diesem abscheulichen Kartoffelsalat auf den Tisch balancierend, und wünschte mir einen guten Appetit.

Ich beschloss, mich nicht zu beschweren, sondern den Kartoffelsalat übrig zu lassen, gar nicht weiter zu berücksichtigen, nur noch das vom Schollenfilet Übriggebliebene zu essen und es dabei sein Bewenden haben zu lassen und mich nicht *künstlich* aufzuregen.

Ich dachte, reg dich doch nicht *künstlich* auf. Du bist ja selbst schuld, was bestellst du auch ein solches von vornherein verdächtiges Gericht! Was gehst du auch hinein in eine Maritima-Filiale! In diesem Augenblick sagte die mir gegenüber Sitzende, weniger zu mir als zu sich selbst, „diesen Kartoffelsalat kann man im Grunde nicht essen!" Erheitert, ja erfreut, musste ich nun aufschauen und in ihr Gesicht sehen, denn wann trifft man noch auf einen Menschen, zu dessen Wortschatz *im Grunde* gehört? Ich habe dieses Gesicht sogleich als ein mir ausgesprochen angenehmes, sympathisches Gesicht empfunden und habe zu diesem Gesicht gesagt, dass ich ebenfalls nicht bereit sei, diesen „angeblichen Kartoffelsalat" aufzuessen. Sie hat einen verlegenen Ausdruck in den Augen bekommen und gekichert wie ein Schulmädchen. Nachdem ich den Rest meines Schollenfilets zerstückelt und hinuntergeschluckt hatte, dachte ich, jetzt noch ein Eiskaffee, ein Eiskaffee wäre zum

Nachtisch das Richtige, die paar Schritte zum Eissalon und dort den Nachtisch, einen Eiskaffee eben. Ich sagte es auf einmal laut vor mich hin, „jetzt einen Eiskaffee!" und merkte erst jetzt, dass ich gerade laut *jetzt einen Eiskaffee* gesagt hatte und dass sich die mir gegenübersitzende Frau angesprochen fühlte, wie mir ihr Gesicht verriet. Dabei hatte ich ihr nur beweisen wollen, dass sie nicht die Einzige war, die Selbstgespräche führte. Sie aber verstand mein Selbstgespräch gar nicht als solches, wie ich nun merkte. Sie fühlte sich angesprochen, als gelte mein Eiskaffeeplan ihr und ich dachte, warum eigentlich nicht, und sprach sie nun mit Absicht noch einmal an. Ob ich ihr mit einem von mir spendierten Eiskaffee über die Enttäuschung wegen des *angeblichen* Kartoffelsalates hinweghelfen könne, so ich. Sie lachte laut heraus, sich an ihrem Schollenfiletbissen, den sie gerade eingeschoben hatte, verschluckend, und sie hustete, mit vollem Mund also, „warum eigentlich nicht?" Warum eigentlich nicht, das könnte das Motto dieser spontanen Reise sein, wie ich, mich an ihr *Warumeigentlichnicht* erinnernd, im Hotelzimmer dachte, während Marie die Beine nicht mehr hochgelegt hatte, sondern offenbar Toilette machte. Warum eigentlich nicht mit einer völlig Fremden verreisen? Warum eigentlich nicht einen neuen Fotoapparat kaufen? Warum eigentlich nicht die Kleider ablegen am Strand? Warum eigentlich nicht bei ihr liegen, vielleicht noch an diesem Abend?

„Ja, warum eigentlich nicht?", sagte ich zu der noch mit dem Rest ihres Schollenfilets Befassten, „nehmen wir doch einfach drüben", gemeint war der Eissalon gegenüber dem Bismarck-Denkmal im oberen Teil des Werth, „einen Eiskaffee! Oder zwei, einen für jeden freilich!" Marie ließ den Rest ihres Schollenfilets samt angeblichem Kartoffelsalat unter ihrer Papierserviette verschwinden und stand sofort auf. „So war das nicht gemeint!", sagte ich wahrheitsgemäß. „Sie hätten ruhig noch in Ruhe zu Ende ...", aber sie unterbrach mich, „nein, jetzt muss es ein Eiskaffee sein, von allein wäre ich auf diesen Einfall gar nicht gekommen. Es ist Jahre her, dass ich zuletzt einen Eiskaffee hatte!" Bei diesem Eiskaffee plauderten wir über mehr oder weniger Belangloses, und ich wunderte mich darüber, wie leicht es mir fiel, über Belangloses zu plaudern, obschon ich nichts mehr hasse als sogenannte Plaudereien über Belangloses.

Die Entscheidung zu einer Plauderei mit der schon bestaunten Frau war mir nicht schwergefallen, wie ich betonen möchte. Das ist bereits ein Indiz, denn normalerweise wäre mir jede belanglose Plauderei schwergefallen, das kann ich versichern. Es ist während des Eiskaffees im Salon gegenüber dem Bismarckdenkmal am Werth das erste Mal gewesen, dass ich einem Menschen ins Gesicht sagte, ich würde ihn „gerne wiedersehen"; genau dazu allerdings ließ ich mich hinreißen. Marie, deren Namen ich naturgemäß noch nicht kannte, lachte, womit sie eine gewisse Verlegenheit überspielte; sie kam auf meine Formulierung *angeblicher Kartoffelsalat* zurück, die ihr gefallen habe. Ich fühlte mich nicht ernst genommen und versuchte, betroffen auszusehen und beharrte darauf, ich habe es ernst gemeint mit dem Wiedersehenwollen. „Und ich möchte so gern mal wieder für ein paar Tage ans Meer", antwortete sie darauf leise und plötzlich wie weggetreten wirkend; als habe jemand plötzlich einen Schalter bei ihr umgelegt, dachte ich in diesem Moment. Ihr Blick schien plötzlich etwas in weiter Ferne Liegendes regelrecht zu suchen. Ich hatte zu ihr gesagt, „ich würde Sie gerne noch einmal wiedersehen", und sie antwortete, „ich möchte gerne mal wieder für ein paar Tage ans Meer." Ob sie in dem Moment nur ausgesprochen hatte, worüber sie die ganze Zeit während unserer belanglosen Plauderei nachgedacht hatte, sich also auf uns gar nicht konzentriert hatte, so wie ich, konnte ich naturgemäß nicht wissen, aber es kam mir so vor in diesem Moment, und ich schalt mich einen Narren. Ich dachte, es ist doch lächerlich, nur weil du eine sympathische Frau zum Lachen und Sichverschlucken gebracht hast, nur weil du ihr einen Eiskaffee bezahlt hast, musst du doch nicht gleich annehmen, dass sie sich auf dich konzentriert! Laut aber sagte ich, „spricht nichts dagegen! Fahren

Sie doch für ein paar Tage ans Meer!" Sie antwortete jetzt im Flüsterton, „ja, warum eigentlich nicht?", sie war so leise, dass ich sie nur verstehen konnte, wenn ich mich ihr in einer Weise näherte, die ich selbst bei anderen als distanzlos verunglimpft hätte; Marie flüsterte etwas und ich musste sie, indem ich noch näher rückte, darum bitten, dass sie es wiederholte, und das tat sie, ohne mich anzusehen in diesem Moment, und zwar nun wieder in Normallautstärke: „Jetzt ist ja wieder alles möglich, aber ich habe niemanden, den ich mitnehmen kann, und allein verreisen ist meine Sache nicht. Oder zumindest noch nicht. Aber wer weiß?" Ich weiß, dass es der blanke Wahnsinn war, die größte Verrücktheit im Grunde, aber tatsächlich hörte ich mich antworten: „Warum fahren wir nicht zusammen für ein paar Tage ans Meer?" Sie errötete heftig und vergewisserte sich, ob sie mich richtig verstanden habe, wiederholte „wir", und ich sagte, „ja warum eigentlich nicht *wir*, ich möchte auch gerne mal wieder ans Meer, warum fahren wir also nicht einfach zusammen hin? Zeit hätte ich und ein Auto auch!" Sie stutzte und sah mich an, als habe sie es mit einem Halbruhigen zu tun. Sukzessive schlich sich ein verunsichertes Lächeln in ihre Züge, bis es erstarb und sie mich mit dem größtdenkbaren Ernst ansah, dramatisch fast, und sie ließ mit der größtdenkbaren Entschiedenheit vernehmen, „ja warum eigentlich nicht *wir*!" Es klang im Vergleich zu allem von ihr bislang Geäußerten ausgesprochen entschlossen. „Ja, warum eigentlich nicht wir!" So hatte es angefangen mit den dummen Gedanken. Denn im Grunde war es ein dummer Gedanke, dass zwei wildfremde Menschen, die sich zufällig in einem Schnellimbiss begegnen, sich auf einen anschließenden Eiskaffee verabreden, und dann auch noch auf eine gemeinsame Ansmeerfahrt, noch dazu, wenn einer der beiden, im vorliegenden Fall ich, ein Mensch ist, der von Reisen nichts hält, zumindest nicht in Gesellschaft. Es klopfte jetzt von außen an meine Tür, und die Frau, die mich seit meinem Aufbruch in Wuppertal in einem fort beschäftigt hatte, erkundigte sich, ob sie eintreten dürfe. Ich rief „ja, warum eigentlich nicht?"

Das sollte ein Scherz sein, zumindest mein gutes Gedächtnis beweisen, aber die eintretende Frau reagierte darauf nicht humorvoll, sondern gar nicht.

„Ich bin dann so weit", informierte sie mich. Sie hatte sich zum Abendessen nicht umgezogen, wie ich erwartet hatte, sondern trug noch immer ihre schwarze Jeans und den leichten, weinroten Seidenpullover, die Anreisekleidung also, wie ich dachte. Sie trägt noch immer die Anreisekleidung, die zwischenzeitlich zu einem Knäuel gebunden war zusammen mit meiner Anreisekleidung. Über den Arm hatte sie sich eine braune Wildlederjacke gelegt, die ich noch nicht kannte. Auch ich hatte mich nicht umgezogen, auch ich hatte noch meine Anreisekleidung an, und ich erhob mich von meinem Bett und sagte, „na dann gehen wir doch mal", und wir gingen dann.

„Ich hoffe, Sie haben sich gut erholt von unserem Strandspaziergang!", sagte ich zu ihr im Auto, und sie sagte, „aber ja!"

„Ich hoffe darüber hinaus, Sie haben jetzt auch einen so gesunden Appetit wie ich", sagte ich im Auto, und sie sagte, „aber ja, und wie! Ich verhungere fast!"

„Wir sind auch gleich schon da!", erklärte ich, „es ist eigentlich nur ein Katzensprung bis Bergen, keine zehn Minuten, Sie werden sehen!" Darüber hinaus sprachen wir kein Wort während der kurzen Fahrt, und auch, als ich das Auto auf einem Parkplatz ganz in der Nähe des La Terrazza abstellte, schwiegen wir. Es war aber im Gegensatz zum Schweigen am Vormittag nun ein harmonisches Schweigen, ein Schweigen, das den erlebten Strandspaziergang und die Brustberührung in sich aufhob. Man schweigt anders mit einem Menschen, dessen Brust man angefasst hat.

Ein beinahe heiteres Schweigen herrschte zwischen uns, das nur kurz unterbrochen wurde von unserer Bestellung, die ich italienisch radebrechte, bevor ich erkannte, dass der mir bereits vor Jahren durch seinen Nietzsche-Schnurrbart aufgefallene Kellner ein Namensschild am Revers trug, auf dem Jaroen Onderkerst stand. „Jetzt bin ich also tatsächlich am Meer!", sagte Marie, während ich das Wechselgeld einsteckte.

„Ja", gab ich zurück, „wir sind am Meer, und ich frage mich, ob das überhaupt wahr sein darf. Was für eine Dreistigkeit, mit Ihnen einfach nach Schoorl zu fahren! Aber Sie haben ja ‚ja' gesagt!", sagte ich, und sie nickte und pflichtete mir bei, sie habe ja *ja* gesagt. Ich dachte, das gibt es doch nicht, dass du einer völlig fremden Frau eine Reise nach Holland, ans Meer vorschlägst, und sie sagt, „ja, warum eigentlich nicht?" Ich hatte ja mit anderen eigentlich nie verreisen wollen, sondern war immer nur auf die penetranteste Art genötigt worden, mitzureisen, meinerseits immer in der Hoffnung, es würde eine Reise werden, in der ich von Schnappschüssen verschont bleiben, in Ruhe gelassen werden würde. Ich war es immer gewesen, der in Ermangelung eines klaren Neins leider allzu oft *warum eigentlich nicht* gesagt hatte, und jetzt genoss ich eine mir völlig unbekannte Frau, nur weil sie sich ungefragt an meinen Maritimatisch gesetzt hatte und weil sie mit mir geplaudert und auf meinen Vorschlag, gemeinsam ans Meer zu reisen, *warum eigentlich nicht* geantwortet hatte. Sind Sie unabhängig, fragte ich Marie, und sie sagte mit aller Entschiedenheit, „jetzt wieder, ja, vollkommen unabhängig." – „Ich auch", teilte ich ihr mit, weil ich erwartete, dass sie die Gegenfrage stellen würde, „von mir aus können wir gleich los, ich kenne da ein Hotel in Camperduin, da kommen wir sofort unter."

Sogleich hatte ich meine Wortwahl als viel zu anzüglich bereut, denn ich hätte ja sagen müssen, da bekommen wir beide jederzeit zwei Zimmer, aber ich hatte gesagt, „da kommen wir sofort unter", was sich anhörte, als meine ich ein Zimmer. Sie aber hatte das nicht so, also falsch, verstanden. „Ja sicher, warum denn nicht, wann geht's los?", so sie. „Nun", erwiderte ich, „warum nicht gleich morgen?", und sie nickte. „Ich hole Sie morgen ab, und wir fahren für ein paar Tage ans Meer, das ist doch nicht schlecht!", befand ich, und sie nickte wieder und sagte „das ist wirklich nicht schlecht." Nimmt sie dich eigentlich ernst, fragte ich mich, macht sie sich womöglich einen Spaß mit dir, ich war mir tatsächlich nicht sicher; die Möglichkeit, dass ich zum Opfer eines Spaßes werden würde, war mir bewusst, ich zog sie in Betracht, aber ich vernachlässigte sie auf der Stelle.

„Am besten hole ich Sie mit meinem Auto ab", hatte ich gesagt, „wir können ja mit meinem Auto ans Meer fahren. Oder möchten Sie mit Ihrem Auto fahren?", hatte ich schnell hinterdrein geschoben, obschon ich im Gefühl hatte, dass sie kein Auto besaß, wahrscheinlich nicht einmal den Führerschein. So war es auch. „Gerne mit Ihrem Auto!", antwortete sie, „ich stehe Ihnen zur Verfügung." Das hatte sie tatsächlich gesagt, und ich glaube, dass ich es war, der in diesem Moment errötete, da dieses „ich stehe ihnen zur Verfügung" ja durchaus nicht ohne war, wie man sagt. „Ich stehe Ihnen zur Verfügung" entbehrte ja nicht einer gewissen Schlüpfrigkeit, die ich aber sofort nicht gehört haben wollte, um nicht dem Klischee des auf Schlüpfrigkeiten Erpichten zu entsprechen. „Wie lange können Sie sich denn frei machen?", hatte ich sie gefragt, und wieder merkte ich erst, was ich da gesagt hatte, als ich es schon gesagt hatte, aber auch sie war nicht auf Schlüpfrigkeiten aus, sie hatte mich sofort richtig verstanden, und das dankte ich ihr unausgesprochen. „Schauen wir doch einfach mal!", hatte sie vorgeschlagen, und das war mir, wie man verstehen wird, sehr recht; auch ich stehe auf dem Standpunkt, erst einmal schauen, bevor man sich auf etwas festlegt, das man allzu schnell wieder bereuen könnte. „Wo darf ich Sie einladen?", hatte ich sie am Vortag gefragt, und sie hatte mir eine Adresse genannt; es war die Ferdinand-Thun-Straße Nummer zwei.

Durch die Ferdinand-Thun-Straße war ich mindestens einmal in der Woche seit Jahrzehnten gegangen, um zu meinem Wald zu kommen, der mir meine Geistesgänge sichert, die sogenannten oberen Barmer Anlagen, in denen ich seit Jahren meine Geistesgänge abhalte. Wie andere Leute einmal in der Woche in die Sauna gehen oder einmal in der Woche Tennis spielen oder einmal in der Woche den Beischlaf suchen, unternehme ich regelmäßig einmal in der Woche meine Geistesgänge, im Murmelbachtal, jenseits der oberen Barmer Anlagen, um mich völlig ungestört meinen Gedanken hinzugeben, die meistens mit Musik zusammenhängen. Ich lebe ja gewissermaßen von nichts anderem als von Musik, die Musik ist ja immer in mir, und ich dachte, seltsam, ausgerechnet die Ferdinand-Thun-Straße, durch die du seit Jahren regelmäßig gegangen bist und du hast sie dort nie getroffen, diese sympathische Frau; ausgerechnet in der Ferdinand-Thun-Straße wohnt sie, Hausnummer zwei, und ich schlug vor, „sagen wir um zehn Uhr!"

„Um zehn, abgemacht, ich stehe unten!", hatte sie dann gesagt und den Eissalon verlassen, ohne sich noch einmal umzudrehen, und ich hatte mich, wie man verstehen wird, gefragt, meint sie das wirklich ernst, wird sie um zehn Uhr unten stehen in der Ferdinand-Thun-Straße oder hat sie sich über mich lustig gemacht. Sie denkt nicht im Traum daran, mit dir ans Meer zu fahren, was ja verständlich ist bei deiner wahnsinnigen Vorgehensweise, das war gestern meine Überlegung, als Marie den Eissalon verlassen hatte. Die Möglichkeit, dass die Frau es ernst meinte, also mich nicht vorzuführen gedachte, führte mich an diesem Donnerstag direkt in den Moodymart am Werth, in den ich nie hatte hineingehen wollen, wie bekannt ist, um einen neuen Fotoapparat zu kaufen, da ich meinen alten vor Jahren in einem Anflug von Wut in die Wupper geworfen hatte, damals überzeugt, dass ich nie mehr im Leben einen Fotoapparat würde bedienen wollen nach all den Enttäuschungen, die mir die Fotografie bereitet hatte. Ich hatte eine alte, aber tadellose Kodak Instamatic, die noch ohne Speicherkarte auskam und einwandfreie Bilder ablieferte, von der Herzogbrücke in die Wupper geworfen, nachdem ich, wie es schon oft geschehen war, Urlaubsfotos überreicht bekommen hatte, sogenannte Schnappschüsse, Fotos, auf denen ich in der unvorteilhaftesten Weise zu sehen war, vor dem Eiffelturm etwa oder einem berühmten Berg. Und irgendjemand auf diesen Schnappschüssen, oft leider sogar ich selbst, lächelte ekelerregend, dieses perverse und verlogene *Alles-ist-prima-Lächeln*, das mir zum Hals heraushängt.

Spontan fasste ich damals den Entschluss, mich an derlei Schnappschießereien hinfort nie mehr zu beteiligen, weder also solche Erinnerungsvehikel zu produzieren, noch überhaupt jemals wieder mit sogenannten Bekannten zu verreisen, die ja im Grunde gar keine Bekannte waren, sondern nur mit mir Mitleid Habende. Mitleid, oder schlimmer noch Erbarmen, was ich verabscheue wie nichts auf der Welt. Wer Mitleid hat, der fühlt ja wenigstens auf der gleichen Ebene, während in Erbarmen die ganze Großkotzigkeit steckt, die den vermeintlich Höherstehenden charakterisiert. Tatsächlich bin ich davon überzeugt, dass diese Bekannten mich immer überredet hatten, mit ihnen nach Paris oder in die Alpen oder zu den Niagara-Fällen zu reisen, weil sie damit ihr Gewissen beruhigen wollten. Als seien sie Schuld daran, dass ich nicht wie sie ein immer zu allen Scherzen aufgelegter Mensch bin, nicht ein Sich-durch-die-Welt-Lächelnder wie sie.

Und vermutlich setzten sie voraus, eine solche Reise, wie die nach Paris oder die in die Alpen oder die nach Amerika, würde mich aufheitern. Eine Reise wie die nach Paris oder in die Alpen oder nach Amerika gäbe mir endlich einmal Gelegenheit, aus mir *herauszugehen*. Geh doch mal aus dir heraus, insistierten sie dann auch ständig, wenn sie ihre Trinkgelage feierten oder wenn sie sich pudelnackt in der Sonne rekelten, und ich habe sie in diesen Momenten regelrecht gehasst. Leider habe ich es immer versäumt, es ihnen zu sagen.

Im Grunde waren sie ja diejenigen, die nicht aus sich *herausgingen*, sie ließen ja nur etwas *heraushängen*, was ihnen gar nicht eigen war, sie waren ja nicht wirklich vergnügt, sondern pseudovergnügt, sie waren ja nicht wirklich enthemmt, sondern sie waren durch und durch gehemmt und verklemmt in ihrer Schamlosigkeit, was sie sich naturgemäß nicht eingestanden. Ich hätte es ihnen einmal auf den Kopf zusagen sollen, wie sie sind, aber das habe ich nicht getan. Dafür war ich ihnen der Richtige, dass sie auf mich zeigen konnten und mich verspotten mit diesem erbärmlichen *Geh-doch-mal-aus-dir-heraus*. Meistens habe ich zu solchen dummen Anwürfen gar nichts gesagt, mich schlicht geweigert, überhaupt zu reagieren. Aber einmal habe ich doch etwas dazu gesagt, nämlich dass ich im Gegensatz zu ihnen gar nicht aus mir heraus müsse, da ich mich in mir vollkommen wohlfühle und keine Schau abziehen müsse wie sie. Wie sich denken lässt, waren sie eingeschnappt und regten sich auf und ziehen mich der Undankbarkeit, und die Folge war, dass sie mich im nächsten Jahr nicht mehr einluden, mit ihnen zu verreisen. Das war gut. Aber bevor sie mich dann nicht mehr einluden oder überredeten, hatten sie mir von diesem letzten gemeinsamen Urlaub noch Fotos überreicht, die mich allesamt nur anekelten in ihrer perversen Verlogenheit, und ich hatte meinen noch tadellosen Fotoapparat aus der Vitrine genommen und bin mit ihm auf die Herzogbrücke gegangen und habe ihn theatralisch in die Wupper geworfen. Schränke habe ich bis oben hin gefüllt mit solchen Scheußlichkeiten. Warum wirfst du den ganzen perversen und verlogenen Kram nicht einfach in den Container, habe ich mich schon oft gefragt. Beim nächsten Großreinemachen wirfst du all diese perversen Verlogenheitsschnappschüsse in den Container, hatte ich mir schon x-mal vorgenommen, aber ich hüte sie noch immer alle, und im Moment steht mir nicht der Sinn danach, *Großreine* zu machen. Im Gegenteil kam mir, kaum war die Frau, mit der ich mich für 10 Uhr des Freitags verabredet hatte, aus meinem Blick, wusste ich, dass ich, käme es wirklich zu einer gemeinsamen Ansmeerfahrt, weitere Erinnerungsvehikel würde schaffen wollen, so lächerlich das klingen mag. Kaum verschwand Marie, die für mich zu diesem Zeitpunkt nur *diese Frau* war, hinter dem Bismarckdenkmal, bereute ich plötzlich den In-die-Wupper-Wurf meiner alten Kodak Instamatic. Kaum war ich wieder allein, eilte ich auch schon zum Moodymart, und es war bemerkenswerterweise keine Schwellenangst zu spüren gewesen. Das ist bedauerlich, wie wir längst wissen. Ich bin hineingegangen und habe einen nagelneuen Fotoapparat gekauft. Du kaufst jetzt doch noch mal einen Fotoapparat, hatte ich mir gedacht, diese Tage am Meer musst du konservieren, hatte ich gedacht, wahnsinnig, wie ich war, denn es hätte ja die größte Enttäuschung werden können, wovon ich durchaus noch ausging in diesem Moment. Fast immer nämlich entpuppen sich die Ereignisse, denen man entgegenfiebert, als Enttäuschungen; darüber könnte ich Bücher schreiben! Hatte ich als junger oder nicht mehr ganz junger Mann eine Frau ins Auge gefasst, der ich gerne an die Brust gegriffen und mit der ich gerne in vermehrungssymbolischer Weise zusammengelegen hätte – hatte ich sie dann tatsächlich angesprochen, wozu ich mich immer mühsam durchringen musste, ein solcher Entschluss war mir nie wirklich leicht gefallen – war immer kurz vor mir ein anderer da, der der jeweils Betreffenden bereits an die Brust griff oder mit ihr zusammenlag in vermehrungssymbolischer Weise. Irgendwann gab ich es ganz einfach auf, schlug mir vernünftigerweise den Wunsch aus dem Kopf, einer Frau an die Brust zu fassen und anschließend mit ihr zusammenzuliegen in vermehrungssymbolischer Weise, Sexualität, schön und gut, aber sie ist nicht das Feld, auf dem du säen und ernten kannst; andere ja, du nein, wurde mir klar. Dein Feld, auf dem du nicht nur ernten, sondern auch säen kannst, ist die Musik. Hatte ich es mit Menschen zu tun, die mir sympathisch waren, spielte ich ihnen selbstverständlich meinen Bach vor, meistens die Englischen Suiten, oder ich spielte ihnen meinen Scarlatti vor, Domenico, versteht sich, und ich erzielte sowohl mit Bach als auch mit Scarlatti oft die größte Wirkung. Es ist vorgekommen, dass sich Menschen bei mir bedankt haben, wegen Bach und wegen Scarlatti, die sich bedankt haben, dass sie Bach und Scarlatti durch mich kennen- und schätzengelernt hatten, und sie sind nachher gelaufen und haben mir zum Dank Schubert geschenkt, oder Mozart oder Haydn, weil sie gedacht haben, der liebt ja die klassische Musik, da wird ein Mozart, ein Schubert, ein Haydn nicht verkehrt sein. Sie haben mich naturgemäß mit Schubert und Haydn und mit Mozart ganz besonders vor den Kopf gestoßen, haben mir gezeigt, dass sie nichts verstanden hatten; worum es mir ging, um Musik nämlich und nicht um Zerstreuung, für sie offenbar die Aufgabe der Musik, hatten sie nicht begriffen. Das sind Enttäuschungen, die man hinnehmen muss, denn es hat keinen

Sinn, sich über Geschenke zu beschweren, weder über Lächelfotos noch über Berieselungsklassik. Nicht viel besser ist es mir ergangen, wenn ich hoffte, den Acker des Jazz bestellen zu können. Während ich diesen Gedanken hegte, verabschiedete ich mich von der Idee, dieser interessanten Frau im Auto Jarrett vorzuspielen, sollte sie tatsächlich in der Ferdinand-Thun-Straße zusteigen. Du gehst erst gar kein Risiko ein, dachte ich, du spielst ihr gar nichts vor.

Hatte ich beispielsweise mir sympathischen Menschen meinen Evans und meinen Flanagan und mein Modern Jazz Quartet angeboten, kamen sie mir hinterher mit Benny Goodman, Louis Armstrong, einmal sogar mit Brötzmann. Nichts gegen Goodman, nichts gegen Satchmo, nichts gegen den Wuppertaler Brötzmann. Sicherlich ehrenwerte Musikanten, daran gibt es nicht zu deuteln. Ich sprach aber von meinem Evans, aus dem ich alles ziehe, was ich brauche. Aus einem Evans schöpfe ich wie aus einem Brunnen, und genau das hatte ich deutlich machen wollen. Die Leute aber denken, ach, der mag Jazz, und sie gehen her und kaufen mir irgendeine Swing-Aufnahme oder chaotisches Free-Getröte, Hauptsache, das Wort Jazz steht auf der Verpackung. Die Phase meiner sexuellen Enttäuschungen war mittlerweile lange her, die der musikalischen noch nicht so lang, außerdem war Sexualität mein Thema nicht mehr, wohl aber Musik. Deshalb verbannst du die Jarrett-CDs vorläufig aus deinem Auto, dachte ich; am besten lässt du sie auch deinen Vigoleis nicht sehen. Albert Vigoleis Thelens „Insel des zweiten Gesichts" habe ich stets im Gepäck, wenn ich verreise. Da ich das gut tausend Seiten starke Buch im Verlauf der letzten vier Jahrzehnte mehrfach zur Gänze las, kann ich es heute an einer x-beliebigen Stelle aufschlagen und sofort die größte Freude empfinden. Mit keinem anderen Buch ist mir das jemals ähnlich ergangen, lese ich beispielsweise einen Walser auch nur zum zweiten Mal, ödet er mich bereits an.

Man diskutiert auf einem sogenannten gesellschaftlichen Abend mit Menschen, die einem zunächst gar nicht einmal unsympathisch sind, und man erzählt ihnen alles über den großen Doderer oder den wunderbaren Drach, um bei den Österreichern zu bleiben, auf die ich Wien wegen gekommen bin; man meint, man hätte ein vernünftiges Gespräch über Literatur geführt, und sie bedanken sich hernach mit einer Taschenbuchausgabe von Martin Walser. Man erzählt alles über den Thelen, und sie schenken einem daraufhin Hesse mit dem Hinweis, Hesses Sätze seien auch oft lang. Man erzählt ihnen alles über den großen Rühmkorf, und sie reichen einem hernach Ulla Hahn, weil doch auch Marcel Ranicki die Dame gelobt habe. Das sind die wirklichen Enttäuschungen. Wenn sie wirklich kommt, dachte ich, wenn sie wirklich *unten* steht um 10 Uhr, lässt du sie einsteigen und fährst sie ans Meer. Das reden überlässt du am besten ihr.

Ich vermochte am Vorabend dann auch nichts Vernünftiges mehr zu tun vor lauter Aufgeregtheit die spontan geplante Ansmeerfahrt betreffend. Ich rief lediglich beim Strandhotel Camperduin an und ließ vorsorglich zwei Zimmer reservieren. Während ich mit Herrn Jensen vom Strandhotel Camperduin telefonierte, merkte ich erst, dass ich noch nicht einmal den Namen der Frau zu nennen wusste. Ich hatte sie nicht einmal nach dem Namen gefragt, der Name war während unserer Plauderei und der aus ihr resultierenden Spontanreiseabsicht heraus nicht erwähnt worden. Ich kann mich nicht erinnern, dass wir uns vorgestellt hätten, dachte ich, wir waren uns noch vollkommen *anonym*. Meneer Jensen, der Hotelier, hatte den Namen gar nicht von mir wissen wollen, ihm reichte mein guter Name, ich war im Strandhotel ja längst kein Unbekannter mehr. Nicht einmal den Namen kennst du, dachte ich, und ich machte mich sofort auf zu einem kleinen Spaziergang, einem Geistesgang in meinen Wald, aber ich bin gar nicht erst bis zum Murmelbachtal gegangen, noch nicht einmal bis zu den oberen Barmer Anlagen, sondern zielgerichtet in die Ferdinand-Thun-Straße, um einen Blick auf die Klingel des Hauses Nummer zwei zu werfen. Unter der von ihr genannten Adresse wohnten dem Anschein nach drei Parteien, nämlich Habersack, Lodemeyer und von Eynern, nur wusste ich naturgemäß nicht, ob die von mir zur Spontanreise Eingeladene eine Habersack, eine Lodemeyer oder eine von Eynern war. Was, wenn sie dich jetzt beobachtet, wie du neugierig die Klingelschilder studierst, dachte ich und musste fast lachen. Was, wenn sie dich jetzt, hinter einer Gardine verborgen und sich in die Faust lachend, so sieht. Ich schämte mich dieser lächerlichen Situation, in die ich mich selbst gebracht hatte, und ich suchte auf der Stelle das Weite, trat den Rückweg an, die Namen Habersack, Lodemeyer und von Eynern immer wieder vor mich hinsagend, um sie auszuprobieren.

Diese Frau eine Habersack, dachte ich, niemals! Diese Frau eine Lodemeyer, dachte ich, warum eigentlich nicht? Auch eine von Eynern könnte sie durchaus sein, dachte ich, eine Lodemeyer oder eine von Eynern, keine Habersack! Meinen Namen kannte sie ja genauso wenig wie ich den ihren, beruhigte ich mich, meinen Namen kennt sie ja gar nicht, hat nicht einmal, wie ich nunmehr, die Wahl aus drei vertikal gelisteten.

Sie ist eine von Eynern oder eine Lodemeyer, dachte ich, schlimmstenfalls eine Habersack, ich hingegen war ihr ein namenloses Nichts, wie ich dachte, und ich nahm mir vor, mich als Erstes ordnungsgemäß vorzustellen, wenn ich sie am nächsten Morgen tatsächlich in der Ferdinand-Thun-Straße vorfinden würde, wenn sie es also tatsächlich ernst meint, dachte ich; wenn sie mich nicht auf den Arm genommen hat, wenn sie diese am Nachmittag nach unserer Plauderei spontan ins Auge gefasste Ansmeerfahrt tatsächlich antreten will mit einer so fremden Person wie mir, dem namenlosen Nichts, dann stellst du dich als Erstes einmal vor, nahm ich mir vor. Das aber nur am Rande, denn es ist ja längst bekannt, dass die Reise tatsächlich angetreten wurde, dass sie es also durchaus ernst gemeint hatte mit ihrem „warum eigentlich nicht wir", ebenso wie ich es ernst genommen hatte und mir deswegen sogar einen neuen Fotoapparat zulegte, im Moodymart. Wider alle Vernunft tritt man eine Reise an mit einer Wildfremden, einer von Eynern oder einer Lodemeyer oder einer Habersack und kauft sogar einen nagelneuen Fotoapparat aus diesem Anlass, weil man sich Erinnerungen schaffen und sichern will, neue Erinnerungen, obschon man Schränke voll solcher sogenannten Erinnerungsvehikel zu Hause hat und nichts mehr davon wissen will. Neue Erinnerungen will man sich schaffen, bewusst schaffen, denn man spürt, dass diese geplante Reise eine ganz andere Reise werden wird als alle bereits gereisten und freut sich auf die aus dieser Reise resultierenden Aufnahmen, und dann *werden* sie nichts. Als ich am nächsten Morgen um fünf vor zehn in die Ferdinand-Thun-Straße einbog, vor der Zeit also, wie es meine Art ist, wartete sie bereits am Straßenrand und hatte eine mittelgroße Reisetasche neben sich stehen, und mein erster Gedanke war, sie meint es ernst, aber sie richtet sich nicht auf ein paar Tage ein. Mit einer solchen Tasche verreist eine Frau nicht für ein paar Tage, dazu passt in eine solche Tasche nicht genug hinein, dachte ich. Ich fragte sie auch sofort, „ist das etwa alles?", und sie sagte, „ja, warum denn nicht?" Auch ich hatte nicht mehr als eine Reisetasche im Kofferraum liegen, aber du bist keine Frau, dachte ich, du brauchst ja nichts, du musst dich ja nicht täglich neu einkleiden, während sie mit einer solchen Tasche gar nicht weit kommen kann gemäß meiner Frauenkenntnis. Die Frauen, die bislang bei deinen Reisen anwesend gewesen waren oder die dich mitgenommen hatten zu einer Reise, schleppten immer die größten Taschen mit bzw. ließen sie sich schleppen, meist sogar mehrere solcher Taschen, sogar Koffer nahmen sie mit, gefüllt mit dem ganzen Inventar ihrer Kleiderschränke, um sich *alle naslang* umziehen zu können. Eine Frau zieht sich immer um, nach jedem Erlebnis ein anderes Kleid, eine andere Bluse, eine andere Hose, das ist normal, so dachte ich. „Wohin fahren wir denn eigentlich?", war das Erste, was sie sagte, nachdem sie neben mir Platz genommen und ich den Motor angelassen hatte. Nicht etwa, „wie schön, dass wir eine solche spontane Reise zusammen machen!", oder „ich bin schon ziemlich aufgeregt vor dieser Reise, denn wir kennen einander ja gar nicht!", nein, sie sagte als Erstes, „Holland ist ja groß", und dann lachte sie und verbesserte sich,

„nein, groß ist Holland ja gerade nicht, groß ist etwas anderes, nicht wahr, aber nicht gerade Holland." Ich pflichtete ihr bei, und dann herrschte Stille in meinem Auto, bis wir längst auf der Autobahn waren. Mindestens zehn Minuten sprachen wir kein Wort mehr, es wurde mir allmählich unbehaglich, dass wir, obwohl wir ja beide dabei waren, ein Wagnis einzugehen, eine Spontanreise mit einem jeweils Wildfremden, für mich ein geradezu verrücktes Wagnis, nichts sagten, uns von Beginn an erst einmal ausschwiegen, aber das war gut, es passte zu meiner angespannten Stimmung. Wir verreisten zwar in Nichtkenntnis des anderen, aber wir mussten nicht um jeden Preis Konversation *machen*, wie man sagt, das hatten wir nicht nötig, dachte ich tatsächlich, wir hatten es nicht *nötig*. Wir waren schon auf der Autobahn, als ich mich an mein Vorhaben erinnerte, mich als Erstes korrekt vorzustellen, damit sie mich anreden konnte, und ich nannte meinen Namen. „Robert Van Melis heiße ich übrigens", sagte ich, „wir haben uns ja nicht einmal vorgestellt!", und ich war so aufgeregt in diesem Moment, dass ich die naheliegende Frage zu stellen verpasste, „und wer sind Sie?" Ich hatte meinen Robert Van Melis genannt und musste ihn gleich untermauern mit Musik, musste gleich eine CD einschieben, obwohl ich eigentlich alle CDs hatte entfernen wollen aus meinem Auto, ich entfernte aber in Wahrheit nur gut drei Viertel meiner Auto-CDs und behielt aus Vorsichtsgründen zwei Exemplare im Handschuhfach. Naturgemäß handelte es sich bei den verbliebenen CDs um Jarrettsche. Ich fragte also nicht als Erstes, „und wie heißen Sie?", sondern fragte als Erstes, „mögen Sie Musik?", was ja eine törichte Frage ist. „Mögen Sie Musik?", fragte ich sie tatsächlich und nahm den Zustand in Kauf, nicht einmal ihren Namen zu kennen, nicht zu wissen, ob sie eine von Eynern, eine Lodemeyer oder womöglich eine Habersack war. Mögen Sie Musik, das war so, als hätte ich gefragt, essen sie gern. Es war zufällig das Wien-Konzert, das ich erwischte, während ich mich an der CD zu schaffen machte. Und statt die Frau auf dem Beifahrersitz nach ihrem Namen zu fragen, plapperte ich los, „mit Wien und dem am 13. Juli 1991 dort stattgefundenen Konzert verbinden mich eigene Erinnerungen, denn ich war zugegen gewesen in der Staatsoper, als Keith Jarrett diese *kosmische* Musik spielte!

Für die Wiener war es ja eine Zumutung, dass da ein amerikanischer Pianist daherkam und ihre Staatsoper entweihte mit seinem Klavierspiel. Ich hingegen habe diese Staatsoperentweihung begrüßt, ich bin allein wegen dieser Staatsoperentweihung tausend Kilometer mit meinem Auto nach Wien gefahren. Vorher hat es nie einen Grund für mich gegeben, nach Wien zu fahren, noch dazu fahre ich ungern Auto!"

„Ach!", sagte Marie, mehr sagte sie zunächst nicht.

„Wien hat mich zeit meines Lebens überhaupt nicht interessiert. Mit Wien habe ich immer nur Scheußlichkeiten in Zusammenhang gebracht, Sachertorte und Sissi und Wiener Walzer und Waldheim.

Naturgemäß haben sie wesentliche Momente des Konzerts in Wien nicht auf die CD gebracht. Das Wichtigste haben sie uns vorenthalten, als müsste es so sein, wie immer", sagte ich zu der Frau neben mir. „Die Zugaben waren das Größte, aber sie sind nicht zu hören jetzt, sie haben sie aufgenommen und nicht auf die CD gebracht. Aber was wir haben, ist ja göttlich genug!" Für mich ist es nicht typisch, dass ich, noch dazu auf eine mir sogar namentlich nicht Bekannte in einer solchen Weise einredete, aber die Situation erforderte das.

„*Over the rainbow* werde ich nie vergessen, es war ja nicht zu beschreiben, wie Keith Jarrett dieses im Grunde längst abgegriffene Over the rainbow spielte, es war *göttlich!*", sagte ich. Ich hatte tatsächlich *göttlich* gesagt, hatte mich hinreißen lassen, einen solchen Ausdruck zu benutzen, obschon ich ja nicht wusste und auch nicht wissen konnte, ob sie verstand, was ich mit göttlich meinte. Wir schwiegen während der nächsten hundert Kilometer und konzentrierten uns auf das Wien-Konzert. Zumindest ich konzentrierte mich auf das Wien-Konzert. Ich konnte mich aber auf das Wien-Konzert nicht in der gewohnten Weise konzentrieren, auch wenn ich es auswendig kenne, Ton für Ton, zumindest das, was sie uns auf CD überlassen haben. Ton für Ton kenne ich das Wien-Konzert zwar auswendig, aber ich konnte mich nicht darauf konzentrieren, denn ich war viel zu sehr damit beschäftigt, wie diese Frau meine Musik empfindet; erkennt sie das Göttliche, spürt sie, dass es sich um eine zeitlose Musik handelt, eine Musik, in der es keine Zeit gibt, keine vorgegebene, kein Metrum, keinen Takt? Es ist eine *taktlose* Musik, dachte ich und musste über diesen Gedanken schmunzeln, und ich sagte, „es ist eine einzige, eine göttliche Taktlosigkeit!" Diese Taktlosigkeit, die zu Zeitlosigkeit führt und damit zu Ewigkeit, ist es, was ich mit *göttlich* gemeint hatte. Man kann ja auch im Grunde nichts sagen zu solch einer Musik, man liebt sie oder sie sagt einem nichts, das war mir vollkommen klar. Wir lauschten Keith Jarrett und unterhielten uns nicht, obwohl es ja normal gewesen wäre, wenn zwei Menschen, noch dazu verschiedenen Geschlechtes, die sich ja gar nicht kannten vor einer solchen Ansmeerfahrt, diese Ansmeerfahrt aber dennoch gemeinsam unternahmen, erst einmal Konversation *geübt* hätten im Auto. Wer sagt wohl zuerst etwas, fragte ich mich während des Wien-Konzerts nahezu pausenlos, mich also nicht in der gewohnten Weise auf das Wien-Konzert konzentrierend. Wer hat überhaupt die Fähigkeit, diese durch das Wien-Konzert naturgemäß eintretende Ergriffenheit, die ich ja in Kauf nehme, die ich ja herbeiführen wollte, mit Konversation zu zerstören? Was sagst du, wenn die CD zu Ende ist, fragte ich mich, was sagt sie, wenn Wien *am Ende* ist. Einer von uns muss ja irgendwann etwas sagen. Ich hatte ja nicht damit gerechnet, dass sie Raucherin sein konnte. Mit der Möglichkeit, dass es sich bei dieser Frau um eine Raucherin handeln konnte, hatte ich nicht gespielt, ich hatte nicht an die Möglichkeit gedacht, dass die neben mir Sitzende hätte rauchen wollen können und sich das Rauchen während des gesamten Wien-Konzerts, soweit es eben zu hören war, also ohne Over the rainbow und die anderen Zugaben, verkniff. Darauf wurde ich erst jetzt gebracht. „Darf man in Ihrem Auto eigentlich rauchen?", war das Erste gewesen, was nach Wien gesagt wurde, und ich fürchtete, dass sie demzufolge der göttlichen Musik gar nicht ihre Aufmerksamkeit hatte schenken können, weil sie womöglich, ja vermutlich nur ans Rauchen gedacht hatte. Ich hatte mit der Möglichkeit, dass sie Raucherin sein könnte, ganz einfach nicht gerechnet, denn im Eissalon hatte sie nicht geraucht, und ich weiß ja, wie es einen Raucher nach etwas zu Rauchendem gelüstet, nimmt er gerade einen Eiskaffee zu sich. Ich kenne das ja. Ich war ja nicht umsonst die längste Zeit Raucher gewesen. Bis zur Operation, die mich *um ein Haar* umgebracht hätte, hatte ich *wie ein Ketzer* geraucht und hatte immer gerade nach einer Verzehrung, gleich, welcher Art, rauchen müssen. Dieses Phänomen war mir also nicht unbekannt, bloß weil ich seit Jahren nicht mehr selbst rauchte. Die Ex-Raucher werden ja gemeinhin von den Rauchern nicht zu Unrecht für die Schlimmsten gehalten in ihrem oft geradezu brutalen Nichtraucherfundamentalismus. Ich zog die Aschenbecherklappe aus, was als Einladung zum Rauchen gemeint war; die Sauberkeit und augenscheinliche Unbenutztheit des Aschenbechers schien ihr jedoch ein Hemmnis zu sein, ihn zu benutzen, denn sie machte keinerlei Anstalten, Rauchutensilien aus der Handtasche zu nehmen. Deshalb sagte ich nun in aller Deutlichkeit, „rauchen Sie ruhig, es macht mir nichts aus, nicht das Geringste, dafür ist er ja schließlich da, der Aschenbecher, dass man Asche in ihn streift und seine Zigaretten in ihm ausdrückt. Nur zu, rauchen Sie!" Ich empfand diese Situation in ihrer ganzen Peinlichkeit als geradezu komisch und hoffte, sie würde nun endlich zu rauchen beginnen, aber sie machte noch immer keine Rauchanstalten, und ich dachte, mehr kann man nicht tun als die Aschenbecherklappe herausziehen und auch noch aussprechen, rauchen Sie ruhig. Sie war mir noch eine beinahe vollständig Unbekannte. Ich wusste noch nicht einmal ihren Namen, konnte sie ja noch nicht einmal anreden, sei es mit Frau von Eynern, Frau Lodemeyer oder Frau Habersack. Sie hatte meine Namensnennung nicht mit ihrer Namensnennung quittiert, wie ich dachte, wir sind uns noch zu fremd, wir wissen voneinander ja nichts, außer, dass sie Raucherin ist und ich nicht mehr. Das ist ja beinahe alles, was wir voneinander wissen, dachte ich.

Nachdem wir unsere Bestellung aufgegeben hatten in der Bergener Pizzeria La Terrazza, sie ihre Spaghetti Carbonara und ich meine Lasagna la Terrazza, sie einen Pinot Grigio und ich ein Amstel, gestand ich ihr, wie mich ihr Nichtrauchen nach dem Wien-Konzert verunsichert hatte, und dass ich während des gesamten Rests der Ansmeerfahrt nebenbei immer darauf gewartet habe, sie möge endlich Anstalten machen zu rauchen, was sie jedoch tatsächlich bis zu diesem Augenblick, nach Aufgabe unserer Bestellung in der Bergener Pizzeria also, nicht getan hatte. Erst jetzt entnahm sie ihrer Handtasche eine Packung Caballero, und sie verriet mir, diese noch jungfräuliche Zigarettenpackung mehr als ungeschickt öffnend, sie habe die Frage nach der Möglichkeit, in meinem Auto rauchen zu dürfen, nicht eines eigenen Bedürfnisses wegen gestellt.

„Ich bin mein Leben lang Nichtraucherin gewesen, ich habe mich lediglich dafür interessiert, ob es im Kreise Ihrer Leute", so drückte sie sich aus, „Raucher gibt, die in Ihrem Beisein rauchen", so sie. Ob ich das wohl zuließe, so streng, wie ich ausschaue ihrer Meinung nach. Auch sie habe während des fast gesamten Rests der Ansmeerfahrt lustigerweise nur noch über die Raucherfrage nachgedacht. Sie habe sich in meinem Auto erst dazu entschlossen, eine Packung Zigaretten zu kaufen, ganz egal, welche Sorte. „Ich kenne die Unterschiede ja nicht", so sie.

„Warum nicht die erste Zigarette in meinem Alter rauchen?", so sie. „Es ist ja alles bislang eine einzige Verrücktheit gewesen bis zu diesem Zeitpunkt. Rauchen, Nichtrauchen, es ist ja alles ein *Warum-eigentlich-nicht* gewesen, die ganze Ansmeerfahrt und zuvor auch ihr Zustandekommen und vor allem der Eiskaffee. „Ohne den Eiskaffee wären wir jetzt ja nicht hier, alles eine einzige Verrücktheit!", das sagte sie so oder zumindest ähnlich. Sie sprach tatsächlich von Verrücktheit. Dass sie dieses Wort benutzte, machte sie mir noch sympathischer. Eine

Verrücktheit, auf die sie sich spontan einlassen zu müssen geglaubt hatte, aus Gründen, die sie nicht näher erläutern wolle, und sie hielt mir die ungeschickt aufgerissene Caballero-Packung hin. „Ich habe es mir abgewöhnt", musste ich ihr jetzt erklären. „Ich war einer der unersättlichsten Raucher gewesen über Jahrzehnte, aber ich habe es aufgeben müssen von heute auf morgen, wie man sagt, nachdem man mir beinahe alles herausgeschnitten hat, das ist Tatsache! Aber rauchen Sie ruhig!", sagte ich, „es kann als Erfahrung ja nicht schaden", und ich dachte, was rede ich einen Blödsinn daher, es ist ja nicht auszuhalten. Es war ausgerechnet eine filterlose Zigarette, die sie sich jetzt tatsächlich in den Mund steckte, und es fehlte ihr nun Feuer, denn sie hatte bei ihrem von mir nicht bemerkten Zigarettenkauf völlig vergessen, dass es ja auch eines Feuerzeugs oder einer Schachtel Streichhölzer bedarf, will man sich eine Zigarette anzünden. Ich winkte Jeroen Bovenkast, der aber vollkommen überlastet war in dem Moment, und so wurde es bis zum Verzehr unserer bestellten Gerichte mit dem Rauchen nichts.

„Ja", bestätigte ich die Worte der von mir in diesem Augenblick wahrscheinlich schon Geliebten, „auch ich habe es für eine Verrücktheit gehalten, diese spontane Ansmeerfahrt mit einer Wildfremden", und ich erzählte ihr in Andeutungen von meinen Reiseerfahrungen, die mich im Laufe der Zeit zu einem Reisegegner, ja zu einem Reisehasser gemacht hatten mit Ausnahme meiner Ansmeerfahrten nach Camperduin, die ich bislang allerdings stets alleine unternommen habe. „Ein Novum also, dass ich einmal nicht allein nach Camperduin komme", sagte ich, und ich beeilte mich, hinzuzufügen, dass ich sie in keiner Weise bereue, diese Ansmeerfahrt mit ihr. Von Reue könne auch bei ihr keine Rede sein nach dem bislang Vorgefallenen, gab sie zurück, und ich musste an ihren Busen denken, den ich bereits angefasst hatte.

Bislang war vorgefallen, dass wir, kaum in Camperduin angekommen, unsere Taschen in die kleinen Zimmer stellten, die uns Herr Jensen aufgeschlossen hatte, und Herr Jensen uns fragte, wie lange wir zu bleiben gedächten. Ich sah Marie fragend an, und sie antwortete, ohne meinen Blick zu erwidern, „bis Sonntag. Länger geht es nicht", so sie mehr zu mir als zu Herrn Jensen, „ich habe Dringendes zu erledigen!" Wie sich vielleicht denken lässt, überraschte mich diese Äußerung, denn sie hatte ja am Vortag noch gesagt, „schauen wir doch einmal", ein Sinneswandel hat offenbar stattgefunden, dachte ich, und ich wiederholte, „also bis Sonntag, Meneer Jensen", und dann brachen wir gleich auf zu einem ausgiebigen Strandspaziergang, bei dem es zur spontanen Entkleidung und zur für mich alles entscheidenden Brustbefassung kam, auf die natürlichste und selbstverständlichste Weise, wie ich sagen muss. „Für mich hat diese Ansmeerfahrt erfreulich begonnen, denn wir haben ja Wien gehört", sagte ich zu der von mir Bestaunten und bereits Geliebten, „und das Wien-Konzert bedeutet mir alles! Ich habe eigentlich nie nach Wien gewollt", erklärte ich ihr, während wir auf unser Essen warteten, „Wien war mir, wie Österreich überhaupt, immer verhasst gewesen, und ich habe nie nach Wien reisen wollen, weil Österreich und naturgemäß Wien für mich eine Zumutung gewesen sind, immer schon. Ich habe Wien, die tausend Kilometer, ja nur wegen des Staatsoperkonzerts in Kauf genommen, das Sie am Vormittag teilweise gehört haben. Tatsächlich bin ich dann überrascht gewesen, dass Wien nicht die angenommene Hässlichkeit und Abgeschmacktheit war, die ich ihr in Unkenntnis unterstellt hatte all die Jahre. Eben nicht die Fiakerstadt und Stephansdomstadt und Sissistadt, in der man sich lächelnd fotografieren lässt an all diesen für Wien charakteristischen Ecken, sondern die einen Kulturmenschen in jeder Hinsicht inspirierende Stadt", so ich zu Marie. „Waren Sie schon einmal in Wien?", fragte ich sie. „Wenn nicht, sollten Sie sich diese Weltstadt nicht lange entgehen lassen. Auch in Wien hat nämlich die Angleichung an die Normcity längst begonnen", erklärte ich. „Es gibt schon jetzt Viertel in Wien, da meinen Sie, Sie seien in Bochum oder Herne." Noch aber lohne sich Wien, so ich. „Einen Tag auf dem Zentralfriedhof, das ist das Größte, glauben Sie mir! Nicht auf den Prater, nicht gleich in die Hofburg, nicht gleich durch den Ring oder die Kärntnerstraße! Lieber zunächst einen Tag auf dem Zentralfriedhof verbringen, da haben Sie gleich das ganze Wien! Ich war ja nur wegen des Staatsoperkonzerts hingefahren, ich verdanke meine erste Berührung mit Wien ja ausschließlich Keith Jarrett, das muss betont werden", und ich fragte Marie mit bangem Gefühl, wie es ihr eigentlich gefallen habe, das Wien-Konzert.

Es war sozusagen die Gretchenfrage gewesen, die ich ihr aber in diesem Moment unbedingt stellen zu müssen glaubte, und ich bereute es nicht, sie lächelte mich an und verblüffte mich nun allerdings vollends, indem sie mir anvertraute, sie kenne das während der Herfahrt angehörte Konzert *in- und auswendig*, so drückte sie sich aus, sie höre es immer wieder. „Das Vienna-Concert kenne ich in- und auswendig! Allerdings bedaure ich es ausgesprochen, dass es sich bei der CD nicht um das komplette Konzert handelt, ich werde nämlich dieses Over the rainbow, das Encore, nie vergessen. Ich sehe und höre es noch genau, und zwar aus dieser wunderbaren Perspektive in der zehnten Reihe, in der ich am dreizehnten Juli einundneunzig gesessen habe. Jetzt staunen Sie sicher, habe ich recht?"

„Das gibt's doch nicht!", sagte ich, und meine Bestürzung war eine totale, nicht eine gespielte. „Da waren wir uns ja schon im Juli einundneunzig ganz nah gewesen, noch dazu ausgerechnet bei Keith Jarrett! Wenn das kein Zeichen für eine Geistesverwandtschaft ist, dann weiß ich es auch nicht!", sagte ich. „Ich liebe Sie übrigens." Das *Ich-liebe-Sie* war mir in meiner Bestürzung herausgerutscht, und ich hätte es am liebsten auf der Stelle rückgängig gemacht, denn ich hatte mich auf unüberlegte Art entblößt mit diesem *ich liebe Sie übrigens*. Ich bin mir sicher, dass ich errötete und zu stammeln begann in meiner Verwirrung, auch wenn ich nicht zum Erröten und Stammeln neige, das sei betont. Mein jetziges Erröten und Stammeln war einzig und allein auf das Glücksgefühl, das ich empfand, zurückzuführen. Glücklicherweise erschien in diesem Moment der dem Äußeren nach italienische Kellner, der aber laut Namensschild Holländer war, mit den von uns bestellten Getränken und stellte der von mir wahrscheinlich tatsächlich bereits Geliebten den Pinot Grigio hin und mir ein nicht annähernd volles Glas Bier, was aber normal ist in den Niederlanden. In den Niederlanden beherrschen sie die Kunst des Bierzapfens nicht, in den Niederlanden lassen sie das Bier mit viel zu hartem Strahl ins Glas schießen und streichen die enorm schaumintensive Krone einfach in ein Becken ab. Zurück bleibt immer ein halbvolles Glas, erst recht, wenn es nicht *pronto* geliefert wird, das Amstel sackt in sich zusammen, und Jeroen Onderkerst hatte mir das Bier nicht sofort liefern können, da er augenscheinlich überlastet war an diesem Abend. Aber das machte ja nichts. Ich bat ihn, beim Servieren des Essens eine Schachtel Streichhölzer mitzubringen, damit Marie endlich ihre Caballeros anwenden konnte. Die von mir mit einiger Sicherheit bereits Geliebte nahm ihr Weinglas in die Hand und ich nahm mein Bierglas und wir stießen miteinander an mit unseren ungleichen Getränken, und ich sagte, „dann also auf Wien!", und sie lächelte und sagte, „ja, warum eigentlich nicht?"

Es dauerte noch eine weitere halbe Stunde, bis unser mittlerweile sehnsüchtig erwartetes Essen vor uns hingestellt wurde, diesmal nicht von Jeroen, sondern vom Koch persönlich, der, wie sich denken lässt, keine Streichhölzer bei sich hatte. Unser zweites gemeinsames Essen, rechnet man unsere Maritima-Enttäuschung vom Vortage hinzu, und was war alles geschehen in dieser Zeit zwischen dem Eiskaffee und diesem zweiten, jetzt italienischen Essen in Bergen aan Zee! Diese halbe Stunde nutzten wir auf die intensivste Weise, indem wir unsere Wieneindrücke austauschten, die im Grunde die gleichen waren mehr oder weniger. Immer wieder sagte einer etwas und der andere rief begeistert: „Genau!", woraufhin der andere etwas sagte und der eine begeistert rief, „so ist es!" Dergestalt verlief unser Wiengespräch in der Bergener Pizzeria. Von Keith Jarrett waren wir längst abgekommen. Über den Jarrett muss ich mit ihr noch reden, es ist noch längst nicht alles gesagt zu Keith Jarrett, aber es ist ja noch Zeit, wir sind ja erst vor ein paar Stunden angekommen, dachte ich in diesem Moment, wie ich mich genau erinnere. Überhaupt ist so vieles noch nicht besprochen, wir wissen ja noch immer nicht viel voneinander, ich kenne ja noch nicht einmal ihren Namen, das war meine Überlegung in der Bergener Pizzeria während und auch nach unserem Essen. Aber ich traute mich nicht, nach ihrem Namen zu fragen; wahrscheinlich war mir ihr Name in diesem Moment auch nicht wichtig. Meine Begeisterung, das gemeinsam erlebte Wien-Konzert betreffend, war zu stark, ich war geradezu enthusiasmiert, es mit einer Geistesverwandten zu tun zu haben, und diese Begeisterung legte sich nicht mehr, auch nicht während des Essens. Vielleicht war meine Lasagna gar nicht so gut, wie ich sie in Erinnerung habe, vielleicht hat meine Begeisterung über diese Geistesverwandtschaft in Sachen Keith Jarrett und sein Staatsopernkonzert auf meine Bereitschaft abgefärbt, diese Lasagna wie keine andere zu loben, und das, obwohl ich mir bereits bei der ersten Gabel auf das Schmerzhafteste Zunge und Gaumen verbrannte. Diese Frau enttäuscht dich nicht, das dachte ich immer wieder. Die nicht! Sie ist eben nicht eine dieser unzähligen Lebensenttäuschungen, sie gehört nicht zu den Kreaturen, mit denen ich es immer wieder zu tun gehabt habe mein Leben lang. Schon die selbstverständliche Art, wie sie sich am Strand spontan ausgezogen hat, bar jeder Schamlosigkeit, aber erst recht bar jeder Scham, begeistert dich! Und wie wir, einander umfassend, geschritten waren und ich ihre Schönheit genossen hatte, war ja eine Sensation, dachte ich. Vielleicht fotografierst du sie ja doch, sollte es noch einmal zu einem so selbstverständlichen Gang kommen wie dem am Nachmittag erlebten. Schon der vergangene Nachmittag war ja ein für mich sensationeller, aber es war nichts gegen unser Gespräch in der Bergener Pizzeria, in der zutage trat, dass wir schon einundneunzig einander nah gewesen waren, bei Jarretts Staatsopernkonzert, ganz gleich, mit wem sie damals dort gesessen hatte. Das wollte ich nicht wissen. Dass es mir herausgerutscht war, „ich liebe Sie übrigens" zu sagen, war ja die Sensation schlechthin, ich hatte ja in meinem ganzen Leben diesen Satz nie in den Mund genommen, ihn eigentlich immer gehasst! Wurde ich mit *Ich liebe dich* konfrontiert, in Büchern meistens oder in Filmen, war es mir zu viel, weil mir *Ich liebe dich* stets zu abgedroschen erschien. Aber ich hatte tatsächlich diesen vermeintlich abgedroschenen Satz zu ihr gesagt, und ich bereute es längst nicht mehr, denn es war ja die Wahrheit gewesen, das stand für mich längst fest. Während des Essens wurde nicht mehr gesprochen, das heißt, wir unterbrachen unser Gespräch in dem Moment, als Jeroen die Spaghetti vor Marie abstellte und vor mir die Lasagna. Ich bestellte aber im Verlauf des Essens, das ich als ein hervorragendes immer in Erinnerung behalten werde, ganz unabhängig davon, ob es wirklich hervorragend war, noch dreimal ein Bier, während die von mir mittlerweile bereits Geliebte mit ihrem einen, allerdings angemessen gefüllten Glas Pinot Grigio auskam, es überhaupt erst austrank, nachdem ich bereits gezahlt hatte. Nur, um nichts stehen zu lassen, wie sie sagte. Meine Mutter hätte stehen zu lassen durch umkommen ersetzt, wie ich in diesem Augenblick denken musste. Jaroen bezog von mir ein überdurchschnittlich hohes Trinkgeld, und beim Hinausgehen trug er uns das bestellte und mittlerweile längst vergessene Päckchen Streichhölzer hinterher, sich wegen des derartig hoch ausgefallenen Trinkgeldes vermutlich doch noch daran erinnernd. „Machen wir noch einen Verdauungsbummel!", sagte die von mir längst Geliebte, was mich, wie sich denken lässt, in höchstem Maße erfreute, und ich sagte selbstverständlich „Ja" und legte, als sei es gleichsam selbstverständlich, meinen Arm um ihre Schulter. Sie ließ das zu. Mir fiel mein plötzlich herausgerutschtes *Ich-liebe-Sie* wieder ein, das ja mit nichts kommentiert worden war von dieser Frau, und mir fiel unser Strandspaziergang wieder ein, und ich sagte jetzt, nicht unüberlegt, sondern mit voller Absicht noch einmal, „ich liebe Sie!"

Die von mir Umarmte blieb daraufhin stehen und zwang mich dadurch automatisch, ebenfalls stehen zu bleiben. Sie sah mir ins Gesicht mit diesem Verlegenheitslächeln, das ich ja kannte, und sie sagte, „ich finde das alles so schön, Robert!" Es war das erste Mal gewesen, dass sie mich mit meinem Namen angeredet hatte, und dieses Mich-beim-Namen-Nennen ging mir durch und durch, verursachte mir eine ähnliche Gänsehaut wie die, die mich bei der Berührung ihrer Brüste ereilt hatte. „Ich möchte sehr gerne wissen, wie Sie heißen!", sagte ich endlich, während wir im Zentrum von Bergen aan Zee standen und uns ins Gesicht sahen, und miteins prustete die längst Geliebte laut heraus mit einem Lachen, das so natürlich und so spontan war wie alles andere an diesem Tag mit ihr Erlebte. Sie lachte viel lauter, als ich es mir bei ihr hätte vorstellen können; es rannen ihr sogar die Tränen über die Wangen, und sie bekam sich eine Weile gar nicht mehr ein, wie man sagt. Ich lachte mit, denn ihres war das ansteckendste Lachen, das ich jemals gehört hatte in meinem Leben, auch wenn es gleichzeitig nicht einer gewissen Traurigkeit entbehrte, die ich sehr wohl auch registrierte. Wir standen in Bergen aan Zee und lachten uns die Seele aus dem Leib, und als wir uns endlich beruhigt hatten, es sich ausgelacht hatte, sagte sie, „das gibt es ja gar nicht, Sie kennen noch nicht einmal meinen Namen, daran habe ich ja gar nicht gedacht!" Wir lachten neuerdings, es war ja auch lachhaft, dieser Zustand. „Entschuldigen Sie, Robert", sagte sie, „ich war irgendwie davon überzeugt, Sie wüssten", und ich fiel ihr ins Wort, lachend noch immer, und sagte, „nein, ich weiß ja eben nicht!", und sie sagte: „Marie."

„Marie?" wiederholte ich, und meine Lachbereitschaft fand ein jähes Ende in diesem Augenblick, dreimal wiederholte ich diesen Namen,

„Marie?" fragte ich, „Marie? Marie? Marie und wie weiter?" Ist es Lodemeyer, ist es Habersack, ist es von Eynern, darauf war ich in diesem Moment gespannt wie auf nichts anderes. „Marie Josephs", flüsterte die von mir nunmehr mit beiden Händen am Hals berührte Frau, die ihren Blick von mir abwandte und deutlich verlegen war. „Sie lachen hoffentlich nicht!", so sie. „Warum sollte ich denn lachen, Marie, es ist doch nichts Komisches an Ihrem Namen, er gefällt mir sogar ausgesprochen! Aber ich bin zugegebenermaßen irritiert, ich habe nicht mit diesem Namen gerechnet", so ich ehrlich. „Ich dachte, Sie heißen Lodemeyer oder von Eynern oder, Entschuldigung, Habersack!" Die von mir am Hals Berührte brach nunmehr ein weiteres Mal in schallendes und wieder in jeder Hinsicht ansteckendes Gelächter aus, denn sie hatte zweifellos sofort begriffen, wie ich zu dieser meiner falschen Annahme hatte kommen können. Sie ist schnell im Kombinieren, dachte ich begeistert, und diesmal dauerte es noch länger, bis wir uns wieder beruhigten, bis sie sich ausgelacht hatte, und sie sagte, „wegen der Klingelschilder, das gibt es ja gar nicht!"

„Doch, das gibt es!", widersprach ich, „ich habe gestern einen Spaziergang gemacht, der mich zufällig an Ihrem Hause vorbeiführte", und ich dachte, nein, jetzt ist keine Unaufrichtigkeit am Platz und ich korrigierte mich, „ich habe einen Spaziergang zum Haus Ferdinand-Thun-Straße 2 gemacht, weil ich neugierig war, wie Sie heißen, so, jetzt ist es heraus!"

„Ja, die Namen!", sagte sie, „ich wünschte, die Namen wären nicht so wichtig, ich habe immer gelitten unter meinem Namen, aber ich habe ihn nicht absichtlich verschwiegen, es ist mir einfach nicht in den Sinn gekommen, Ihnen meinen Namen zu nennen", sagte Marie Josephs. „Warum haben Sie unter einem so klangvollen Namen gelitten?", fragte ich neugierig, weil mir auf Anhieb kein Grund einfallen wollte, weshalb jemand lieber von Eynern oder Lodemeyer heißen könne als Josephs.

„Marie Josephs", sagte sie, „Marie Josephs, das ist ein Kreuz, ich habe mich immer verspottet gefühlt mit diesem Namen. Lodemeyer ist der Name meines Vaters, und ich wünschte, ich hieße noch Lodemeyer, das können Sie mir gerne glauben! Man denkt doch bei Marie Josephs unwillkürlich an Maria und Josef und ans liebe Jesulein und an Jungfrauengeburt und all diesen Mist, seien wir doch ehr..."

„Ich nicht!", unterbrach ich Marie, „ich habe nicht einen Augenblick an Biblisches gedacht, Hand auf`s Herz! Aber selbst wenn, was wäre so schlimm dabei?" Das fragte ich sie und mich selbst gleichermaßen, und sie sagte, „erinnern Sie sich an unser Gespräch heute Nachmittag?" „Selbstredend!", sagte ich, „ich denke an fast nichts anderes als an diesen Nachmittag, der für mich sensationell war, alles andere wäre eine krasse Untertreibung, ich glaube, ich habe heute Nachmittag erst *mit dem Leben begonnen*! Das gerade allzu spontan von mir Gegebene kam mir jedoch so abgedroschen, so kitschig vor, dass ich meine Hände von Maries Hals nahm und sie wieder umschulterte, was unseren Verdauungsspaziergang wieder in Gang brachte. „Wollen wir nicht noch irgendwo einkehren?", fragte ich Marie. „Ich hätte noch große Lust auf ein Bier." Die von mir längst geliebte Marie schien meinen Vorschlag jedoch nicht wahrgenommen zu haben. „Ich habe Ihnen heute Nachmittag erzählt, dass Sie der erste Mann sind, der mich nackt gesehen hat, von Ärzten natürlich abgesehen, und das ist die volle Wahrheit gewesen, Robert. Ich habe in dem Moment immer daran denken müssen, Maria und Josef, du bist wirklich eine Maria, du hast nichts erlebt, du weißt nicht, wie sie sich anfühlt, eine Hand auf deiner Brust, eine Männerhand." Fast hätte ich in diesem Moment auflachen müssen, denn dass meine Hand durch die Tatsache der nachmittäglichen Brustberührung zu einer *Männerhand* geworden war, erheiterte mich. Im Zusammenhang mit meinen Händen ist noch nie das Wort Männerhand gefallen und auch noch nie gedacht worden, denn für mich waren meine Hände nie mehr als einfach Hände gewesen. Ich betrachtete diese Hände, die noch nie in meinem Leben Holz gehackt oder eine Bohrmaschine gehalten hatten, kein Rad gewechselt oder einen Ölwechsel vorgenommen hatten. Mit sogenannten Männerhänden hatten meine Hände noch nie etwas gemein gehabt. Marie begann zu weinen jetzt, was ich zunächst am Zittern ihres Körpers bemerkte, sehr bald aber auch hörte. In ihr Weinen hinein schluchzte sie, „verzeihen Sie, Robert, verzeihen Sie mir bitte!", und ich sagte, „da gibt es doch gar nichts zu verzeihen", und sie sagte „doch!", und ich sagte „nein, da ist nichts zu verzeihen!", und dass sie mich eben Robert genannt hatte, adelte mich. „Wenn Sie weinen müssen, Marie, dann müssen Sie weinen", sagte ich, als sei ich meiner Sache sicher, obschon ich das eigentlich nicht war. Die Erfahrung, neben einer Frau zu gehen, die weint, diese Frau sogar umschultert neben mir weinend zu erleben, hatte ich noch nie gemacht. „Da gibt es doch nichts zu verzeihen, wenn Sie weinen müssen!", fuhr ich fort. Sie schluchzte allerdings nochmals, „doch doch, weil ich Ihnen den schönen Abend verderbe mit meiner Heulerei!" – „Davon kann ja gar keine Rede sein!", erwiderte ich wahrheitsgemäß, „Sie verderben doch nichts!", und jetzt kam es noch einmal aus mir heraus, ich musste es wiederholen, weil es einfach der Tatsache entsprach, „ich liebe Sie doch!"

„Ach, Robert!", schluchzte die von mir durchs abendlich erleuchtete Bergen aan Zee Geführte, „Sie kennen mich ja gar nicht", und ich sagte, „das stimmt, ich kenne Sie nicht, aber ich liebe Sie und will Sie, nicht zuletzt deswegen, kennenlernen, lassen Sie mich Sie kennenlernen, warum sollte ich Sie nicht kennenlernen hier, wir haben doch Zeit!"

Jetzt überwältigte sie ihr Weinen, sodass wir wieder stehenbleiben mussten und ich ihren Kopf an meine Brust drückte. Ein jugendliches Paar radelte dicht an uns vorbei, der Junge saß auf dem Gepäckträger, das Mädchen strampelte in die Pedale. Der Junge tat einen uns zugedachten Pfiff, der mich ärgerte, weil er unserer Pose eine Laszivität unterstellte, die sie gar nicht innehatte in dem Moment. Marie verkrampfte sich immer mehr in meiner Umarmung, ihr Weinen wurde immer noch verzweifelter, immer noch erschütternder für mich, und ich dachte, du musst jetzt einfach reden, musst ihr zureden, musst ihr nicht nur mit deinen *Männerhänden* Halt geben, sondern auch mit *Männerworten*. Ich sagte, „es ist ja unvorstellbar, dass ausgerechnet ich der erste Mann bin, der Sie nackt gesehen hat! Ausgerechnet ich! Was für ein Glück!", sagte ich, „ich habe normalerweise kein Glück, aber jetzt habe ich ja das größte

Glück gehabt, dass Sie sich mir heute, noch dazu in einer solchen Selbstverständlichkeit, nackt gezeigt haben, und ich muss Ihnen wirklich sagen, es hat mich zutiefst erschüttert, ich habe eine so schöne Frau wie Sie ja noch nie gesehen, geschweige umarmt. Ich hätte es mir nie vorstellen können, eines Tages einmal neben einer so schönen Frau zu gehen in der erlebten Weise, ganz ehrlich!", so ich. Diese meine Worte vermochten Marie aber nicht zu beruhigen. Sie weinte und weinte, und deshalb fuhr ich fort, zu reden und zu reden. „Ich stehe unter Strom!", schwärmte ich. „Wirklich, ich bin völlig elektrisiert von Ihnen! Ihre Schönheit macht mich nahezu wahnsinnig! Ich habe *im Leben* nicht mehr mit der Möglichkeit gerechnet, dass mich der Anblick einer so schönen Frau wie Sie dereinst noch wahnsinnig machen könnte, weil ich es mir ja im Laufe der Zeit regelrecht verboten habe, mit einer solchen Möglichkeit noch zu rechnen, genauer: sie überhaupt in Betracht zu ziehen. Mit Schönheit meine ich übrigens nicht nur das Physische. Ihren Körper meine ich damit gar nicht, zumindest nicht in erster Linie! Ich meine viel mehr Ihre innere Schönheit, wenn Sie verstehen, wie ich das meine." Zumindest lenkten meine Worte sie vom Weinen nun ab; sie fuhr sich mit ihrem Wildlederjackenärmel über die Augen und betrachtete mich danach staunend. „Innere Schönheit? Aber Sie kennen mich doch gar nicht! Was reden Sie denn da überhaupt, Robert?"

Wie sie mich jetzt ansah mit ihren noch tränennassen Augen, wie sie ihren Kopf hielt, kam mir in diesem Moment wie eine Aufforderung vor, sie zu küssen, aber naturgemäß küsste ich sie nicht. Ich wollte nicht durch das Ausnutzen eines schwachen Moments etwas verderben.

Das ist die eine Sache. Die andere ist, dass ich keine Übung im Küssen besaß und mich zu blamieren fürchtete vor dieser sagenhaften Frau, die jetzt doch wieder weinte. „Fast hätte ich Sie jetzt geküsst", gestand ich. „Dabei bin ich ein ganz unbegabter Küsser!" Ich lachte, um die Peinlichkeit der Situation wie einen unangenehmen Geruch zu verwedeln. „Einen einzigen Kuss hat es in meinem Leben gegeben; den jedoch möchte ich am liebsten stornieren, weil er ein gemeiner, ja, ich möchte sagen, ein vergifteter Kuss war, in den ich zwar alles hineingelegt hatte, der aber seitens der von mir damals Geküssten nur aus Gründen meiner Desavouierung hingenommen worden war, wie ich später erfahren musste." Das erzählte ich Marie, die nun gleichzeitig weinte und lachte. Offenbar war es mir gelungen, eine heitere Saite bei ihr anzuschlagen trotz ihrer Traurigkeit. Sie war sichtbar verändert jetzt, konnte mir unter Tränen in die Augen sehen, was ein Vertrauensbeweis war, wie ich mir zumindest einbildete, und sie sagte, „erzählen Sie mir bitte die Geschichte, Robert!" Ich hatte eigentlich von dieser Geschichte nichts erzählen wollen, aber ich hatte ja bereits angedeutet, dass es diese Geschichte gab, diese für mich vernichtende, ich hatte ja im Grunde nur geredet, um etwas zu reden, damit sie nicht mehr weinen musste, sie ablenken wollen. Aber jetzt wollte sie die Geschichte hören, diese Kussgeschichte. „Erzählen Sie mir davon, wenn Sie können!", flüsterte Marie, und ihr Schluchzen nahm nun ab. Unterdessen waren wir schon aus dem Zentrum Bergen aan Zees hinaus, und es gab keine Straßenbeleuchtung mehr, sondern allenfalls hier und da das bläuliche Licht aus Fernsehzimmern, das uns einen Weg erahnen ließ, und ich schlug vor umzukehren, nicht um von der im Raum stehenden Kussgeschichte abzulenken, wie man vielleicht denken könnte, sondern weil ich mich nicht mehr auskannte, nicht mehr wusste, wohin wir eigentlich gingen in unserer gegenseitigen Umschulterung. Das machte mich merkwürdigerweise unruhig. „Ach, gehen wir doch noch ein Stück weiter!", bat Marie.

Ich, der schon Dutzende Male in dieser Umgebung gewesen war, um meine Geistesgänge zu machen nach einem Abendessen in genau dem italienischen Restaurant, in dem wir an diesem Abend gesessen und gegessen hatten, wurde unruhig, weil ich nicht mehr genau wusste, wohin uns dieser Weg führte, wo wir auskämen, aber sie, die noch nie in dieser Gegend gewesen war, scherte sich nicht um ein wohin oder wo, ihr war es egal, Hauptsache, wir gingen noch ein Stück, und Hauptsache, ich erzählte ihr meine Kussgeschichte.

Sie weint nicht mehr, dachte ich, ich habe sie mit der Aussicht auf eine Geschichte, die ja eine im Grunde verheerende ist, vom Weinen abgebracht. Das ist doch schon etwas. Das rechtfertigt nahezu jede Geschichte, sogar eine solche wie die meine, und ich sagte, „nun gut, es handelt sich tatsächlich um den einzigen Kuss, den ich in meinem Leben gegeben bzw. bekommen habe, je nachdem, wie man es nimmt, und der war ein einziger Betrug!" – „Moment!", sagte Marie und blieb stehen, „bevor Sie weiterreden, ich möchte jetzt dazu eine Zigarette rauchen!", und sie kramte tatsächlich auf der Stelle die in der Pizzeria so ungeschickt aufgerissene Caballero-Packung aus ihrer Tasche und steckte sich eine filterlose Zigarette in den Mund. Es war an mir, ihr Feuer zu geben, denn ich hatte die Streichhölzer ja eingesteckt, die uns Jaroen nachgetragen hatte, und ich sagte, „zur Feier des Tages!" Sie wusste gleich, was ich damit sagen wollte und nahm die bereits zwischen ihren Lippen klebende Caballero wieder aus dem Mund, steckte sie mir zwischen die Lippen und nahm sich eine weitere Caballero aus der Packung. Ich nahm die Streichhölzer aus meiner Hosentasche und gab uns Feuer. Ich war darauf gefasst, dass die Frau an meiner Seite, die nach eigenen Angaben die erste Zigarette ihres Lebens rauchte, beim ersten Zug zu husten anfangen würde, aber im Gegenteil, sie hustete nicht, sie sog konzentriert an ihrer filterlosen Zigarette, während ich sofort zu husten anfing wie einer, der seine erste Zigarette raucht. „Es ist ja zum Lachen", sagte ich, denn ich schämte mich meines Hustens, was ja auch ein Unsinn ist im Grunde. „Sie rauchen wie ein alter Hase und ich ..."

„Schmeckt aber auch zu scheußlich!", fiel mir Marie ins Wort, und sie warf ihre gerade erst begonnene Zigarette auf den Boden und zertrat sie. Ich folgte ihrem Beispiel jedoch nicht gleich, sondern versuchte noch mehrere Züge an dieser Caballero in der Hoffnung, mein Hustenreiz könne sich legen mit jedem weiteren Zug. Eine unsinnige Hoffnung, wie ich feststellen musste, und erst ein, zwei Minuten später vernichtete auch ich die Zigarette, indem ich mit dem Fuß Sand darüber schaufelte. Bergen aan Zee lag als Lichtquelle mittlerweile hinter uns und unser Weg führte uns geradewegs in die totale Dunkelheit hinein.

Ich wiederholte meinen Vorschlag, umzukehren, worauf wir stehen blieben. Erneut spürte ich einen beinahe überwältigenden Drang sie zu küssen; das sind ja diese klassischen Situationen, in denen sich ein Kuss geradezu aufdrängt, dachte ich, zumal ja vom Küssen bereits die Rede gewesen war. Aber ich machte noch keinerlei Anstalten, Marie zu küssen, denn sie war ja die für Spontaneitäten Zuständige, wie ich plötzlich dachte. Von ihr muss es ausgehen, sie hat zu entscheiden, ob wir uns küssen oder nicht. „Worauf warten wir also?", fragte sie, „drehen wir meinetwegen um!", und sie nahm mich jetzt an ihre linke Hand und führte mich. „Was ist also mit dieser Kussgeschichte? Beinahe wären wir davon abgekommen!"

„Ach ja, diese fürchterliche Geschichte! Na gut, aber erwarten Sie bitte nicht zu viel, es ist eine im Grunde sehr schnell erzählte und vor allem traurige Geschichte", teilte ich Marie mit. Darauf sei sie spezialisiert, auf traurige Geschichten habe sie ein Abonnement, so sie. Ihr resignativer Unterton versetzte mir einen Stich. Ich dachte, diese Frau hat vermutlich so viel an traurigen Geschichten erlebt und ihr Leben ist vermutlich eine einzige Traurigkeit gewesen, da kann ich ihr doch nicht mit einer Lappalie wie meiner Kussgeschichte kommen, mit dieser Bagatelle, dieser lächerlichen Quisquilie! Es kann sie im Grunde nur beleidigen, wenn ich derlei überhaupt in Worte fasse. Du bist selbst schuld, dachte ich. Du hättest gar nicht mit dieser dämlichen Kussgeschichte anfangen sollen! Sie überhaupt anzudeuten, war ein Fehler, dachte ich. Du machst diese nichtssagende, im Grunde lächerliche Geschichte zu einer bedeutenden, indem du sie dramatisch ankündigst! Ich sagte, „ich finde es unbeschreiblich schön, mit Ihnen durch den kühlen Wind zu spazieren und überhaupt ist der ganze Tag durch Sie für mich zum Ereignis geworden; ich habe mich schon lange nicht so glücklich gefühlt, sehr lange nicht, liebe Marie!" Das war wiederum ein Fehler, denn sie begann erneut zu weinen, lautlos zwar, aber ihres Zitterns wegen keineswegs unmerklich. Es ist zum Lachen, dachte ich, man hält sich für einen mit allen Wassern Gewaschenen, für einen, der weiß, wie man mit Menschen umzugehen hat, will man sie vor seinen Karren spannen; für einen, der kraft seiner Erfahrungen und Enttäuschungen und Verletzungen mehr oder weniger unangreifbar geworden ist, für einen, der mit nichts mehr aus dem Gleichgewicht zu bringen ist, wie man sagt, und plötzlich weint neben dir die Frau, die du liebst, und du bist total verunsichert und hilflos und *aus dem Gleichgewicht.* Ich wusste nichts Besseres als ihre Hand loszulassen und sie wieder zu umschultern, diesmal mit einiger Kraft, sodass ich sie regelrecht an meine Hüfte presste, um mein Gleichgewicht wiederzufinden. Möglich, dass ich darauf gesetzt hatte, sie würde das Weinen sofort einstellen, wenn ich ihr in die Augen sähe. Ich hatte es nämlich immer gehasst, wurde in meinem Beisein geweint, schon als Kind hatte ich es wie nichts auf der Welt verabscheut, weinte jemand, und sei es aus noch so berechtigten Gründen, die es aber für mich im Grunde nie gegeben hatte, da bin ich ganz ehrlich. Weder ein aufgeschlagenes Knie noch eine Sechs in der Lateinarbeit waren für mich hinreichende Gründe gewesen, mich mit Weinen aus der Fassung zu bringen. Denn das war es doch gewesen, was sie bezweckten, die Nah-am-Wasser-Bauenden! Dass ich durch ihr Weinen aus meiner Fassung gebracht wurde! Während ich das dachte, machte ich eine andere Beobachtung an mir, eine neue, mich faszinierende: Marie brachte mich mit ihrem Weinen überraschenderweise nicht aus der Fassung, wie überhaupt alles mit ihr Zusammenhängende für mich überraschend war, sowohl der Drang zu küssen wie auch das Aushaltenkönnen ihres Weinens. Meine Abneigung gegen das Weinen und seine kompromittierende Wirkung auf mich hatte zu einer Versteinerung geführt, zu einer Verhärtung.

Ich hatte es in meinem Leben oft mit Weinenden zu tun gehabt, sei es im Vorfeld des Todes, sei es durch gescheiterte, in die Brüche gegangene Ehen, immer wieder war es im Zusammenhang mit Verlusten zu Wein- bzw. Heulszenen gekommen, sagen wir lieber Heul- und nicht Weinszenen. Heulen hat einen nicht so pseudoneutralen Klang wie Weinen, es trifft den Sachverhalt meist besser, heulen ist offen heraus pejorativ, was es jetzt durchaus sein soll in diesem Kontext, da bin ich ganz ehrlich. Wir gingen jetzt schon wieder auf beleuchtetem Weg, waren dem Zentrum Bergen aan Zees und der Pizzeria schon wieder nahe, und es wurden keine Worte mehr gewechselt vorerst, als befänden wir uns in gegenseitiger Erwartungshaltung. Ich hatte minutenlang die an mich Gedrückte vor sich hin weinen lassen in meiner Ohnmacht und immer wieder gedacht, dein Weinen, Marie, erschüttert mich, ich weiß nicht, warum du weinst, aber ich spüre, dass du einen Grund hast, den ich nicht hasse, den ich nicht gleichgültig hinnehme. Tatsächlich habe ich sie ja in Gedanken längst geduzt, und ich sagte jetzt zu ihr, „Marie, was ist denn eigentlich?"

„Ich glaube, ich möchte doch noch ein Glas Wein trinken", sagte sie so leise, dass ich sie um Wiederholung bitten musste. Es war aber unterdessen so spät geworden, dass die Lokale, auch unsere Pizzeria, geschlossen hatten oder im Begriff waren, zu schließen. Immerhin war ja nicht mehr Saison; nur noch sogenannte Nachtlokale hatten ihre Pforten geöffnet, aber in ein Nachtlokal wollte ich mit Marie nicht hineingehen, weil es dort meist laut zugeht und die Gäste gegen stupide Musik anbrüllen müssen. Deshalb sagte ich, „trinken wir doch in unserem Hotel noch ein Gläschen, was halten Sie davon?", und sie nickte und sagte genauso leise, wie sie ihren Weinwunsch geäußert hatte, „ja, warum eigentlich nicht?"

„Hoffentlich bekommen wir überhaupt noch etwas im Hotel", äußerte ich meine Befürchtung, die eher mir als Marie galt, denn ich war nun gewissermaßen verantwortlich für ein Glas Wein, und ich würde Marie das Glas Wein verschaffen, ganz unabhängig davon, ob die Hotelbar noch geöffnet hatte oder nicht, soviel war klar. „Entschuldigen Sie, Robert", sagte sie, immer noch nicht beruhigt, sondern nur ankämpfend gegen ihr Weinen, und ich sagte, eine Spur zu laut, zu resolut für mein Empfinden, „nun hören Sie aber auf, da gibt es doch gar nichts zu entschuldigen", und sie sagte, „ich verderbe Ihnen den schönen Abend mit meinem Geheule", und ich widersprach ihr, „nein, nein, überhaupt nicht." An meinem seltsamerweise nicht abgeschlossenen Auto angekommen, ließ ich Marie los und ließ sie sich hineinsetzen, und noch während ich um mein Auto herumging zu meiner, also der Fahrertür, spürte ich miteins einen solchen Harndrang, dass ich ihm auf der Stelle ausgeliefert war. Ich rief Marie, die die Beifahrertür längst zugezogen hatte, von außen zu, „einen kleinen Moment, Marie, ich komme sofort!", und ich sah mich nach einer diskreten Nische um, wie man sagt, nur gab es in unmittelbarer Nähe eine solche diskrete Nische nicht, wir befanden uns auf der Haupteinkaufsstraße eines touristisch konzipierten Badeorts.

Mein Auto war von allen Seiten zu sehen und Spaziergänger flanierten, wohin ich auch schaute. Ich wusste in dem Moment nicht ein noch aus, wie man sagt, und in der Not öffnete ich den Kofferraum und nahm den zum Glück leeren Ersatzkanister heraus, schraubte ihn auf und pinkelte, von der Kofferraumhaube halbwegs abgeschirmt, in diesen Ersatzkanister hinein. Das In-den-leeren-Kanister-Hineinpinkeln war viel zu laut, um von Marie unbemerkt zu bleiben, und ich schämte mich *zu Tode*. Sagst du dazu jetzt etwas, oder sagst du nichts, das war mein ausschließliches Problem, als ich endlich neben Marie vor dem Lenkrad platznahm; sie hat es ja hören müssen, dachte ich, aber bevor ich mich zu einer wie auch immer gearteten Äußerung hatte durchringen können, sagte sie, „jetzt aber schnell, sonst mache *ich* in die Hose!"

„Halten Sie es denn noch aus die zehn Minuten bis zum Hotel in Camperduin?", fragte ich, und ich war geradezu begeistert davon, dass wir zur selben Zeit das gleiche Problem hatten und schämte mich verständlicherweise etwas weniger. Sie antwortete: „Ich hoffe, aber machen Sie bitte, bitte schnell!", und ich sagte, „warten sie!", und ich stieg wieder aus, öffnete noch einmal den Kofferraum und holte den von mir soeben benutzten Ersatzkanister hervor. Ich goss den Inhalt auf den sandigen Parkplatz und hatte ein souveränes Gefühl, als ich ihr den Kanister ins Wageninnere reichte. Ich sagte, „ich gehe derweil ein Stück!" und ließ sie mit dem Kanister in meinem Auto zurück. Ich setzte mich wirklich, als sei es eine Selbstverständlichkeit, in Richtung Pizzeria in Bewegung, dann dort vorbei, einmal um den Ortskern herum, mir ausmalend, wie Marie sich in den Kanister erleichtern würde. Während mir diese Vorstellung durch den Kopf ging und mich auf eine gewisse Weise erregte, fiel mir ein, dass für sie das Erleichtern in einen solchen Kanister durchaus mit Schwierigkeiten verbunden sein konnte, allein der weiblichen Anatomie wegen, die mich ja schon lange nicht mehr beschäftigt hatte, warum auch hätte sie es sollen? Angenommen, sie wäre nicht in der Lage, sich des Ersatzkanisters zum Notdurftzweck zu bedienen, wäre mein diskretes Entfernen ja naturgemäß eine ihre Not nur verschlimmernde, auf die Spitze treibende Verzögerung, die es um jeden Preis zu vermeiden galt, und ich schritt entschlossen zum Auto zurück. Marie hatte die Wien-CD angestellt und war gerade im Begriff, sich mithilfe des Anzünders im Armaturenbrett eine Caballero anzustecken. Ich setzte mich hinters Steuer und fragte vorsichtig, „sind Sie denn zurechtgekommen?" Sie nickte und antwortete, „wie man es nimmt, es wäre aber ein Akrobatenstück geworden, ich kann Ihnen sagen!", und wir lachten jetzt beide. Dieses gemeinsame Lachen hatte in diesem Augenblick etwas ungemein Befreiendes, wie sich denken lässt, und sie sagte, „wie stellen Sie sich das denn vor mit einem solchen Kanister?", und ich wurde verlegen. Sie sagte, „ich habe mich einfach neben das Auto gehockt."

„Verzeihen Sie meine Dummheit!", sagte ich, und sie sagte, „macht ja nichts, ist ja noch einmal gut gegangen." Eine ganze Weile saßen wir nun nebeneinander, ohne dass wir etwas redeten, und wir lauschten, wie schon auf der Herfahrt, Keith Jarrett bis zum Ortseingangsschild von Schoorl, wo er gerade mit dem Prestissimo begann, und ich sagte jetzt, „apropos Wien, wissen Sie eigentlich, dass der Meister drei Monate später auch ganz in unserer Nähe gespielt hat, in Bonn nämlich?" Ich ging felsenfest davon aus, dass ich sie mit dieser als Frage getarnten Information überrascht haben würde, aber das war nicht der Fall, wobei ich rückwirkend sagen muss, dass mich nichts mit Marie in Zusammenhang Stehendes hätte verblüffen brauchen, denn Marie selbst war ja die Inkarnation der Verblüffung. Sie nickte und fiel mir fast ins Wort und sagte, „ja sicher, am vierundzwanzigsten und fünfundzwanzigsten Oktober im Beethovenhaus."

„Genau, die Präludien und Fugen Schostakowitschs!", so ich, „vor nicht einmal hundert Zuhörern, unbegreiflich, aber wahr", und sie sagte, „ist das nicht unglaublich?", und ich dachte, ihr *unglaublich* bezöge sich auf die wenigen Zuhörer und wiederholte, „unglaublich!", aber sie hatte die Koinzidenz gemeint und präzisierte, „es ist beinahe ein noch größeres Wunder als Wien!" Erst jetzt begriff ich das Ausmaß des Unglaublichen bei den in Rede stehenden Bonn-Abenden, erst jetzt begriff ich, dass Marie und ich in diesem an und für sich kleinen Konzertsaal im Beethovenhaus einander ein weiteres Mal nahe gewesen waren, naturgemäß noch näher als in der Staatsoper, und es verschlug mir zunächst die Sprache. Ich bekam tatsächlich eine Gänsehaut. Ich rief mir das Bonner Beethovenhaus ins Gedächtnis, ich sah den Meister, keine Einmeterfünfzig von mir entfernt an seinem Steinway, und ich sah die junge Studentin, die dem Meister umblätterte und die ihm einmal zu früh umgeblättert hatte, was aber keinen Schaden anrichtete, da Jarrett die ihm vorenthaltene Seite auswendig spielen konnte. Ich sah plötzlich diesen lächerlichen Idioten zwei Stühle neben mir, der sich eingebildet hatte, mit seinem Riesenfotoapparat während des Schostakowitsch-Konzerts herumklicken zu können, was aber zum Glück vom Meister selbst im Keim erstickt wurde, dadurch nämlich, dass er, kaum hatte er den Fotoapparat in den Händen des Banausen zwei Stühle neben mir entdeckt, ihn ihm abnahm mit der humorvollen Bemerkung, er sammle Kameras, und die Kamera links neben dem Flügel auf den Fußboden legte und dann erst zu spielen anfing. Meine Abneigung gegen das Fotografieren war damals schon eine enorme. Ich sah auf dieser inneren Leinwand auch das Publikum, denn ich hatte mich in jenen Oktoberabenden in Bonn von meiner ersten Reihe aus mehrfach umgedreht und gedacht, es ist doch unglaublich, nicht einmal ausverkauft, und da reisen andere um die halbe Welt, um Keith Jarrett zu erleben. Hier sitzen jetzt nicht einmal hundert Leute, überschlug ich, aber ich konnte mir, wie sich denken lässt, keine Gesichter mehr ins Gedächtnis rufen und sah deshalb auch Maries nicht.

Jetzt aber sah ich Marie mitten ins Gesicht; ihre Augen waren noch vom Weinen gerötet, und sie war die *Schönheit in Person*, wie man sagt. Ich liebte sie auf die mir einzig mögliche Weise, total nämlich, und ich spürte ein mir bislang unbekanntes Verlangen, alles wissen zu wollen über diesen Menschen neben mir, alles ihn Betreffende wissen zu wollen, am liebsten auf einen Schlag alles wissen zu wollen. Sie drückte die Zigarette aus und sagte, „schon besser als die erste!". Es war nicht mehr weit bis zu unserem Hotel in Camperduin, als ich sie fragte, „wie steht es denn mit Köln?" und „wie steht es mit Paris?" und „wie steht es mit Amsterdam?" und „wie mit Leipzig?" Sie wusste sofort, was ich meinte, meine Keith Jarrett-Erlebnisse nach Wien nämlich. Sie war augenscheinlich bestens im Bilde über alles Keith Jarrett Betreffende, und sie sagte, „Bonn war leider das letzte Mal, danach habe ich nicht mehr fort gekonnt. Eigentlich hätte ich auch Bonn gar nicht wahrnehmen dürfen, aber gerade Bonn war mir das wichtigste Konzert gewesen, gerade Schostakowitsch, ich liebe Schostakowitsch, ich glaube, er hat es mir nie verziehen, dass ich ihn wegen Jarrett im Stich gelassen habe an diesen Oktoberabenden. Aber danach bin ich tatsächlich überhaupt nicht mehr weggefahren."

„Wer ist *er*", wollte ich wissen, denn ich nahm an, dass nicht Schostakowitsch und nicht Keith Jarrett mit dem Unversöhnlichen gemeint gewesen war und kam mir dabei auf der Stelle indiskret vor. Aber es war gefragt, und sie antwortete, „mein Vater, wer denn sonst?"

Es lag eine bislang noch nicht gekannte Schärfe in diesem *wer denn sonst*, und ich bat um Pardon, und sie vollzog eine abwinkende Geste und sagte „schon gut."

Wir mussten an der Rezeption des Strandhotels einen Moment warten, denn die junge Frau, die den sogenannten Nachtdienst besorgte, konnte sich nicht augenblicklich von einer Tennisübertragung loseisen, und während wir auf sie warteten und nach dem *schon gut* nicht mehr geredet worden war und ich mir die größten Vorwürfe machte wegen meiner Indiskretion, sagte Marie, „entschuldigen Sie, Robert, ich wollte nicht so grob sein soeben, es ist mir so herausgerutscht."

„Bleibt es dennoch bei unserem Wein?", wollte ich wissen, und sie sagte, „ja, das wäre schön, so zum Abschluss." Die junge Frau konnte sich uns jetzt dank einer Werbeunterbrechung widmen, und wir ließen uns unsere Schlüssel geben. Ich bat die junge Frau in Niederländisch, dass sie uns Wein besorgen möge, worauf Marie mich staunend ansah und, kaum war die junge Frau verschwunden, um nach Wein zu suchen, „das wusste ich ja gar nicht!" zu mir sagte. „Was wussten Sie nicht?"

„Na dass Sie Niederländisch sprechen."

„Wir wissen im Grunde eh nichts voneinander!", so ich daraufhin, „es beruht ja auf Gegenseitigkeit, dieses Nichtwissen." Die junge Frau erschien nach etwa einer Minute und hielt uns zwei Weinflaschen hin, einen weißen und einen roten, und ich ließ Marie wählen, denn ich verstehe nicht viel von Wein, eher gar nichts. Die junge Frau entkorkte die von Marie gewählte Flasche und stellte sie zusammen mit zwei Gläschen auf ein Tablett und anerbot sich, dieses Tablett für uns hinaufzutragen. Ich nahm es ihr aber aus der Hand, bedankte mich und wünschte eine gute Nacht. Vor unseren Zimmern stehend ergab sich nun die Frage, wo hinein, bei wem den Wein trinken, aber Marie hatte diese Frage längst gelöst, schloss ihr Zimmer auf und sagte, worauf warten wir, und ich folgte ihr zögernd und hatte ein kaum zu beschreibendes Peinlichkeitsgefühl, denn es war ja nicht normal für mich, mitten in der Nacht mit einer Frau, noch dazu mit einer von mir längst begehrten, die ich bereits nackt gesehen hatte, in ein Hotelzimmer zu gehen. Sie sagte jetzt noch einmal, „worauf warten Sie, Robert, kommen Sie doch herein in die gute Stube, setzen wir uns aufs

Bett!" Es gab, genau wie in meinem Zimmer nebenan, nur einen kleinen Sessel, denn für zwei Sessel waren diese Zimmer zu eng, und ich sagte, „soll ich versuchen, einen zweiten", aber sie ließ mich nicht ausreden, sondern sagte, „ein Sessel und ein Bett sind doch genug! Setzen Sie sich ruhig in den Sessel, Robert!" Ich stellte das Tablett auf den Tisch, zog meine Jacke aus und setzte mich tatsächlich in den Sessel. Marie ließ sich auf ihr Bett fallen, und wir schoben den kleinen Tisch vorsichtig zwischen uns. Sie schenkte uns ein, halb voll etwa, und ich nahm mein Glas, hob es zwecks Anstoßens hoch, während sie ihres nahm, und ich sagte: „Auf Sie, liebe Marie!"

„Nein, nein, wenn schon auf uns!", gab sie zurück. Ich lehnte das ab, „nein, auf Sie! Denn wenn Sie nicht gestern gesagt hätten, ich möchte mal wieder ein paar Tage ans Meer, wären wir jetzt nicht hier, stimmt's?"

„Schon", gab Marie zu, „aber mit dieser Entwicklung habe ich ja selbst nicht gerechnet! Ich habe es ja mehr allgemein gemeint, ich habe ja dabei nicht an Sie gedacht, Robert, ich bin schon mit dem Gedanken ans Meer in das Maritimarestaurant auf dem Werth hineingegangen!" Wir stießen jetzt miteinander an, ohne geklärt zu haben, worauf, und ich wiederholte meine Worte vom Bergen-aan-Zee-Spaziergang, betonte ausdrücklich, wie sehr ich den Tag über alles genossen habe und dass ich glücklich sei, sie kennengelernt zu haben.

„Wie schade, dass wir uns nicht schon früher, vor dem Wien-Konzert zum Beispiel, kennengelernt haben! Das ohnehin in jeder Hinsicht grandiose Wien-Konzert wäre ja an Ihrer Seite ein noch grandioseres geworden." – „Nein, nein", sagte Marie mittlerweile zum wiederholten Male, „es wäre mir im Juli einundneunzig noch nicht möglich gewesen, Sie kennenzulernen, Robert! Ich hätte meinen Kopf gar nicht für Sie frei gehabt. Ich war ja schon im Juli einundneunzig ans Bett meines Vaters gefesselt, wenn Sie verstehen, wie ich das meine. Ich habe mich nach Wien ja nur wegstehlen können, weil meine Schwester sich angeboten hatte, für ein Wochenende ins Tal zu kommen und auf Vater aufzupassen."

Ich verstand naturgemäß nicht, was Marie meinte, aber ich unterbrach sie nicht, weil ich hoffte, dass sie fortfahren würde. Das tat sie dann auch nach einem weiteren Schluck.

„Schon einundneunzig hat er ja das Bett nicht mehr verlassen können; man musste ständig um ihn sein!" Bei diesen Worten füllten sich Maries Augen erneut mit Tränen. Mich nach der Art der Krankheit ihres Vaters zu erkundigen, schien mir nicht am Platz zu sein; es wäre auch die reinste Heuchelei gewesen, denn im Grunde interessierte es mich nicht, ich wollte nicht über Maries Vater reden, sondern über Marie, und ich sagte, „das war sicher alles sehr schlimm für Sie!" und dachte gleichzeitig, was redest du für einen Unsinn daher. „Stört es Sie, wenn ich in diesem engen Zimmerchen rauche?", fragte Marie jetzt, und ich schüttelte den Kopf und warf ihr das vom Italiener erhaltene Streichholzmäppchen hinüber. „Sie gehen aber ran, Marie! Das ist ja schon die dritte!", und sie sagte, trotz Tränen lächelnd, „ich habe ja auch viel nachzuholen", und sie zündete sich tatsächlich ihre dritte Caballero an. Als sie *viel nachzuholen* gesagt hatte, war mir wieder die nachmittägliche Spontanentkleidung eingefallen, dabei ihre Worte, ich sei der erste Mann, der sie dergestalt laufen gesehen habe, wo sie doch verheiratet gewesen sein musste, da sie ja nicht Lodemeyer, sondern Josephs hieß. Was für eine traurige Ehe musste das wohl gewesen sein, dachte ich. Sicher auch ein Nachholmanöver, und als ob sie meine Gedanken erraten hätte, sagte Marie, „sehen Sie, Robert, unser FKK heute Nachmittag war auch so ein *Nachholmanöver.*" Tatsächlich gebrauchte sie das von mir gedachte Wort Nachholmanöver, und ich sagte, „es ist kaum zu glauben, eine so schöne Frau wie Sie, Marie!" Sie errötete ein wenig und sagte, so sei es nun einmal. Ihr Leben sei ein missglücktes Experiment gewesen, durch und durch missglückt, so Marie, und sie inhalierte den Rauch der Zigarette überraschend tief. „Ich habe von meinem Leben bis gestern nichts gehabt, Robert, mein Leben ist eine einzige Katastrophe gewesen bis gestern."

Eine Liebeserklärung, dachte ich. Das ist ihre Art, eine Liebeserklärung auszusprechen, sie sagt es nicht so kitschig daher wie ich, sie sagt es beiläufig, aber es ist zweifellos eine Liebeserklärung, die sie dir gemacht hat mit diesem *bis gestern*. In dem Moment schoss mir ein Gedanke in den Kopf, der mir zuvor noch nicht gekommen war, weil er bislang belanglos gewesen war für mich, jetzt aber plötzlich wichtig wurde. Ich fragte sie, „haben Sie eigentlich Kinder, Marie?"

„Ach, Robert", sagte sie und ließ einen Seufzer folgen, „glauben Sie denn an Jungfrauengeburten?", und ich stutzte, begriff nicht, warum sie den Begriff Jungfrauengeburt, den sie im Zusammenhang mit der Namensnennung schon einmal verwendet hatte, jetzt schon wieder gebrauchte. So schrecklich ist der Name Marie Josephs doch nicht, dachte ich, dass man ihn mit der Bibel in Verbindung bringen muss, und das sagte ich Marie jetzt. „Doch! Und wie!", widersprach mir Marie; es klang beinahe boshaft, wie sie *und wie* sagte, aber ich spürte, dass diese Schärfe nicht mir galt und ließ sie einfach reden. Sie wiederholte noch einmal, nachdem sie schrill aufgelacht hatte, „mein Leben war ja eine einzige Bibelkatastrophe, aber das können Sie ja nicht wissen, Robert!"

Jetzt übermannten sie wieder die Tränen; sie schluchzte sogar laut auf. „Sie müssen mir nichts erzählen, was Ihnen Schmerzen verursacht", sagte ich, „reden wir doch von etwas anderem!" Marie aber schüttelte energisch den Kopf, und während sie ihre dritte Zigarette in der Aschenbecherattrappe, wie ich die kleine Muschel bezeichnen muss, die auf dem Tisch stand, ausdrückte, nahm sie sich mit der linken Hand gleich eine neue, ihre vierte, Zigarette und zündete diese auch sofort an. „Nein", sagte Marie, „nicht mit Ihnen, Robert, jetzt nicht mehr. Ich habe lange genug immer einfach von etwas anderem geredet. Es muss jetzt Schluss sein damit!" Sie wollte noch mehr sagen, aber ihr Weinen ließ mehr im Moment nicht zu. Ich hätte sie am liebsten in den Arm genommen und gestreichelt, es war seit beinahe nicht mehr erinnerbarer Zeit tatsächlich so weit gekommen, dass ich ein Zärtlichkeitsbedürfnis spürte, und zwar nicht ein passives Zärtlichkeitsbedürfnis, sondern ein aktives, aber dazu hätte ich mich neben sie auf das Bett setzen müssen, und das erschien mir unmöglich, dazu war ich zu unbeholfen. „Verzeihen Sie mein dummes Geheule, Robert", flüsterte sie, „ich verderbe Ihnen bestimmt den ganzen Abend!" Ich schüttelte protestierend den Kopf, „hören Sie doch auf damit, Marie! Sie verderben mir doch nichts, Ihre Tränen sind doch ein Geschenk, denn Sie vertrauen mir ja Ihr Weinen gewissermaßen an!", so ich, und ich dachte, von meinen eigenen Gedanken überrascht, so kann man es ja auch sehen und bereute es gleichzeitig, dass ich die in meinem Beisein geweint Habenden immer automatisch gehasst hatte, anstatt die Möglichkeit zumindest in Betracht zu ziehen, dass es durchaus ein Geschenk sein konnte, vertraute jemand sein Weinen einem anderen an. Aber, so dachte ich dann gleich, es war ja auch nie ein von mir geliebter Mensch darunter gewesen, folglich konnte ich das Weinen anderer nie als Geschenk betrachten, sondern immer nur als Zumutung. Es war mir immer die unerträglichste Zumutung gewesen im Gegensatz zu jetzt, und ich sagte zu Marie, „ich liebe sogar Ihr Weinen, es gehört zu Ihnen, darum liebe ich es", und ich dachte, wie furchtbar, sag so etwas nicht noch einmal. Marie schluchzte nun mindestens fünf Minuten ununterbrochen, sie kam gar nicht dazu, an ihrer Zigarette zu ziehen, sie streifte zwar regelmäßig die anfällige Asche in die Aschenbecherattrappe ab, aber sie konnte die Caballero nicht zu Munde führen, weil es sie zu sehr schüttelte. Während dieser fünf Minuten ging mir alles zuvor von ihr Geäußerte durch den Kopf, allerdings nicht in gewinnbringender, das heißt Erkenntnis vermittelnder Weise, sondern unkontrolliert. Es ist alles völlig verrückt, dachte ich immer wieder. Die ganze Geschichte ist von Anfang an verrückt gewesen, diese Ansmeerfahrt eine einzige Verrücktheit, und jetzt habe ich den *Salat*, so meine Gedanken, jetzt sitze ich in einem holländischen Hotel einer Frau gegenüber, und ich liebe diese Frau, was ja zu vermeiden gewesen wäre, hätte ich mich dieser spontanen Idee nicht hingegeben. Jahrzehntelang hatte ich mir insgeheim eine solche Szene gewünscht, sieht man von dem traurigen Zustand ab, in dem sich Marie augenblicklich befand, und ich hatte mir diesen Wunsch mit der Zeit geradezu verbieten müssen und hatte ihn mir auch verbieten können irgendwann und ihn auch bis zur Unkenntlichkeit auseinandergenommen und verzerrt und vor mir selbst lächerlich gemacht. Ich hatte mich auf ein Alleinleben mittlerweile vollkommen eingerichtet und es letztendlich immer mehr begrüßt, von sogenannten *Zwischenmenschlichkeiten* verschont zu bleiben. Nun jedoch saß ich einer weinenden Marie gegenüber und konstatierte, dass meine Vorstellung von Unantastbarkeit, die ich mir durch all meine Lebensenttäuschungen und Lebensentbehrungen verdient zu haben geglaubt hatte, wie eine Seifenblase geplatzt war. „Möchten Sie, dass ich Sie allein lasse?", bot ich ihr an, denn es war nicht abzusehen, dass sich Marie beruhigen würde. Ich litt unter meiner Machtlosigkeit, sie nicht vom Weinen abbringen zu können, das muss ich betonen. Marie aber, die von mir in kürzester Zeit geliebte Frau, schüttelte energisch den Kopf und keuchte, „nein, gehen Sie bitte noch nicht, ich kriege mich schon wieder ein", und sie langte jetzt mit ihrer rechten Hand unter ihr Kopfkissen und förderte ein Taschentuch zutage und schnäuzte mit einer rührenden Entschlossenheit in dieses Taschentuch hinein, als wolle sie sagen, jetzt ist Schluss, mit diesem Schnäuzen ist es vorbei. Aber es war noch nicht vorbei, sie schluchzte, kaum dass sie das Taschentuch weggelegt hatte, aufs Neue. Ich schenkte jetzt unsere beiden Gläser voll und hielt mein Glas zum zweiten Mal hoch, und schluchzend nahm auch sie ihr Glas und streckte es mir entgegen. Ich fragte mich, was denkt sie jetzt nur, und ich sagte in der Hoffnung, ich erfreue sie damit: „Auf uns, Marie!", und wir stießen an, sie leerte das volle Weinglas daraufhin in einem Zug und setzte es ab. Ich schenkte ihr sofort nach, was vielleicht ein Fehler war. „Robert, Sie müssen mir glauben", sagte Marie, „Ich mache Ihnen nichts vor", und ich entgegnete geradezu bestürzt, „ich käme gar nicht auf die Idee, dass Sie mir etwas vormachten."

„Das ist gut!", so Marie. „Denn damit ist es jetzt vorbei, damit muss jetzt endlich Schluss sein! Ich will nichts mehr vormachen, ich habe lange genug allen etwas vorgemacht."

„Was denn?", erkundigte ich mich, „was haben Sie denn allen vorgemacht, Marie?", und sie antwortete: „Alles. Vor allem meinem Vater. Nein, das wollte ich gar nicht sagen. Ich glaube, er hat sich eigentlich keine Illusionen gemacht, dass ich ihn gern pflegte, aber alle anderen sollten mich als die liebevolle, die liebende Tochter erleben. Ich habe ihnen die liebende Tochter gegeben wie in einem schlechten Stück!"

Sie nahm sich wieder eine Caballero und zündete sie an und sog den Rauch tief ein und nahm ihr Weinglas und leerte es wieder in einem Zug und sagte noch einmal, ich möchte, dass Sie mir glauben. Ich nickte.

„Sie werden vielleicht gedacht haben, dass ich Sie belogen habe, als ich Ihnen sagte, dass Sie der erste Mann sind, der mich nackt gesehen hat, und es war auch nicht die ganze Wahrheit, aber es war schon wahr im eigentlichen Sinn, Robert." Mir drängte sich der Eindruck auf, dass sie Artikulationsschwierigkeiten bekam, gegen die sie durch übertriebene Nuancierung jeder von ihr geplanten Silbe ankämpfte. „Sie sind der erste Mann, der *als Mann* meinen Körper gesehen hat, obwohl ich dreiunddreißig Jahre verheiratet gewesen bin, ist das nicht verrückt?"

Ich entgegnete, „ich bin nicht einmal einen Tag verheiratet gewesen, ist das nicht mindestens ebenso verrückt, sagen Sie doch selbst!" Ich hatte mit meiner Gegenfrage für Auflockerung sorgen wollen, was mir aber nicht gelungen war; Marie nahm meine Gegenfrage schlicht nicht zur Kenntnis.

„Mein Vater ist ja absolut für diese Heirat gewesen, mein Vater hatte mich diesem Mann regelrecht in die Arme getrieben, obwohl er damals nichts von ihm wusste, allein die Tatsache, dass er Vikar war, hatte für meinen Vater gereicht, ihn anzuhimmeln", führte Marie aus und faltete ihre Hände wie zum Gebet. „Mein Vater verehrte alles mit der Kirche Zusammenhängende", fuhr sie fort, „und er verehrte darum auch Robert, mein Mann hieß Robert, *auch* Robert, es tut mir leid." Sie zog in verzeihungheischender Absicht ihre Schultern hoch.

Ich muss zugeben, dass mich diese Namensübereinstimmung tatsächlich unangenehm berührte, aber ich äußerte mich in diesem Sinn nicht. Ich sagte vielmehr, „das muss Ihnen doch nicht leid tun, dafür können Sie ja nichts! Was sind schon Namen?", obschon ich zusammengezuckt war, als sie *und er verehrte darum auch Robert* gesagt hatte, worauf sie nickte und an ihrer Zigarette sog. „Es war nicht etwa Liebe auf den ersten Blick gewesen, das ganz gewiss nicht", so sie nun, „ich hatte Robert bei einer Feier kennengelernt, ich war einundzwanzig und hatte noch nichts erlebt, war noch Jungfrau. Verzeihen Sie, ich muss das, glaube ich, erwähnen. Ich traf also Robert auf dieser Feier, und er flirtete mit mir, oder was immer er dafür hielt. Ich hatte an diesem Abend, verzeihen Sie, die ganze Zeit Sex im Kopf gehabt, fragen Sie mich nicht, warum. Manchmal weiß man einfach nicht, warum einem so oder so zumute ist, kennen Sie das auch?" Marie sah mich auffordernd an und ich beeilte mich, ihr zu versichern, dass mir derlei nicht fremd sei und nickte länger als nötig, denn sie fuhr längst fort zu reden. „Für mich war klar, dem Mann gebe ich mich so bald wie möglich hin."

Mit dem Aussprechen des Wortes *hin* rutschte ihr ein Rülpser heraus, und ich dachte, es ekelt dich nicht einmal, das ist doch bezeichnend, dass dich Maries Aufstoßen nicht ekelt, obschon mich rülpsende Menschen immer angeekelt hatten bislang. Zwangsläufig erinnerte ich mich an Situationen, in denen mir das Aufstoßen anderer, teilweise sogar Vertrauter, die schlimmste Übelkeit verursacht hatte, im Gegensatz zu jetzt, und ich dachte, das ist etwas ganz anderes bei Marie Josephs. „Ich kannte ihn nicht einmal zwei Stunden, und ich wusste, dem würde ich mich hingeben", fuhr Marie jetzt fort. „Ich hoffe, Sie verzeihen mir, wenn ich etwas viel rede, aber ich kann jetzt nicht anders", sagte Marie und zog erneut die Schultern hoch. „Es muss jetzt mal raus!", sagte sie, und ich sagte, „das ehrt mich doch, dass Sie mir etwas von sich erzählen wollen, Marie!" – „Aber nur, wenn ich Ihnen wirklich nicht den Abend damit verderbe!", sagte Marie, wartete jedoch eine Reaktion meinerseits gar nicht erst ab, sondern erzählte nahtlos weiter. „Dann geschah an dem Abend etwas Ekliges." Marie stieß erneut auf und seufzte, und sie ergänzte beinahe flüsternd, „verzeihen Sie, wenn ich Ihnen das so unverblümt erzähle, aber es gehört nun mal dazu. Ich kannte ihn nicht einmal zwei Stunden, und ich bin ihm nachgegangen, als er zur Toilette musste. Ich klopfte an die Toilettentür, nachdem ich die Spülung rauschen hörte, er ließ mich ein und muss mir gleich angesehen haben, wie es um mich stand. Ich erspare Ihnen jetzt Einzelheiten, jedenfalls sind wir gar nicht zur Abendgesellschaft zurückgekehrt, sondern auf direktem Weg aus der Wohnung ... Er wohnte nicht weit. Bei sich zu Hause hat er mich, wie ich es ja auch vorgehabt hatte, genommen, allerdings hatte ich nicht erwartet, dass er es so brutal tun würde. Wie gesagt keine Einzelheiten! Als er fertig war, zeigte er sich über sich selbst erschrocken und fing an zu jammern wie ein Kind und er entschuldigte sich bei mir unter Tränen. Wie ein kleines Kind, verstehen Sie, wie ein winselnder Jammerlappen. Er hat mich angefleht, nichts zu verraten von seinem Überfall, dabei hätte ich es sowieso niemandem verraten, dazu hatte ich ja viel zu viel Respekt vor einem Mann der Kirche, selbst wenn er in diesem Moment so klein mit Hut war." Marie demonstrierte unter Zuhilfenahme von Daumen und Zeigefinger, wie klein und stieß neuerdings auf. Eine gute Minute verstrich nun, in der weder Marie noch ich etwas sagten. „Als Sie soeben von dem einen Kuss sprachen, und dass es eine traurige Geschichte sei, die Sie übrigens noch immer nicht erzählt haben", Marie fuchtelte jetzt drohend mit dem Zeigefinger, „musste ich plötzlich daran denken und mir war klar, dass ich es Ihnen erzählen wollte. So war das mit mir und der körperlichen Liebe, Robert."

„Ich würde in diesem Fall nicht unbedingt von Liebe sprechen", wandte ich ein. „Das war doch, selbst wenn Sie zunächst tatsächlich ähnliche Absichten hatten wie er, eindeutige also, ganz offensichtlich eine Vergewaltigung!"

„Ja, sicher", gab Marie zurück. „Aber es kommt noch viel schlimmer. Robert setzte sich in den Kopf, seine Schuld mir gegenüber dadurch begleichen zu können, indem er mich heiratete."

„Na, zum Heiraten gehören doch wohl zwei", gab ich meiner Verwunderung Ausdruck, „oder sind Sie etwa schwanger gewesen nach der Vergewaltigung?"

„Schwanger? Ich glaube, Sie haben mich soeben nicht richtig verstanden, Robert, aber dann werde ich eben doch noch deutlich. Er hatte mich zwar brutal genommen, aber nicht wie eine Frau, sondern wie einen Mann. In den ..., na Sie wissen schon."

Marie schüttelte mehrmals den Kopf; ihr Blick hatte mittlerweile etwas Verhangenes, das ich dem schnellen Weinkonsum zuschrieb.

„Schwanger, dass ich nicht lache! So wird man nicht schwanger! Außerdem konnte ich gar nicht schwanger werden. Angeborene Eileiterdysfunktion, das wusste ich damals schon."

„Schön und gut", sagte ich und nahm jetzt auch einen Schluck Wein, „aber warum, um Gottes Willen, haben Sie dann geheiratet, Marie?" Marie nahm die am Boden stehende Flasche und goss sich nach.

„Sie haben meinen Vater nicht gekannt", sagte Marie und nahm einen kräftigen Schluck. „Meinen Vater nicht und selbstverständlich nicht mich", fuhr sie fort. „Ich war meinem Vater hörig, ich dumme Kuh! Mein Vater hatte die absolute Macht über mich, müssen Sie wissen. Na klar, meine eigene Schuld, ich weiß. Hätte weggehen sollen aus Wuppertal, meine Schwester ist ja auch weggegangen. Ich hätte mich dem Einfluss meines Vaters entziehen müssen, insofern darf ich ihm gar keine Vorwürfe machen." Erneut trank Marie ihr Weinglas in einem Schluck aus. Belästige ich Sie auch wirklich nicht?"

„Das schaffen Sie gar nicht", so ich, „wenn es einen Menschen gibt, der mich nicht belästigen kann, dann sind Sie das! Jetzt möchte ich aber den Rest der Geschichte hören!", sagte ich und verteilte den in der Flasche verbliebenen Weinrest auf unsere Gläser.

„Einen Monat hat es gedauert, da waren Robert und ich verheiratet", setzte Marie wieder an. „Sie müssen wissen, Robert und mein Vater, das war ein ganz besonderes Verhältnis, aber das würde jetzt wirklich zu weit führen. Robert hat ganz offiziell um meine Hand angehalten. Ob ich die seine wollte, interessierte meinen Vater gar nicht, er war überglücklich, mich unter Roberts Haube zu bekommen. Natürlich hätte ich nein sagen und weggehen können, ja müssen, aber so weit war ich noch nicht, Robert! Heute kann ich nein sagen und weggehen, damals konnte ich das noch nicht. Wenn mein Vater sagte, du heiratest Robert, dann heiratete ich eben Robert, ganz einfach. Und mein Vater war wirklich zutiefst überzeugt, dass seine Entscheidung richtig und gut für mich sei, ganz klar. Jedenfalls habe ich gar nicht erst versucht, dagegen aufzubegehren. Ich bin sofort, nachdem mein Vater sein Urteil gesprochen hatte, bei Robert eingezogen, stellen Sie sich nur vor, Robert!"

Am liebsten hätte ich Marie gebeten, davon abzusehen, mich bei meinem Vornamen zu nennen, solange von dieser Geschichte die Rede war, aber das traute ich mich nicht.

„Bis zur Hochzeit ist dann nichts mehr vorgefallen, kein Kuss, keine Berührung, gar nichts. Ich hätte da eigentlich stutzig werden müssen, bin ich aber nicht", sagte Marie. „Lächerlich! Ich hatte vielleicht gedacht, ein Mann der Religion nimmt es ernst mit der körperlichen Liebe, den Vorfall neulich hat er verdrängt, es war gewissermaßen ein testosteronbedingter Unfall, den ich ihm zugute hielt. Ich dumme Kuh! Es behagte mir im Grunde, dass er mich in Ruhe ließ, ich war auf eine seltsam naive Art davon überzeugt, dass ich ihn lieben lernen oder zumindest schätzen lernen würde. Also habe ich ihn geheiratet, bin Frau Pastor geworden, denn er hat sofort eine Pfarrei bekommen nach der Hochzeit. Durch seine Verheiratung hat er umgehend eine eigene Pfarrei bekommen, man höre und staune! Ohne mich hätte er diese Pfarrei ja gar nicht bekommen. Also ohne meinen Vater, aber das ist in diesem Fall ja das Gleiche."

„Wie meinen Sie das?", fragte ich Marie, „haben Sie sich etwa für ihn verwenden müssen?"

„Nein, nein, aber bei Kirchens, also der evangelischen, ist es im Gegensatz zur katholischen, wo sie keine Frauen haben dürfen, so, dass sie Frauen haben müssen, wollen sie eine halbwegs lukrative Pfarrei bekommen; die Frau des Pastors ist eine zusätzliche Arbeitskraft für die Kirche; eine billige Arbeitskraft, weil sie nicht bezahlt wird. Robert hat, kaum war er verheiratet mit mir, die Pfarrei bekommen, die er sich gewünscht hatte."

*Lukrative* Pfarrei hatte sie gesagt, das gefiel mir außerordentlich, und ich hätte sie gerne gefragt, wie viel sie denn abwirft, so eine lukrative Pfarrei, aber ich konnte es mir gerade noch verkneifen.

„Nun muss ich aber doch mal fragen, was für ein Zusammenhang zwischen Ihrem Vater und der *lukrativen* Pfarrei besteht. Noch blicke ich da nämlich nicht durch", gab ich zu.

„Können Sie auch nicht, entschuldigen Sie bitte", sagte Marie, die allmählich meinem Eindruck nach eine schwere Zunge bekam.

„Mein Vater war in Barmen Superintendent, bis 1975. Es ist zwar nicht de jure so, aber de facto entscheiden die Superintendenten, wenn eine Pfarrei wegen Tod oder schwerer Krankheit neu vergeben werden muss, und das war gerade der Fall gewesen. Ob die junge Frau unten noch auf ist? Ich hätte wahnsinnig gern noch ein Gläschen!"

„Warten Sie!", sagte ich augenblicklich und sprang auf, „ich sorge für Nachschub!"

Zwar arbeitete die Rezeptionistin nicht mehr, aber statt ihrer war nun Meneer Jensen vor Ort. Als ich das Erdgeschoss erreichte, war er gerade damit beschäftigt, für das Frühstück einzudecken. Ich nannte ihm meinen Wunsch und bekam keine zwei Minuten später die soeben verschmähte Flasche Wein in die Hand gedrückt mit der Bemerkung, es sei leider die letzte im Hause befindliche, Jensen erwarte in der kommenden Woche eine Lieferung. Soeben schon hatte ich dank meines Multifunktionstaschenmessers entkorkenderweise hilfreich sein können, und auch jetzt erledigte ich in Vorfreude darüber, dass ich Marie würde erfreuen können, beim Hinaufsteigen diesen Dienst, wobei ich mich fragte, ob Marie noch viel von sich erzählen würde, und auch, ob weiterer Wein, zumal ein roter jetzt, unserem Gespräch überhaupt dienlich sein würde. Kann das überhaupt gut sein oder sollte ich dazu etwas sagen, fragte ich mich, entschied mich aber augenblicklich gegen eine Einmischung in Maries Weinkonsum; sie steht dir nicht zu, dachte ich, wer, glaubst du eigentlich, bist du, Van Melis? Die Tür zu ihrem Zimmer war geschlossen; ich war sicher, sie offen gelassen zu haben, als ich hinuntergestiegen war. Vielleicht ein menschliches Bedürfnis, sagte ich mir und horchte an der Tür, bevor ich klopfte, die Weinflasche in der Linken. Keine Antwort erfolgte, also öffnete ich unaufgefordert; seltsamerweise fiel mir in diesem Moment ein Gedicht meines Namensvetters Robert Gernhardt ein, und ich hätte es Marie gern vorgetragen, weil es sich um ein heiteres, wenn nicht sogar komisches Werk handelte, und ich dachte, dass wir einen kleinen Lachexkurs gut hätten brauchen können; Marie rauchte wieder, als ich eintrat. Sie hatte unterdessen ihre Schuhe und Strümpfe ausgezogen und saß mit angezogenen Knien in der Mitte des Bettes. Ich wollte sie mit meinem Gernhardt überraschen, zumindest mit der fünften, also letzten Strophe des Gedichts, die da lautet *Der fünfte bringt stumm Wein herein – das wird der Weinreinbringer sein,* aber Marie kam mir zuvor:

„Ich hatte ja nicht *Frau Pastor* werden wollen, ich hatte lediglich *Frau* werden wollen und den Pastor dafür in Kauf genommen, verstehen Sie, Robert?", legte sie los, als habe es gar keine Unterbrechung gegeben. Ich gebe zu, ich war ein wenig enttäuscht, um einen Gag geprellt worden zu sein, bemühte mich jedoch, es mir nicht anmerken zu lassen.

„Meine ganze Zielsetzung war ausschließlich auf die Ehe gerichtet gewesen, ich dumme Kuh! Ich weiß auch nicht, was ich mir damals einredete, jedenfalls hatte ich eine Heidenangst vor dem Alleinsein; gerade in meinem Beruf kommt das ja häufig vor!" Sie sprach mit einer Selbstverständlichkeit von ihrem Beruf, als müsse ich eine Ahnung haben, um welchen es sich handele, dabei war bislang weder von ihrem noch von meinem (seit vier Jahren nicht mehr ausgeübten) Beruf die

Rede gewesen seit unserer ersten Begegnung im Maritima-Lokal auf dem Werth. Bei dieser selbstverständlich auch nicht. Ich bat Marie um ihr Glas, um es zu füllen, goss auch in meins, und wir stießen erneut an.

„Darf ich indiskret sein?", fragte ich Marie und sie sagte, „Ich kann mir gar nicht vorstellen, dass Sie indiskret sein können, Robert!"

„Ist es zwischen Ihnen und ähm", ich räusperte mich, „Ihnen und dem Vikar zu solch hässlichen Szenen, wie der von Ihnen eingangs erwähnten, später noch einmal gekommen?" Marie lachte schamhaft und rülpste wieder hinter vorgehaltener Hand. „Vergessen Sie bitte, was ich da soeben erzählt habe, Robert! Es war nicht die Wahrheit! Er hat mich nicht vergewaltigt, wie ich soeben behauptet habe, ich *dumme Kuh*! Robert machte sich nichts aus Frauen! Überhaupt nichts!" Marie sah mich an, als wartete sie auf eine Reaktion. Ich war mir nicht sicher, ob ich Maries zuletzt Gesagtes richtig verstanden hatte, und ich wollte mich nicht auf Missverständlichkeiten einlassen, dazu war mir Marie und auch die ganze Situation zu wichtig. Ich sagte, „er war homosexuell, habe ich Sie richtig verstanden, ist es das?", und sie nickte und richtete sich wieder auf, um an ihr Weinglas zu kommen. Sie leerte es mit zwei hastigen Schlucken und sah mir auf geradezu provozierende Weise in die Augen, stieß noch einmal auf und flüsterte dann „stockschwul", es wie zwei Wörter betonend. „Können Sie sich das vorstellen, Robert, ich hatte einen Homo geheiratet, und jetzt muss ich gestehen, dass es genau andersherum war, als ich Ihnen und mir soeben vorzulügen versucht habe, Robert! Ich wusste von Roberts Neigung längst durch meinen Vater! Ich wusste es, aber ich wollte es nicht wahrhaben, dachte tatsächlich, na, das wollen wir doch mal sehen und ich überrumpelte den armen Robert regelrecht und drängte mich ihm auf. Ich bot ihm meinen Arsch an, Robert – jetzt wird kein Blatt vor den Mund genommen – ich dachte, was die Homos können, kann ich doch auch!" Sie sah mich prüfend an, als suchte sie nach dem Zeichen einer etwaigen Verstörung meiner Person.

Obwohl ich mich unbeeindruckt und keinesfalls schockiert geben wollte, musste sich doch eine Veränderung in meinem Gesichtsausdruck ergeben haben, denn sie sagte, „ich bin arg drastisch geworden! Verzeihen Sie, Robert! Bitte verzeihen Sie mir!"

„Da ist nichts zu verzeihen!", beharrte ich kopfschüttelnd, „im Gegenteil, ich bin gerührt, dass Sie mir das alles so freimütig anvertrauen!" – „Wo wir uns doch eigentlich noch gar nicht kennen", sagte Marie und ich sagte, „Sie sagen es!"

„Aber ich bin noch nicht fertig, Robert. Darf ich noch?" Ich hatte einen Moment nicht hingesehen und erkannte nun, dass sie mit ihrer letzten Frage den Wein meinte; sie hielt mir ihr leeres Glas beinahe vor die Nase und ich beeilte mich, es zu füllen. Mein eigenes Glas stand noch unberührt auf dem Fußboden. „Ich weiß auch nicht, warum ich zuerst einen falschen Eindruck erwecken wollte, Robert, ich weiß es wirklich nicht. Nicht ich wurde von Robert zu einer Heirat überredet, sondern er von mir!" Ich hob die Hand, wie man es tut, wenn man ein Auto stoppt. „Moment!", so ich, „ich fürchte, ich komme nicht ganz mit! Sagten Sie soeben, sie hätten von der Neigung Ihres Mannes durch Ihren Vater erfahren? Wie das?"

„Ich hatte Robert schon seit Jahren bewundert und mir in den Kopf gesetzt, ihn zu heiraten, ganz egal, ob er stockschwul war oder nicht. Ich wollte mit ihm eine Familie gründen, meinetwegen eine Zweierfamilie. Und weil das Sexuelle für mich ohnehin Nebensache war, wenn auch eine lästige, bildete ich mir ein, dass es für alle – für mich, für ihn und auch für meinen Vater das Beste sei, wenn wir zusammenlebten. Mein Vater und Robert waren nämlich ein Paar, müssen Sie wissen, und darunter litten sie beide sehr wegen der ganzen damit verbundenen Heimlichkeiten." Mir lag auf der Zunge, etwas zu sagen, aber ich wollte Marie jetzt auf keinen Fall unterbrechen und nickte deshalb, was nicht etwa Zustimmung bedeuten sollte, sondern meine Bereitschaft, weiter zuzuhören.

„Ich weiß", sagte Marie, „wir leben jetzt im 21. Jahrhundert", womit sie genau das aufgriff, was um ein Haar mein Einwand geworden wäre, „ja klar, aber glauben Sie nicht, dass das bei Kirchens schon angekommen ist! Wo war ich stehengeblieben? Ach ja, bei *für uns alle das Beste*. Wie gesagt, ich schätzte Robert aus vielerlei Gründen sehr, und sein Schwulsein war mir egal. Ich wollte eine verheiratete Frau sein, mich vom Markt nehmen, wenn Sie verstehen, wie ich das meine. Vom Heiratsmarkt. Mich vom Markt nehmen, und gleichzeitig meinem Vater und dem Mann, den ich zu lieben glaubte, eine Perspektive bieten. Den Glauben an sexuelle Erfüllung und solchen Quatsch hatte ich mittlerweile ohnehin verloren, wie meinen anderen Glauben übrigens auch." Sie wies mit dem Zeigefinger himmelwärts.

„Ein Leben zu dritt böte viele Vorteile, hatte ich mir ausgemalt, Robert. Robert und Vater hätten unter meinen Fittichen ihre Liebe ausleben können, ich hätte mich ganz meinem Beruf widmen können, alle wären versorgt gewesen!"

Jetzt entfuhr Marie wieder ein Schluchzer, und sie sagte, jedes Wort einzeln und betont hervorbringend, „ich musste Ihnen das einfach erzählen, Robert. Das alles hat mich heute auf einmal so übermannt, dass ich beinahe geplatzt wäre nach 33 Jahren."

Marie passierte nun ein Missgeschick. Auf ihrem Bett sitzend erbrach sie sich so plötzlich, dass sie keine Vorsorge hatte treffen können, und der Schwall aus ihrem Mund breitete sich über der Bettdecke aus wie ein Rotweinfleck auf heller Auslegeware. Verständlicherweise begann sie wieder zu weinen. Ich beeilte mich, sie zu trösten, „das macht doch nichts!" zu sagen, „kommen Sie, Marie, wir ziehen schnell den Bezug ab und werfen ihn in die Dusche, und ich hole Ihnen von drüben meine Decke, Sie schlafen jetzt erst mal ganz fest, und dann werden Sie schon sehen!", so mein Vorschlag. Aber sie lehnte ihn ab, weinend flüsterte sie, „gehen Sie, Robert, gehen Sie", und ich sagte, „ich kann Sie doch jetzt unmöglich allein lassen, Marie!", aber sie bestand darauf, „gehen Sie bitte, jetzt!" Als ich sie besorgt, hoffentlich nicht vorwurfsvoll, ansah, wurde sie noch deutlicher, kreischte regelrecht, „raus jetzt, Robert!"

Ich wollte so gern noch irgendetwas für Marie tun, aber sie sagte nur, „gehen Sie, und verzeihen Sie mir, es stinkt doch so, gehen Sie endlich, na so gehen Sie doch!"

Ich ließ sie tatsächlich im Elend der bekotzten Wäsche zurück. Wenn sie nicht geweint hätte, wäre mir der Aufbruch sicherlich leichter gefallen. Aber eines konnte ich mir nicht verkneifen. Ich nahm der Weinenden die Zigarette aus der Hand und drückte sie in der mittlerweile schon überfüllten Aschenbecherattrappe aus und leerte diese nebenan in der Toilettenschüssel. Dann sagte ich, „wenn Sie mich brauchen, Sie wissen, wo ich bin!", und verließ ihr Zimmer tatsächlich, Maries Wunsch entsprechend. Es handelt sich bei den Wänden in niederländischen Hotels um äußerst dünne, und ich dachte, du hörst sie sicher noch, du wirst merken, ob sie zur Ruhe kommt allmählich, denn jedes Hüsteln, jedes Seufzen ist durch solche Wände wahrnehmbar, aber ich hörte sie nicht, zum einen, weil sie den Wasserhahn aufgedreht hatte, sie säuberte sich vermutlich, zum andern, weil aus dem Nachbarzimmer zur anderen Seite hin die erhitzte Debatte eines Paares, vermutlich sogar Ehepaares zu vernehmen war, in der es, so viel bekam ich mit, obwohl es mich nicht interessierte, um Eifersucht beziehungsweise deren Grundlosigkeit ging, da waren die Meinungen unüberhörbar verschieden. Ich zog mich aus, erledigte die sogenannte Nachttoilette und legte mich ins Bett. Was für ein Tag!, dachte ich, was für ein alles durcheinanderbringender Tag durch diese Marie Josephs, die sich offenbar noch immer am Wasserstrahl zu schaffen macht!

Ich dachte, du hast sie in diese Depression hineingetrieben durch deine fürchterliche Art, sie war ja noch am Nachmittag die Lebenslust und die Spontaneität *in persona* gewesen, und ich wollte mich an den Strandspaziergang erinnern, wie man eine Filmszene Revue passieren lässt. Meine Überlegungen, ob ich sie, sollte es noch einmal zu einem solchen Strandspaziergang wie dem erlebten kommen, fotografieren würde, nahmen meine ganze Konzentration in Anspruch. Ich hatte mir diese Fotografieridee noch längst nicht aus dem Kopf geschlagen, wie mir in diesem Moment klar wurde. Wahrscheinlich ist ihr morgen nicht danach, sagte ich mir, wahrscheinlich ist ihr morgen schlecht von den Zigaretten, und ich dachte, was für eine Schnapsidee, in diesem Alter noch mit dem Rauchen zu experimentieren. Aber das spricht für sie im Grunde, dachte ich, sie ist noch nicht festgefahren so wie du, sie probiert das Rauchen und sie probiert die Nacktheit, und wer weiß, vielleicht probiert sie noch die Sexualität, so dachte ich, sie wäre glatt imstande dazu. Was mag in ihr vorgegangen sein, als sie meine Hand auf ihre Brust legte, das war eine immens wichtige Frage für mich. War es ihr Mitleid gewesen, nachdem ich ihr anvertraut hatte, dass ich noch nie zuvor einer Frau an die Brust gefasst hatte, und ich dachte, nein, nicht nach all dem, was sie durchgemacht hat, nicht nach dreißig Jahren Ehe mit einem Hinterlader, und erst jetzt begriff ich das Ausmaß der Tragik, erst jetzt begriff ich, warum sie auf meine Frage, ob sie Kinder habe, mit der Jungfrauengeburt gekommen war. Die Tatsache, dass ein Mensch mein Alter erreichen kann, ohne jemals einen Begriff von Sexualität zu haben, ohne einer Frau an die Brust gefasst zu haben, geschweige in vermehrungssymbolischer Absicht bei ihr gelegen zu haben, ist vollkommen absurd, dachte ich, das ist ja nicht normal, auch wenn sie mich seit Geraumem nicht mehr gestört hatte, diese Anomalie. Ich könnte, wenn es unbedingt sein müsste, in ein Bordell gehen, um meine Erfahrungen zu machen. Ich erinnere mich, es hat eine Phase gegeben in meinem Leben, in der ich immer wieder *drauf und dran* war, wie man sagt, in ein Bordell zu gehen und einen Schein auf den Tisch zu legen und einer Frau an die Brust zu fassen und mich in vermehrungssymbolischer Weise auf sie zu legen; das will ich gar nicht leugnen. Ich habe aber diesen Erwägungen dann letztendlich nie Taten folgen lassen, weil ich im Grunde viel zu viel Angst davor hatte; nicht, dass ich ertappt werden könnte bei einem solchen Bordellbesuch, sondern, dass ich ausgelacht hätte werden können, weil ich vielleicht versagt hätte im entscheidenden Moment, was heißt ich, mein Genital natürlich. Das traute ich mir zu, ein solches

Versagen im entscheidenden Moment, und ich wollte doch nicht auch noch dafür bezahlen, dass man mich auslachte in meiner lächerlichen Unbedarftheit. Ein Mann in meinem Alter, der keine Frauenerfahrung hat, das gibt es ja verrückterweise, dachte ich, ich bin ja der lebende Beweis, dass es das gibt. Dass es aber eine Frau geben konnte, die mit dir nackt am Strand gelaufen ist und die dir ihre Brust zum Anfassen gegeben hatte und die dennoch keine beziehungsweise lediglich jene unerfreuliche Männererfahrung aufweist, die sie dir soeben anvertraut hat, das ist noch unglaublicher, und ausgerechnet auf diese Frau stößt du, dachte ich, ausgerechnet auf eine Marie Josephs stößt Robert Van Melis. Es kann eigentlich nicht Mitleid gewesen sein, ihr Motiv, deine Hand an erwähnte Stelle zu bringen, dachte ich weiter. Es muss zumindest Sympathie gewesen sein, ein Zeichen für dich, auch noch einmal, so wie sie, einen Anfang zu wagen, und ich war mir auf einmal ganz sicher, sie war eindeutig sexuell, diese Hand-zur-Brust-Führung; sie, also Marie, hat deine sexuelle Inkompetenz, deine sexuelle Insuffizienz, verbesserte ich mich, intuitiv erfasst. Ich nahm mir vor, sie danach zu fragen, sollte sich ein solches Thema zwischen ihnen noch einmal anbieten.

Im Eifersuchtsdebattenzimmer kehrte allmählich Ruhe ein, es wurde jetzt nur noch geflüstert, sodass Maries Wasserhahn das nunmehr dominierende Geräusch war, vermutlich für die ganze Etage. Ich fragte mich, ob ich noch einmal aufstehen, noch einmal hinübergehen sollte, erkunden, ob alles in Ordnung sei. Aber ich blieb liegen, ich dachte, du erhebst dich ja über sie, wenn du dich zu einem Aufpasser aufspielst. Sie hat zu viel getrunken und zu viel geraucht, da muss sie jetzt durch. Das kannst du ihr nicht abnehmen, so gern du es tätest. Ich nahm mir vor, in Kauf zu nehmen, dass der Wasserhahn vielleicht die ganze Nacht aufgedreht bleiben würde, wenn sie nämlich über den mit dem Wasserhahnaufdrehen verbundenen Absichten eingeschlafen wäre, und ich drehte mich auf die Seite, zog mir die Decke über den Kopf und schlief dann wohl selbst ein. Es war noch dunkel draußen, als ich von Geräuschen aus dem Eifersuchtsdebattenzimmer geweckt wurde, die aber diesmal eindeutig nicht Streit, sondern im Gegenteil Einigung zur Ursache hatten. Auch das interessiert mich nicht, dachte ich in meinem verschlafenen Zustand, und dann fuhr ich doch hoch in meinem Bett, weil mir Marie wieder einfiel. Der Wasserhahn war nicht mehr zu hören, sie hatte ihn offenbar irgendwann zugedreht. Marie Josephs, dachte ich, und mich ereilte eine seit langer Zeit nicht mehr gekannte Erregung. Ich stellte mir vor, wie die von mir geliebte Frau in ihrem Bett lag, Luftlinie keine zwei Meter von mir entfernt, und ich bekam mit dieser überraschenden Erregung gleichzeitig ein beklemmendes Gefühl. Was, wenn es dazu käme, und du versagtest, dachte ich, und ich dachte weiter, besser, es kommt nicht dazu, und ich dachte darüber hinaus, das kannst du dieser Frau nicht zumuten. Ich masturbierte *wild drauflos*, wie man es sich bei Pubertierenden vorstellt, und ich hörte jetzt zwangsläufig das Resultat der Bemühungen im Nebenzimmer. Ich hörte eine Frau schreien, und ich dachte, das hört jetzt Marie auch, wenn sie zufällig wach ist, und wenn, was denkt sie sich wohl dabei. Auf einmal durchfuhr mich ein Durstgefühl, ein Hungergefühl, ein Lustgefühl, wie ich es noch nicht kannte, das mich gewissermaßen erschreckte, und ich ließ von meinem Schwanz ab aus Angst, es nicht aushalten zu können. Es ist seltsam, du hörst eine Frau schreien und weißt nicht einmal, wie sie aussieht, wie alt sie ist. Du hast einen Menschen vielleicht noch nie gesehen, aber du wirst Zeuge seines Lustschreiens. Hatte ich jemals vor Lust geschrien, fragte ich mich mitten in der Nacht im Hotel Camperduin.

Ich bin schon oft Zeuge solcher Lustschreie gewesen, gerade im Urlaub, gerade in Urlauben mit den von mir mittlerweile endlich gemiedenen Schnappschießern und Kollektiventblätterern. Es ist sogar vorgekommen, dass derartige Lustschreie in einem Hotel nahe Paris eigens für mich inszeniert worden waren, in einer mit meiner jetzigen vergleichbaren räumlichen Situation, also Zimmer an Zimmer. Es war gestöhnt und geschrien worden, einzig zu dem Zweck, es mich hören zu lassen, wie ich hinterher herausbekam, als nämlich die in Rede stehende Lustschreiende Wochen später bei mir zu Hause gesessen und Rotz und Wasser geheult hatte wegen ihrer mittlerweile in die Brüche gegangenen Beziehung. Ich hatte ihr nur zugehört und genickt, und sie hatte überraschend ein solches Gefühl von Freundschaft zu mir gespürt, weil sie bei mir ihr Leid loswerden konnte, dass sie mir die Pariser Hotelzimmerinszenierung *gebeichtet* hatte, sie sagte wörtlich „Na du weißt schon! Wie in Harry und Sally!" Ich war wie immer gefasst gewesen, hatte sie aber nichtsdestotrotz gehasst, diese beichtende Heulerin. Warum habt ihr das eigentlich getan, hatte ich sie gefragt, denn es war ja eine Beleidigung gewesen, eine perfide Anspielung an meine Unbedarftheit, an mein Joseftum, und sie hatte gesagt, weil wir dich auf andere Gedanken haben bringen wollen; außerdem wollte ich wissen, ob ich es ähnlich gut hinbekäme wie Meg Ryan.

Die soeben nebenan geschrien habende Frau aber hatte nichts vorgetäuscht, zumindest nicht in der Absicht, mich zu beeindrucken; ihre Lust war entweder eine echte oder eine einem Wildfremden vorgegaukelte, was mich nichts anging. In diesem Zusammenhang kam mir das Wort *Orgasmus* auf einmal nicht mehr aus dem Kopf, und ich fragte mich, was ist das eigentlich, ein Orgasmus. Angenommen, es ist das, was ich mir soeben untersagt habe, indem ich mein Masturbieren einstellte, dann ist es doch nicht der Rede wert, dachte ich. Ich hatte mir die Masturbation nicht immer untersagt, ich hatte im Laufe der Jahre immer wieder mal Hand an mich selbst gelegt, meistens bis zur Ejakulation. Aber ist das wirklich der ganze Zauber des Orgasmus, fragte ich mich in meinem Hotelbett. Dann ist es nicht weiter tragisch, dass du bei keinen Frauen in vermehrungssymbolischer Absicht gelegen hast. Mit einer Frau ist es bestimmt anders, dachte ich, es muss ja göttlich sein, dieses Gefühl mit einer Frau zu teilen, noch dazu, wenn sie so schreit, wie die Frau aus dem Debattenzimmer. Und während mir das Wort *göttlich* in den Sinn kam, hörte ich, als hätte ich einen imaginären Schalter umgelegt, das

Wien-Konzert, den Meister *himself*, freilich nicht, wie er in der Staatsoper geklungen hatte, sondern meine CD. Marie Josephs, dachte ich, wie schreist du wohl, wenn du einen Orgasmus hast? Einen Orgasmus, verursacht von Robert Van Melis?

Aber ich weiß ja nicht, wie man das bereitet, einen Frauen-Orgasmus. In der Theorie ja, in der Praxis nein, dachte ich. Ich dachte auch, du musst jetzt unbedingt noch etwas schlafen, sonst wird nichts aus dir morgen, und ich legte mir *Paris* auf im Kopf, Keith Jarretts Paris-Konzert, und ich dachte, das ist mit Sicherheit ein Orgasmus, und ich spielte mir das Konzert ab, genoss den kontrapunktischen Anfang, und während des Übergangs zum Ostinato schlief ich ein, was ich daraus schließe, dass ich mich nicht mehr daran erinnere.

Zwischen neun und elf, das wusste ich, gab es im Strandhotel Camperduin Frühstück. Es war tatsächlich schon halb elf, als ich aufwachte und Jarretts Pariszugabe, den Blues, im Kopf hatte. Die Sonne schien mir ins Gesicht, und der Himmel war, soweit mein Blickwinkel durchs Fenster es zuließ, wolkenfrei. Es herrschte das sommerlichste Wetter vor, mitten im Herbst, und wie sich denken lässt, war mein erster Gedanke, was ist mit Marie. Ich lauschte, ob ich etwas hören konnte durch die Wand, aber es war nichts zu hören durch die Wand, zu hören war nur das Geschrei vor dem Hotel spielender Kinder. Ganz gegen meine Gewohnheit legte ich Hast an den nicht mehr ganz jungen Tag, ich schnellte geradezu aus dem Bett. Ich duschte ausnahmsweise nicht, ich rasierte mich noch nicht einmal, sondern ich erledigte die sogenannte Morgentoilette in nicht einmal zwei Minuten, kleidete mich in aller Eile an, kämmte mir durchs Haar und verließ mein Zimmer. Ich klopfte sofort bei Marie, aber es erfolgte wie in der Nacht kein Herein, sodass ich nochmals, lauter jetzt, klopfte und schließlich wie in der Nacht auch ohne eine Aufforderung zum Herein die Klinke drückte. Dabei hatte ich wieder Gernhardts Weinreinbringer im Kopf. Maries Zimmer erwies sich als abgeschlossen.

Sie ist bereits im Frühstücksraum, sagte ich mir, und ich hastete treppab Richtung Frühstücksraum, rannte aber, noch nicht ganz angekommen beim Frühstücksraum, gleich noch einmal zurück, weil mir eingefallen war, dass ich mein Zimmer nicht abgeschlossen hatte. Erst jetzt bemerkte ich, dass an meiner Tür ein kleiner, gelber Zettel klebte. Ich weiß es noch genau, ich hatte ein unangenehmes Gefühl in diesem Moment, und meine Befürchtung hatte ihre schriftliche Bestätigung im Gefolge vermittels dieses gelben Zettels, auf dem ich las, ich möge ihre, also Maries, Abwesenheit mit der Tatsache entschuldigen, dass es ihr *nicht gut* sei, so sie wörtlich. Sie ziehe das Alleinsein vor, warb für mein Verständnis und bat darum, mich am Abend ihrerseits zum Essen einladen zu dürfen. Ich entfernte den angeklebten Zettel, steckte ihn in mein Portemonnaie und begab mich, nunmehr in keiner Weise eilig, in den Frühstücksraum, wo man beinahe alles schon abgedeckt hatte und tatsächlich nur noch ein Zweiertisch die fürs Frühstück gebräuchlichen Utensilien aufwies; an diesem saß allerdings ein Mann, ein älterer, ungepflegt aussehender Mann. Und gleich dachte ich, es ist ja verrückt, dass ausgerechnet du diesen absurden Begriff *älterer Mann* gedacht hast, denn dieser Mann ist ungefähr in deinem Alter, also ein nicht mehr junger Mann, aber deswegen naturgemäß nicht älter. Älter als wer, muss man sich ja immer fragen, wenn von *älteren* Menschen die Rede ist, und meistens ist es ja ein dummer Euphemismus, wenn auch vielleicht in freundlicher Absicht. Man scheut sich zu sagen, *alte* Leute, also sagt man *ältere* Leute. Man scheut sich, alter Mann zu sagen, also sagt man älterer Mann, obschon älter ja eindeutig Komparativ von alt ist, und ist man nicht gerade ein Neugeborener, ist man zwangsläufig ein Älterer, egal, wie alt man ist. Das überlegte ich mir in diesem Moment groteskerweise. Den Ausdruck *Senioren*, der heutzutage den *älteren Menschen* den Rang abläuft, finde ich indes noch abscheulicher. Dann schon lieber älter. Dieser ältere, also ungefähr meinem Alter angehörende, Mann, trug zu meiner Bestürzung einen dunkelgrünen, sogenannten Trainingsanzug, der aussah, als sei er seit Jahren nicht mehr ausgezogen worden; sein Besitzer machte sich an einem vor ihm aufgebauten

Schachcomputer zu schaffen. Kaum, dass er mich das Frühstückszimmer betreten sah, hob er den Kopf und begutachtete mich; als er offenbar Gefallen an mir gefunden hatte, sprach er mich an, und zwar auf Amerikanisch. Ob es mir recht sei, wenn er, während ich frühstücke, sein Spiel zu Ende bringe. Ich antwortete, dass es mir nichts ausmache. Wenn ich allerdings etwas gegen das Piepen seines Gerätes einzuwenden habe, spiele er auch gerne unter Abschaltung der dem Gerät innewohnenden Piep-Elektronik eine *echte* Partie gegen *mich*, „you probably play chess pretty well!", die Figuren seien auch ohne Elektronik zu ziehen, das sei das Problem nicht, „that's not the problem!", so er.

Mir schossen zwei Gedanken gleichzeitig durch den Kopf, nämlich einerseits, dass ich ja darauf aus gewesen war, mit Marie an diesem Tisch zu sitzen und mit Marie zu frühstücken. Was, wenn Marie nun doch unvermittelter Dinge zur Türe hereinkäme und ihren Platz besetzt vorfände, noch dazu von diesem schmuddeligen Kerl besetzt. Ein bestürzender Gedanke! Des Weiteren dachte ich, dass ich ja kraft des gelben Zettels an meiner Tür vor zunächst vollendete Tatsachen gestellt war, nämlich die, auf Marie vorerst verzichten zu müssen. Es ist schon eine Dreistigkeit, mit der sich dieser Amerikaner seine Opfer sucht, aber andererseits spiele ich gerne Schach, auch wenn ich schon lange nicht mehr gespielt hatte. Ich sagte also fast spontan, „warum eigentlich nicht?", was der grüne Mann zweifellos verstand, denn er schaltete den Computer aus und schob die Figuren zu der mich immer faszinierenden Grundkonstellation. Damit fertig, erhob er sich flüchtig, streckte mir seine speckige Hand entgegen und sagte „Woto!", also Walter.

Ich schüttelte seine Hand unter Überwindung eines leichten Ekelgefühls und sagte „Robert!" Er wiederholte, sagte allerdings „Robott".

In diesem Moment erschien die junge Frau, die Marie und mir in der vorangegangenen Nacht den ersten Wein beschafft hatte, und ich dachte, sie hat einen wirklich langen Arbeitstag. Diese junge Frau, die ja wusste, dass ich ein des Niederländischen mächtiger deutscher Gast war, und die darüber hinaus zweifellos auch längst mitbekommen hatte, dass der ältere Mann im grünen Trainingsanzug Amerikaner war, sorgte für eine unfreiwillige Komik durch eine einzige Frage, die sie, vermutlich verwirrt durch diese internationale Frühstückstischzusammenkunft, in einem Gemisch aus Niederländisch, Deutsch und Englisch stellte; ihre Frage war an mich gerichtet, denn ich war ja der noch nicht gefrühstückt Habende, sie sagte „Wenst U koffie of liever Tee?", und noch bevor ich ihr verraten konnte, dass ich unbedingt einen starken Kaffee nötig hatte, prustete der mit mir Schachspielen wollende Amerikaner heraus vor Lachen. Er bekam sich kaum mehr ein, und er sagte immer wieder etwas, immer wieder dasselbe, wie ich merkte, ohne es zu verstehen, weil es in seinem Gelächter unterging. Irgendwann wurde es dann verständlich; er hatte die Anfrage der Servierrin, W*enst U koffie of liever Tee* als Parole aufgefasst, *Coffee or liberty*, do you want *coffee or liberty*. Walter schlug sich auf die Schenkel, „coffee or liberty! Coffee or liberty, that's great!" Er war geradezu enthusiasmiert von seiner eigenen Heiterkeit und betete die Parole immer wieder herunter, coffee or liberty, coffee or liberty, koffie or liberty. Zuletzt sagte er, *coffee or liberty, that is here the question!*, und ich war erstaunt, auf einen Amerikaner zu treffen, der offenbar mit Shakespeare vertraut war. Die junge Frau stand noch immer neben unserem Tisch, sie fühlte sich verspottet und genierte sich augenscheinlich, und ich beeilte mich jetzt, der Albernheit des Amerikaners ein Ende zu bereiten, indem ich „koffie!" bestellte, und ich bat die junge Frau, alles für Frühstückszwecke noch auf dem Tisch stehende mitzunehmen, ich sei nicht hungrig und meine Reisebegleiterin sicherlich auch nicht, zumal sie ohnehin aushäusig sei. Außerdem wolle ich Schach spielen, da störe jedes überflüssige Utensil auf dem Tisch. Vermutlich zehrte ich noch von meiner Lasagna, oder die Aufregung schnürte mir den Magen zu, die im Zusammenhang mit Marie in mein Leben gekommen war, jedenfalls war mir der Gedanke an Essen geradezu widerlich in diesem Moment und ich dachte einen Moment lang tatsächlich, dass ich verliebt sei. Nicht anders konnte ich es mir jedenfalls erklären, dass ich nichts essen wollte, kannte ich mich doch als einen Morgenhungrigen. „Well", sagte Walter und ließ irgendwo hinter sich einen Laut hören, der erschreckend an Flatulenz erinnerte. Zum Glück roch es nicht kurz darauf, andernfalls ich meine Bereitschaft zu schachlicher Auseinandersetzung zurückgezogen hätte; ich war ein wenig empfindlich an diesem Morgen, das gebe ich zu.

Schach gespielt hatte ich zuletzt im zwanzigsten Jahrhundert. Nicht oft bot sich mir die Gelegenheit zum *Kreuzen der Könige*. Mein Bekanntenkreis, in dem sich ohnehin wenige befinden, die etwas mehr als die Regeln des sogenannten königlichen Spiels beherrschen, schrumpft naturgemäß von Jahr zu Jahr; ist man erst einmal jenseits der fünfzig, häufen sich die Todesfälle im eigenen Bekanntenkreis, und ich hatte lange keine neuen Kontakte geknüpft im privaten Bereich, schon seit Jahren nicht mehr, aus gutem Grund, wie ich mir immer wieder sage. Unter den mir verbliebenen Bekannten gab es keine Schachspieler, und an jenem letzten Heiligen Abend des zwanzigsten Jahrhunderts hatte ich mir selbst einen Schachcomputer geschenkt und erstmalig ausprobieren wollen. Aber ich war nicht zurechtgekommen mit einem solch komplizierten Gerät und hatte einen Nachbarsjungen, der übrigens von Schach nie etwas gehört hatte, bitten müssen, mir das Gerät einzustellen und habe dann auch nur eine Partie spielen können, weil ich mir in der Eile nicht hatte merken können, mit welchen Handgriffen der Nachbarsjunge den Schachcomputer spielbereit gemacht hatte. Mit technischen Geräten kenne ich mich nicht aus, wie bereits bekannt ist. Ich habe eine geradezu lächerliche Ehrfurcht vor Elektronik, und an einem Heiligabend stört man seine Nachbarn ungern ein zweites Mal.

In meiner Jugend war ich ein nicht unbegabter Schachspieler gewesen, ich kann sagen, ein gefürchteter sogar, der durchaus einige Turniere zu seinen Gunsten hatte entscheiden können, sogenannte Campus-Turniere, an denen immerhin nur studierte Köpfe oder studierende Köpfe, so wie ich, teilnahmen, und ich hatte in dieser Zeit sogar ein gewisses Theoriewissen, das mir dann im Laufe der Zeit infolge mangelnder Spielpraxis wieder abhandenkam. Es ist ja mit der Schachtheorie wie mit einer Fremdsprache. Benutzt man sie, bleibt man eloquent und macht sie sich *zunutze*. Benutzt man sie nicht oder zu selten, beherrscht sie einen und verhindert eher einen klaren Gedanken, als dass sie ihn fördert. Dennoch fiel mir sofort ein, dass Walters Erwiderung meines Springerzuges g1-f3 mit g8-f6 eine spanische war, und ich dachte, du hast ja bald keine Ahnung mehr vom Schach, aber das ist spanisch. Ich dachte weiter, das kommt dir jetzt spanisch vor, und ich musste lachen, dachte, daher stammt der Ausdruck also. Der Amerikaner sah vom Schachbrett auf, zwinkerte mir zu und nuschelte „*koffie or liberty*". Es stellte sich jedoch alsbald heraus, dass ich Walter kaum vor Probleme stellen konnte, legte ich auch die mir größtmögliche Konzentration an den Tag. Jedes Mal, wenn ich einen Zug wagte, zog er sofort nach, und es war immer das für mich denkbar Ungünstigste, was er zog in dieser Phase, die man Eröffnung nennt. Als die junge Frau endlich meinen Kaffee brachte, war ich bereits ins Hintertreffen geraten, hatte schon einen Bauernverlust hinnehmen müssen, und ich resignierte schon, dachte, du bist ohnehin chancenlos gegen diesen merkwürdigen Amerikaner, der vermutlich nichts anderes tut als Schachspielen. Im selben Augenblick konzentrierte ich mich schon wieder auf Marie, fragte mich, was macht sie, wo ist sie, warum will sie mich nicht sehen, und ich stellte mir vor, dass sie sich womöglich schämte vor mir, wegen ihres Erbrechens beispielsweise, wegen ihrer Offenbarung mir gegenüber, dass sie sich hatte wie einen Mann nehmen lassen. Ich war ihr ja ein Fremder; das hatte sie selbst betont. So schnell ist man sich nicht vertraut, dass man sich Intimitäten erzählt und hernach im Beisein des anderen auf die Bettdecke kotzt, als wäre nichts gewesen. Ich wurde unruhig. Die Vorstellung, dass Marie unser Gespräch würde bereuen können, lenkte mich vom Schachspielen ab. Ich wollte bei ihr sein. Ich dachte, es ist zweifellos Liebe, will ich unbedingt bei diesem Menschen sein, von dem ich weiß, es geht ihm nicht gut jetzt. Auf diesen Gedanken kam ich aber nur, weil es mir gewöhnlich vollkommen gleichgültig ist, wie es anderen Menschen geht. Den Eindruck erweckend, ich dächte über meinen nächsten Zug nach, ließ ich in Wahrheit Revue passieren, was Marie mir im Anschluss an unseren Bergen-aan-Zee-Spaziergang unter zu viel Weineinfluss erzählt hatte. Ich wurde von enormer Erregung erfasst und bekam eine Erektion. Diese Erektion war mir nicht willkommen; einerseits freute ich mich über sie, weil ich schon seit Jahren keine Erektion wegen eines Gedankens gehabt hatte, sondern allenfalls unter Zuhilfenahme meiner Hand; andererseits war sie mir lästig, denn ich hatte in diesem Moment den grotesken Ehrgeiz, gut Schach zu spielen, diesen mir eigentlich widerwärtigen Trainingsanzugträger zu besiegen. Daran war aber kein Denken, wie ich feststellte.

Walter war längst zum Angriff übergegangen, aber es machte mir nichts aus. Ich dachte, spiel du ruhig dein Spiel mit mir. Er hatte mittlerweile schon den zweiten Bauern ohne Gegenverlust geschlagen, und ich war schon zu Beginn des Mittelspiels, in das unsere Partie vorzeitig übergegangen war, nach noch nicht einmal einer halben Stunde, entschlossen, dieses Kräftemessen zu einem raschen Ende kommen zu lassen, um mich ungestört auf Marie konzentrieren zu können. Ich bot dem Amerikaner ein aus meiner Sicht sinnloses Schach, ein Läuferschach, das in meinen Augen allein durch das Vorrücken eines Bauern hätte unschädlich gemacht werden können und mich obendrein zum Rückzug gezwungen hätte, aber Walter stutzte ob dieses Schachgebots und zog diesen Bauern nicht sofort, wie ich erwartet hatte. Er überlegte zum ersten Mal so lange wie ich vor einem Gegenzug und verursachte damit gleichsam bei mir Unruhe, denn ich war nicht gefasst gewesen auf ein Zögern dieses mir in jeder Hinsicht überlegenen Spielers, davon war ich längst überzeugt; ich konnte nicht mehr Marie nachgehen in meinen Gedanken, ich musste mich jetzt nolens volens darauf konzentrieren, was auf dem Brett geschah. Ich musste mich fragen, was sieht er denn für eine Gefahr bei deiner harmlosen Attacke, und ich entdeckte zu meiner eigenen Überraschung, dass, zöge er tatsächlich jenen Bauern zwischen, im Folgezug mein Springer zu einer Gabel ansetzen, sich seinen Turm einverleiben konnte. Du bist nicht ohne Chance, dachte ich. Bekomme ich diesen Turm, sieht es schon ganz anders aus. Ich begann, mir auszurechnen, was ich im Falle dieses Turmgewinns in der Folge unternehmen würde, um meinem Gegenüber sein Dasein zu erschweren, und ich erkannte auf einmal, dass ich gar nicht schlecht dastand trotz eines doppelten Bauernrückstandes, und für einen Moment dachte ich nicht mehr an Marie, sondern nur noch an diese Gabel.

Der Amerikaner machte nun endlich Anstalten, auf mein Schachgebot zu reagieren, er führte seine Hand sehr langsam zum Brett, und er ergriff zu meiner Enttäuschung nicht seinen Bauern, er ergriff den König selbst und setzte ihn auf d7 und machte damit seine Rochade zunichte. Jetzt zeigt er Schwäche, war mein Eindruck, und ich wollte diese Schwäche unbedingt nutzen, was verständlich ist, besteht doch darin Sinn und Zweck des Schachs. Ich grübelte über die Fortsetzung meiner Attacke auf die intensivste Weise nach und ließ meinen Kaffee dabei kalt werden. Ich hatte nur noch einen Gedanken, nämlich den *Vernichtungsgedanken*, und ich brachte jetzt meinen anderen Springer ins Geschehen, dem ich eine vor allem für ihn selbst höchst gefährliche Aufgabe zudachte. Es befremdete mich, dass Walter einen Erleichterungsseufzer ausstieß, und ich fragte mich naturgemäß sofort, was ich wohl übersehen hatte, was für Walter wohl noch schlimmer gewesen wäre als mein Springerzug. Walter zog den Randbauern zwei Felder vor, und ich dachte, das ist ja Kleinkram, darum kümmerst du dich im Augenblick nicht, du hast jetzt andere Probleme, du bereitest eine Mattposition vor, und ich wagte mich mit meiner Dame hervor. Das war allerdings ein entscheidender Fehler, ich gebe es zu.

Ich hätte meine Dame nicht anfassen dürfen.

Ich hatte sie jedoch sehr wohl angefasst und musste sie, weil es die Regel verlangt, führen, und ich führte sie fast in ihren Untergang, wie ich mit Erschrecken erkannte. Es gab nur ein ungedecktes Feld, auf dem ich sie platzieren konnte, aber von diesem Feld ging keine Gefahr für meinen Gegner aus, im Gegenteil. Er konnte durch einen Springerzug meine Dame zwingen, wieder zum Ausgangspunkt d1 zurückzukehren, was einen enormen Tempoverlust für mich bedeutete. Er konnte im Nachfassen sozusagen einen weiteren Bauern, den dritten, ungestraft *einheimsen*, und es sah jetzt nicht mehr danach aus, als griffe ich an. Im Gegenteil, er hatte die entscheidenden Felder unter seiner Kontrolle, und zu meinem Ärger sagte Walter ausgerechnet jetzt, „you are an excellent player", was der Zynismus schlechthin war gerade in diesem Moment. Sag nichts dazu, dachte ich, entblöde dich nicht mit Ausreden, warum du so schlecht spielst, obschon mir tatsächlich solche Ausreden auf der Zunge lagen. Man gerät in ein Hintertreffen und meint, dieses Hintertreffen erklären, rechtfertigen zu müssen, eigentlich nur zu dem Zweck, seinem Gegenüber die Freude über seine Überlegenheit zu nehmen, das hatte ich ja, allerdings in Umkehrung der Verhältnisse, oft am eigenen Leibe erfahren. Ich hatte oft mit diesem Phänomen zu tun gehabt, dass ich vorn lag, wie man sagt, und mein Gegner erklärte mir die Schwäche seiner Situation mit einem Todesfall in der Familie oder mit der Zerrüttung seiner Ehe oder eheähnlichen Beziehung, und ich hatte immer das einzig mögliche gedacht, nämlich, warum spielst du dann mit mir, wenn es dir gar nicht nach Spielen ist! Lass es doch! Hat man einen Todesfall oder eine zerrüttete, in die Brüche gegangene Beziehung vorzuweisen und siegt, ist der Todesfall oder die in die Brüche gegangene Beziehung Nebensache naturgemäß, aber siegt man nicht, beruft man sich plötzlich auf diesen Todesfall oder auf diese in die Brüche gegangene Beziehung und entwertet damit die Überlegenheit des Gegners. Unzählige Male ist mir so etwas widerfahren, und es ist ja nicht einmal nur beim Schachspielen der Fall, dass man sich herausreden will mit seinen Todesfällen oder in die Brüche gegangenen Beziehungen, es ist ja im Leben ständig der Fall, dass man sich bei schlechten Ergebnissen auf die mitunter fadenscheinigsten Ausreden einlässt. Mir war klar, dass ich auf die spöttische Bemerkung Walters, *you are 'n excellent player*, nicht reagieren würde, um keinen Preis. In diesem Moment öffnete sich hinter meinem Rücken die Tür des Frühstücksraums, wie ich hören, aufgrund meiner Sitzverhältnisse jedoch nicht sehen konnte, aber niemand schloss sie wieder. Ich fühlte mich durch die dadurch entstehende Unruhe gestört und hatte Mühe, mich auf mein Spiel zu konzentrieren, noch dazu, weil der Amerikaner seinerseits nicht mehr aufs Brett schaute, sondern nur noch zur Tür, und ich drehte mich jetzt missgestimmt um. In der Tür stand Marie.

„Marie!", rief ich, „ja so kommen Sie doch herein und setzen sich!" Aber sie machte keine Anstalten, hereinzukommen. Also stand ich auf, ging auf sie zu und gab ihr die Hand. Ich fragte, „wie geht es Ihnen, Marie?" Marie flüsterte, „ich will nicht stören, spielen Sie nur weiter!"

„Sie stören mich in keiner Weise!", gab ich zurück. „Ich stehe ohnehin kurz vor der Aufgabe, also kommen Sie doch, setzen Sie sich zu uns!" Ich nahm sie bei der Hand, zog sie zum Schachtisch und drehte einen der um den Nachbartisch gruppierten Stühle um. Ich wiederholte „setzen Sie sich", und fügte hinzu, „wir sind ja schon beinahe fertig." Walter deutete durch Kopfnicken einen Gruß an und brummte „Woto", und Marie entgegnete „Josephs" und setzte sich endlich, sodass auch ich mich wieder setzen konnte. „Lassen Sie sich nicht durch mich stören!", bat Marie an den Amerikaner gewandt, der sich wieder mit der Figurenkonstellation beschäftigte.

„Spielen Sie etwa auch Schach?", wollte ich wissen. Sie schüttelte den Kopf und verneinte, „ich habe es aufgegeben."

„Warum aufgegeben?", wollte ich wissen, und sie antwortete, „das erzähle ich Ihnen später vielleicht." Der Amerikaner sah mir ins Gesicht und nuschelte, „it's on to you!", und ich sagte, „ja, ja!", und machte irgendeinen Zug, ich zog einfach einen Bauern vor, ohne dass ich über diesen Zug nachgedacht hatte.

Ich wollte schon längst nicht mehr spielen, ich wollte mich auf Marie konzentrieren, mit Marie reden und nicht Schach spielen und dachte, sieh zu, dass es rasch zum Ende kommt. Indes staunte ich nunmehr vollends, als ich erkannte, dass ich mit diesem leichtfertig getanen Bauernzug Walter zum zweiten Mal ein Problem aufgegeben hatte, denn tatsächlich kratzte sich der Amerikaner jetzt mit seinen schwarzen Fingernägeln über die unrasierten Wangen und stöhnte. Ich sah abwechselnd Walter und Marie an und stellte fest, dass Marie aufs Schachbrett schaute und dann nacheinander Walter und mir ins Gesicht; ich sah, dass sie ausnahmsweise lächelte, was sie bislang in meinem Beisein noch kaum getan hatte.

„Excellent player!", brummte Walter, und ich ärgerte mich, schämte mich, wie ich sagen muss, denn es lag ja auf der Hand, wer an diesem Tisch der bessere Spieler war. Ich erklärte, eigentlich an Maries Adresse gerichtet, jedoch Walter ins Gesicht schauend, „fishing for compliments!"

Der Amerikaner grinste und trat nun seinerseits den Rückzug an, setzte seinen soeben noch höchst gefährlichen Springer auf sein Herkunftsfeld zurück, sagte „well, koffie or liberty!" und seufzte.

In diesem Moment schlug Keith Jarrett in meinem Kopf das zarte Eröffnungs-G-Dur des Wien-Konzerts an und erklärte mir damit, dass ich durch meinen achtlos getanen Bauernzug in der Tat meinen Tempoverlust ausgleichen konnte, indem ich auf der nun frei gewordenen weißen Läuferlinie einen Bauern des Amerikaners schlagen konnte und gleichzeitig seinen Turm bedrohte, der von ihm nur durch das Opfern des soeben zurückgenommenen Springers gerettet werden konnte. „Haben Sie überhaupt gefrühstückt, Marie?", fragte ich, denn es fiel mir miteins ein, dass wir am Frühstückstisch saßen. Marie schüttelte den Kopf.

„Soll ich Ihnen nicht noch etwas bestellen? Wenigstens einen Kaffee, Marie?" Sie verneinte, um folgen zu lassen, „ich möchte nichts", und ich hörte aus diesem *ich möchte nichts* heraus, dass es ihr noch immer übel war und dachte, insistiere nicht, rühr nicht an diesem Thema, lass sie in Ruhe. Wien wurde jetzt immer lauter in meinem Kopf, und ich dachte, du möchtest jetzt nicht mehr Schach spielen, obschon ich Oberwasser bekommen hatte, obschon ich mir bei entsprechend konzentrierter Spielweise durchaus einen Sieg vorstellen konnte jetzt. Eine konzentrierte Spielweise war mir aber schlechterdings nicht möglich in Anbetracht Maries Anwesenheit. Zu der erforderlichen Konzentration auf Schach, insbesondere gegen einen dermaßen starken Gegner, der mir zweifellos haushoch überlegen war, dessen ins Hintertreffen Geraten, wenn man überhaupt schon davon sprechen konnte, vermutlich allein aus der berechtigten Unterschätzung meiner Harmlosigkeit resultierte. Ich dachte, noch ein brauchbarer Zug, und du bietest ihm Remis an, und ich grübelte jetzt tatsächlich *verbissen* über meinen nächsten Zug, der mein letzter werden sollte. Wien war längst beim e-moll/C-Dur-Ostinato angekommen, als ich diesen letzten Zug fand, und es war tatsächlich der bestmögliche Zug, obschon ich mir ohne Not die Möglichkeit auf eine Rochade zunichte machte. Es war ein Turmzug, und ich überlegte, wie Remis auf Amerikanisch heißt, aber ich wusste es nicht. Ich dachte, er wird den französischen Ausdruck kennen, denn Schach wimmelt ja nur so von französischen Termini, und ich sagte, „what about a remis, Walter?". Der Amerikaner schüttelte den Kopf, was mich entsetzte, da ich dieses Kopfschütteln falsch verstand, nämlich als Ablehnung meines Angebots, aber er streckte mir seine schmuddelige Rechte entgegen, grinste und sagte, „thank you very much, you are an excellent player!", und ich nahm seine Hand überrascht an und schüttelte sie sprachlos, während ich beobachtete, wie er seinen König vom Brett nahm. Noch während des Händeschüttelns standen wir auf, alle drei standen wir jetzt auf, und ich sagte zu Marie, „es ist wunderbares Wetter, wollen wir nicht einen Strandspaziergang machen, hätten Sie Lust auf einen Gang am Meer, der tut uns doch bestimmt beiden gut!" Ich dachte sofort, du beeinflusst sie, und ich sagte schnell, „oder möchten Sie sich ausruhen, auf Ihr Zimmer gehen, sich etwas hinlegen?" Sie entgegnete, „ich habe lange genug gelegen, eigentlich viel zu lange!" – „Es war keine gute Nacht für Sie, stimmt's?", sagte ich, und sie schüttelte den Kopf. Ich verstand das richtig, mit dem Kopfschütteln wollte sie meine Annahme bestätigen und nicht ablehnen, keine gute Nacht, da schüttelt man leicht den Kopf, obschon man ja korrekterweise nicken müsste, dachte ich, und ich sagte, „wie geht es Ihnen, Marie, oder möchten Sie nicht darüber reden?" Der Amerikaner hatte jetzt sein Schachbündel geschnürt, und es war mir sehr recht, dass er nicht viel auf Konventionen zu geben schien. Das wäre seinem Aussehen nach auch überraschend gewesen. Er deutete ein Nicken an und sagte *„see you!"* und ließ uns stehen im Frühstücksraum. So ist es gut, mach, dass du wegkommst, dachte ich.

„Nun", sagte ich zu Marie, nachdem der Amerikaner die Tür hinter sich geschlossen hatte, „wollen Sie mich tatsächlich erst zum Abendessen wiedersehen oder machen wir etwas zusammen?" Marie wurde rot wie ein kleines Mädchen, das sich bei etwas ertappt fühlt, und sie sagte, „ich möchte Ihnen noch etwas erzählen!" – „Jederzeit!" sagte ich, „nichts freut mich mehr, als wenn Sie mir etwas erzählen!" Sie seufzte und sagte, „es ist aber nicht gerade erfreulich", und ich sagte, „wer hat denn gesagt, dass man sich nur Erfreuliches erzählen soll?", und dachte, jetzt bist du aber zu weit gegangen, es hat sich überheblich angehört, auch wenn es *in keiner Weise* überheblich gemeint gewesen war. Wir verließen den Raum, stapften hintereinander, sie hinter mir, die Treppe zu unserer Etage hinauf, und währenddessen wusste ich noch nicht, was kommt jetzt auf dich zu, wirst du mit ihr zusammen sein, mit ihr spazieren gehen, oder wird sie sich auf ihr Zimmer zurückziehen, und noch auf der Treppe fragte ich Marie, „was haben Sie denn gemacht heute Morgen, so ohne Frühstück?" – „Ich habe fast gar nicht geschlafen die Nacht und bin aufgestanden, sobald es einigermaßen hell war und habe mir die Beine vertreten", so Marie. Ich wollte es genauer wissen. „Waren Sie am Meer?" – „Ja ja, am Meer, ich habe mich schon so lange nach dem Meer gesehnt", sagte sie, und mir fiel in diesem Moment, wir waren jetzt vor unseren Türen angekommen, ein, wie ihr Satz *ich würde gerne mal wieder für ein paar Tage ans Meer* diese Ansmeerfahrt ja ausgelöst hatte, und ich sagte, „Sie verbinden viel mit dem Meer, stimmt's?" Sie nickte, und ich sagte, „ich auch!" Es war die Wahrheit, es gibt nichts, was mir mehr Sehnsucht und Geborgenheit einflößt als das Meer, gerade die Maritima, und ich habe regelmäßig mein Gleichgewicht nach unzähligen verheerenden, sogenannten Kulturlauben mit sogenannten Freunden, die mich immer zum Eiffelturm oder auf einen berühmten Berg oder einen berühmten Wasserfall oder in die Nähe berühmter Tempel oder Dome geführt hatten, erst am Meer und vor allem alleine am Meer, meistens gerade an diesem Ort, Camperduin, wiedergefunden. Wir standen vor unseren Türen und steckten unsere Schlüssel in die jeweiligen Schlösser, und ich sagte, „erzählen Sie mir, was Ihnen das Meer bedeutet?", und sie sagte, „ja, ich erzähle es Ihnen, ich muss Ihnen noch einiges erzählen!" – „Von mir aus sofort, ich bin für Sie da!", so meine Entgegnung, und ich bereute es, wie man sich leicht vorstellen kann, *ich bin für Sie da* gesagt zu haben, nicht, weil es geheuchelt gewesen wäre, nicht weil es nicht der Wahrheit entsprochen hätte, sondern, weil es einen mir unangenehm vorkommenden Beigeschmack hatte, etwas Caritatives, etwas Samariterhaftes und somit schon wieder Überhebliches.

Sie hatte aber meine Worte nicht in diesem Sinne verstanden zum Glück. Sie sagte jetzt, „ich wollte eigentlich nur noch allein sein heute", und ich fiel ihr bestürzt ins Wort, sagte, „um Himmels Willen, warum denn?", und sie sagte, „ich schäme mich, aber jetzt schon nicht mehr so sehr!" – „Weswegen denn?", wollte ich wissen, obschon ich es mir denken konnte, „es gibt doch gar keinen Anlass!", so ich, und sie widersprach mir erwartungsgemäß. „Doch, doch, wie ich mich Ihnen gegenüber benommen habe, wie ich mich Ihnen, obwohl wir uns ja gar nicht kennen, an den Hals geworfen habe, das war ja grauenhaft!" Ich gab mich konsterniert, „das kann doch nicht

Ihr Ernst sein, Marie!", sagte ich. Sie aber nickte und sagte, „in gewisser Weise schon, doch. Sie sind allerdings sehr nett zu mir." Dieses *nett*, dachte ich, dieses *nett*, warum gebrauchst du ein mir dermaßen verhasstes Wort, ich will nicht *nett* sein, ich will der Mann deines Lebens sein, das dachte ich tatsächlich in diesem Moment, ein eigentlich in Verbindung mit meiner Person absolut verrückter Gedanke. Wie kann ein Mann meines Alters und vor allem nach meiner Vorgeschichte einen solchen Gedanken haben, *der Mann deines Lebens*, das ist ja grotesk, ein solcher Gedanke ist absolut grotesk, aber ich hatte ihn nun einmal gedacht. „Das dürfen Sie nicht denken!", sagte ich zu Marie. „An den Hals geworfen, wie furchtbar, wir kennen uns zugegeben so gut wie nicht, aber ich kenne Sie zumindest so gut, dass ich behaupte, Sie können das gar nicht, sich jemandem an den Hals werfen. Sie nicht, Marie, da bin ich ganz sicher!" Sie sagte, „Sie haben also keinen schlechten Eindruck von mir nach allem, was ich Ihnen gestern erzählt habe?", und ich stutzte, wiederholte *einen schlechten Eindruck*, und sie sagte ja und nickte. „Oder wegen des Ausziehens? Sie haben mich also nicht für schamlos gehalten gestern? Oder wegen meiner Raucherei oder wegen meines Schwipses?" Anstatt darauf zu antworten, nahm ich jetzt ihre rechte Hand, die schon lange auf der Türklinke gelegen hatte, und ich küsste diese Hand mindestens fünfmal, und ich sagte, „lassen Sie uns doch zum Strand gehen, das Wetter ist so wunderbar, und es lässt sich dort viel besser reden als auf einem Hotelflur!" Marie entzog mir ihre Hand jetzt und sagte, „gerne, ich habe zwar schon einige Kilometer hinter mir, aber ich gehe gerne mit Ihnen, lassen Sie mich zuvor nur eine heiße Dusche und ein Aspirin nehmen, dann können wir meinetwegen los!"

„Sie haben Kopfschmerzen, Sie Ärmste!" Marie nickte und sagte, „es geht aber schon wieder viel besser, die frische Luft hat schon Wunder gewirkt, es ist nur noch ein Rest Kopfschmerz, aber selbst den will ich jetzt nicht!" Darauf sagte ich, „wunderbar, ich warte dann auf Sie!", und jeder ging nun in sein Zimmer. Kaum hatte ich die Türe hinter mir geschlossen, hatte ich Bill Evans' Interpretation eines durch Barbra Streisand berühmt gewordenen Schlagers im Kopf, people, people who need people are the loveliest people in the world. Mit diesen von Evans in einzigartiger Weise gespickten Harmonien im Kopf zog ich meine Kleidung aus und stellte mich unter die heiße Dusche. Ich war ja noch im Räuberzivil, wie man sagt, ich machte mich jetzt *frisch*. Unter dem heißen Strahl der Dusche seifte ich mein Gesicht ein und rasierte mich. Ich hörte jetzt, wie nebenan ebenfalls Wasser rauschte, und ich stellte mir vor, dass die von mir begehrte Frau gleich hinter der Wand, gegen die ich mich lehnte, ebenfalls duschte und also ebenso nackt wie ich war, gleich nebenan, und diese Vorstellung verursachte eine beginnende Erektion, was mir schon lange nicht mehr passiert war unter einer Dusche. Im Zusammenhang mit dieser Erregung musste ich unwillkürlich an meinen neugekauften Fotoapparat denken, und ich fragte mich, nimmst du ihn mit zu diesem Spaziergang oder stößt du Marie damit vor den Kopf? Es war der Fotoapparat und die mit ihm verbundene Assoziation des Fotografierens einer möglicherweise wieder nackten Marie, die mich schon am Vortag elektrisiert und erregt hatte, jetzt jedoch so elektrisierte und erregte, dass aus der beginnenden eine ausgewachsene Erektion wurde, die dritte bereits, seit ich mit Marie ans Meer gefahren war.

Im Grunde fühlte ich mich ständig am Rande einer Erektion, pausenlos war ich einer Erektion denkbar nahe, seit ich mit Marie ans Meer gefahren war, und jetzt war sie da. Wie gut, dass du gestern am Strand keine Erektion hattest, dachte ich, was für eine Peinlichkeit, wärest du mit erigiertem Geschlecht neben dieser wunderbaren Frau gelaufen, dachte ich. Du möchtest den Fotoapparat mitnehmen, aber Marie soll sich nichts dabei denken, dahin gingen meine Überlegungen. Sie soll nicht den Eindruck haben, als interessiere mich ihre angekündigte Erzählung nicht, ich sei womöglich nur aufs Fotografieren aus. Ihn mitnehmen und möglicherweise nicht benutzen, das ist besser, als ihn nicht mitnehmen und ihn im Falle des Benutzenwollens nicht zur Hand zu haben, so meine diesbezügliche

Überlegung. Du wirst sie vielleicht nicht fotografieren, weil es nicht zur Situation passt, das macht ja nichts. Lassen wir es doch auf uns zukommen!, dachte ich, es hängt ja nichts davon ab. Das wäre ja grotesk, wenn gerade für mich etwas vom Zustandekommen irgendwelcher Fotografien abhinge, dachte ich. Für mich, der das Fotografieren mit der Zeit zu hassen gelernt hat aus Gründen, die bekannt sind, und der seinen alten Fotoapparat, die Kodak Instamatic, eigens aus diesem Hass heraus in die Wupper geworfen hat. Ich fragte mich nochmals, wie es dazu hatte kommen können, dass ich mir unmittelbar nach der Verabredung mit Marie ganz gegen meine Überzeugung einen nagelneuen Fotoapparat kaufen musste, und zwar ausgerechnet im Moodymart, in den ich nie hatte hineingehen wollen. Auch wenn mein Kopf mir gesagt hatte, es wird wieder solch eine grauenhafte Fahrt werden wie all die anderen, und auch wenn mein Kopf mir gesagt hatte, du bist ja zu nichts verpflichtet und auch wenn mir mein Kopf gesagt hatte, ausgerechnet mit einer Frau, da ist ja die Langeweile schon vorprogrammiert!, ich kannte wirklich keine Themen, die Frauen interessieren. Ich hatte aber Vorsorge getroffen und naturgemäß Thelens Insel des zweiten Gesichts eingepackt, rund tausend Seiten und seit Jahrzehnten mein Lieblingsbuch, wenn es überhaupt *ein* Lieblingsbuch geben kann. Bevor ich eine Reise antrete, überlege ich mir immer, packst du den Thelen ein oder den Doderer, den Swift oder den Cervantes? Fast immer wähle ich aber Thelens Insel, weil ich das Risiko scheue. Hätte sich die Ansmeerfahrt mit Marie zu einem Fiasko entwickelt, hätte ich mich mit *Die Insel des zweiten Gesichts* zurückziehen und lesen können, aber davon konnte jetzt überhaupt keine Rede mehr sein. Man kauft ja keinen Fotoapparat, wenn man nicht insgeheim an seinen Gebrauch denkt, dachte ich mit steifem Penis unter der Dusche. Sie ist dir gleich sympathisch gewesen und ihr Gesicht hat dir gleich gefallen, sagte ich mir, das ist ja schon ungewöhnlich. Immer wieder sagte ich mir das, ich dachte diesen Gedanken sozusagen im Kreis, in der Schleife. Du kannst dich nicht erinnern, dass dir ein Mensch schon einmal nur aufgrund seines Gesichts so gut gefallen hat, dachte ich, und deshalb hattest du vermutlich den Fotoapparat kaufen *müssen*. Wegen dieses Ausnahmegesichts, dachte ich, nur wegen Maries Ausnahmegesicht, wegen nichts sonst, denn naturgemäß hattest du nicht damit rechnen können und hättest auch nicht damit rechnen wollen, dieser Frau, die du kurz nach ihrer Äußerung *ich würde gerne wieder mal ein paar Tage ans Meer* zu dieser unserer *Ansmeerfahrt* überredet hast, in kreatürlichem Zustand ansichtig zu werden, ihr gar seitlich an die Brust zu fassen. Während ich so dachte, wurde mir auf einmal bewusst, dass es nebenan nicht mehr rauschte und dass ich mich hatte treiben lassen mit meiner Erektion und meinen Erinnerungen, und dass ich dabei die Zeit aus den Augen verloren hatte. Ich verließ die Dusche auf der Stelle und trocknete mich ab. Ich trat aus dem Badezimmer, um mir in aller jetzt gebotenen Eile meine Anreisekleidung anzuziehen, die ich auf mein Bett geworfen hatte; dort allerdings saß eine bereits ausgehbereite Marie. „Entschuldigen Sie!", sagte ich beschämt. Ich war aus zwei Gründen beschämt; zum einen, weil ich Marie hatte warten lassen, zum anderen, weil meine Erektion nicht vollständig abgeklungen war. Es war eine andere, längst nicht so unverfängliche Nacktheit wie die am vergangenen Nachmittag, es war eine mich beschämende in dieser Situation, sie angezogen auf meinem Bett sitzend und ich nackt vor eben diesem Bett stehend mit meinem notdürftigen Keuschheitshandtuch. „Entschuldigen Sie!", sagte ich, und sie sagte, „Was denn?", und dieses *was denn* gefiel mir, es war so typisch für sie, dachte ich, ich kenne sie zwar kaum, aber das ist typisch für sie. Ich beeilte mich mit dem Anziehen, und dabei summte Marie *U Dance*, die Zugabe des Jarrett-Trios in der Kölner Philharmonie 1989, ich war glücklicherweise zugegen gewesen damals. Ich fragte sie, „waren Sie dort etwa auch?", aber sie summte kopfschüttelnd weiter. „Es geht Ihnen hoffentlich besser!", sagte ich, beinahe angezogen. „Das Aspirin hat hoffentlich seine Wirkung getan!" – „Es geht mir wieder ziemlich gut", antwortete Marie. „Es war einfach zu viel gewesen gestern, ich bin ja nicht mehr die Jüngste, jetzt ist es schon wieder viel besser, machen Sie sich keine Sorgen, bitte!" Ich sagte, „wunderbar, dann können wir ja gehen!", und ich nahm den Fotoapparat vor ihren Augen an mich, wickelte die Schlaufe der Schatulle um mein Handgelenk, und sie stand von meinem Bett auf und sagte, „also dann!" Es ist vom Hotel Camperduin bis zum Strand ein wirklich nur kurzer Weg zurückzulegen, binnen fünf Minuten ist man am Wasser. Ich habe deshalb gerade dieses Hotel immer als das für mich ideale betrachtet, und wir gingen diesen Fünfminutenweg wortlos nebeneinander her, was mich verständlicherweise beunruhigte. Ich wusste ja, dass Marie etwas *auf dem Herzen* hatte, sie hatte mir ja in Aussicht gestellt, Unerfreuliches mitteilen zu wollen, und dieses Unerfreuliche musste ja bedrückend sein; das in der Nacht in ihrem Zimmer Erzählte war schließlich unerfreulich genug gewesen, fürchterlich im Grunde, was konnte jetzt also noch kommen?, fragte ich mich, doch konnte ich mich dergestalt nicht beruhigen, denn die Erfahrung hatte mich oft genug gelehrt, dass alles steigerbar ist, sowohl im Guten wie im Unguten. Wir schwiegen, und ich konnte Marie ansehen, dass es auch hinter ihrer Stirn arbeitete. Sie wirkte bekümmert jetzt, ganz anders als soeben noch, im Hotelzimmer. Sie bereitet im Kopf ihre Rede vor, die sie dir halten will, und ich dachte, dass sie dir überhaupt eine Rede halten will, sei es möglicherweise auch eine unerfreuliche, beweist doch, dass du ihr wichtig bist, dass du ihr einer Rede würdig erscheinst. Die Frage war nur, ob sie von selbst, wie man sagt, zu reden beginnen würde, oder ob ich sie auffordern musste, die Katze aus dem Sack zu lassen; vielleicht ist es ein Fehler, wenn du sie jetzt bedrängst, dachte ich, und ich fragte mich, ob es eine unverfängliche Art gebe, unser Schweigen zu brechen, wobei es immer schwieriger wird, ein bereits in die Minuten gekommenes Schweigen zu brechen, will man seinen Schweigepartner nicht mit Quisquilien vor den Kopf stoßen; man glaubt aus unerklärlichen Gründen, unbedingt etwas von sich geben zu müssen, aber es soll eben nicht irgendetwas sein, sondern etwas, das in puncto Wichtigkeit, in puncto Relevanz den

Abbruch eines so lange hervorragend funktioniert habenden Schweigens rechtfertigt. Ein minutenlanges Schweigen zwischen zwei Menschen gerät leicht, wie ich selbst oft erfahren habe, in die Monate, in die Jahre, und obschon dir an einem Menschen etwas liegt, brichst du zunächst eine Zeit lang das Schweigen nicht, warum auch immer es zu diesem Schweigen gekommen ist, du schweigst weiter, als hieltest du dich an eine Spielregel, und irgendwann liegt dir gar nichts mehr daran, das Schweigen noch einmal zu unterbrechen, weil du dich darin eingerichtet hast. Du gehst dem Mitschweigenden einfach aus dem Weg, so wie der Mitschweigende dir aus dem Weg geht, und das ist naturgemäß das Ende. Aber ich war nicht auf ein Ende aus, sondern auf einen Anfang; nur deshalb bereitete mir unser jetzt schon mehrere Minuten dauerndes Schweigen Sorge, und ich brach jetzt unser Schweigen, wir waren mittlerweile an der von mir diesmal mit besonderer Spannung erwarteten Stelle angekommen, an der man sich entscheiden muss, geht man nach links, also zum Strand, oder nach rechts zum Deich. Am Deich kann man ebenso wie am Strand stundenlang spazieren, aber FKK ist am Deich nicht vorgesehen, nicht einmal erlaubt. Ich brach unser Schweigen, allerdings nicht mit Worten, sondern mit Musik, indem ich ihr *People* summte und sie dann scheinbar arglos fragte, „kennen Sie das?" Marie nickte und sagte, „ja sicher, aber fragen Sie mich bitte nicht, woher!" – „Streisand! Barbra Streisand in dem Film Funny Girl, oder war es Funny Lady?", sagte ich, aber das half ihr augenscheinlich nicht, und ich detaillierte, „ein Filmschlager von Barbra Streisand, der Sängerin, wobei ich es aber im Augenblick in der Bill-Evans-Version im Kopf habe, Sie kennen doch Bill Evans?" Zu meiner Bestürzung sagte sie, „mag sein!", woraus ich schloss, dass sie ihn nicht kannte, denn entweder man kennt Bill Evans, dann weiß man, was Bill Evans bedeutet, oder man kennt ihn nicht. Es ist unglaublich, dachte ich, ich erinnere mich genau daran, wie kann diese Frau so viel über Keith Jarrett wissen und wie du die Musik des Meisters lieben, ohne Bill Evans zu kennen? Ganz abgesehen davon, dass sowohl Bill Evans als auch Keith Jarrett die atemraubendsten Klaviertrios ihrer Zeit hatten, nacheinander versteht sich, denn Evans ist bekanntlich schon seit mehr als zehn Jahren tot, während Jarrett glücklicherweise lebt, so meine Gedanken in diesem Moment. Sowohl Peacock als auch Dejohnette waren Mitglieder eines Bill-Evans-Trios gewesen. Der Meister hat sich naturgemäß nicht irgendwen in sein Trio geholt, er hat immer wieder in seiner Laufbahn auf Evans-Leute zurückgegriffen, aus gutem Grund.

Ich vermied es aber, Marie einen Vortrag über Bill Evans zu halten, denn wenn ich über Bill Evans rede, gerate ich vom Hölzchen aufs Stöckchen, und ich war ja nicht mit Marie unterwegs, um zu reden, sondern um ihr zuzuhören. Später einmal, dachte ich, aber nicht jetzt, und ich fragte Marie, „wie ist es eigentlich zu Ihrer Keith-Jarrett-Leidenschaft gekommen?", um ihr die Möglichkeit zu geben, von sich zu reden. Es sollte ein Brückenschlag sein, kein Beginn eines Gespräches über Musikfragen, wie man sich denken kann, und ich hatte Glück. Marie blieb einen Augenblick lang stehen, um aufs Meer zu sehen, aber sie sah nicht wirklich hin, meinte ich jedenfalls zu spüren, sie legte sich Sätze zurecht, und ich stellte mich neben sie und tat auch nur, als blickte ich aufs Meer, das so ruhig war an diesem Samstagmittag, als wolle es jegliche Aufmerksamkeit vermeiden. „Es war der vierundzwanzigste Januar 1975, ich werde es nie vergessen!" Sie machte eine Pause, sah mich an und setzte ihren Gang fort, sodass wir beide jetzt wieder gingen, nebeneinander, ohne Berührung, und sie nahm zum Glück den Faden wieder auf, „der vierundzwanzigste Januar, der Tag vor meinem Geburtstag, müssen Sie wissen, der Tag vor meinem fünfundzwanzigsten Geburtstag, an dem ich mein Abschlussspiel im Examen hatte." – „Examen?", hakte ich ein. „Sie müssen wissen, ich studierte damals Klavier bei Gregorius in Köln. Legte unter Gregorius, der mir gut gesinnt war, bei dem ich, wie man sagt, ein Stein im Brett hatte, mein Konzertexamen ab. Aber darum geht es mir nicht, ich will Ihnen um Himmels Willen jetzt nicht mein ganzes Leben erzählen, keine Bange!" – „Davon kann gar keine Rede sein", sagte ich, „ich meine jetzt von Bange, im Gegenteil, ich fände es sogar wunderbar, wenn Sie mir Ihr Leben erzählten. Ganz ehrlich, ich kann mich nicht erinnern, jemals so neugierig auf das Leben eines Menschen gewesen zu sein wie auf Ihres, Marie!" – „Um Gottes Willen!", sagte Marie, „nein, nein! Aber Sie haben mich gefragt, wie ich mit Jarrett in Berührung gekommen bin, und da musste ich meinen fünfundzwanzigsten Geburtstag ins Spiel bringen." – „Den vierundzwanzigsten Januar fünfundsiebzig", sagte ich, weil mir dieser Tag naturgemäß ein geläufiges Datum ist seit Jahrzehnten. „Genau", sagte Marie, „der Tag vor meinem Konzertexamen war der Tag des legendären Köln-Konzerts!" Marie blieb wieder stehen und erweckte den Eindruck einer In-die-Ferne-Schauenden und ich tat es ihr gleich. Ich rechnete aus, dass, wenn Marie einen Tag nach dem Köln-Konzert fünfundzwanzig geworden war, sie lediglich vier Jahre jünger war als ich. Geradezu unglaublich fand ich das, denn ich hatte sie für deutlich unter fünfzig gehalten, genauer gesagt, ich hatte sie für eine Frau gehalten, deren Jahre keine Rolle spielten, weil sie von dem, was man als Alter bezeichnet, weit genug entfernt waren, um sich mit ihnen zu beschäftigen. In Wahrheit ist sie nur vier Jahre jünger als du, dachte ich, während ich am Horizont einen Vogelschwarm ausmachte, der sich möglicherweise gen England bewegte. Ich weiß noch, dass ich das dachte, weil ich in diesem Moment mit Marie lieber in England gewesen wäre, vielleicht einfach der größeren Entfernung zu Wuppertal wegen, als würde mir die Englandentfernung eine längere Mariepräsenz sichern. „Ich bin noch immer ganz Ohr!", sagte ich zu Marie, die mich in diesem Moment betrachtete, als versuche sie meine Gedanken zu erraten. Von einem Nikotinkater, einem Alkoholkater war nichts mehr zu merken bei Marie, die sich jetzt kurz schüttelte, als sei sie nass geworden. Sie sah, anders noch als soeben im Hotel, rotwangig und erholt aus, erfrischt geradezu. „Ich habe dann tatsächlich die Woche vor meinem Geburtstag, also vor meinem Examen, in Gregorius' Arbeitszimmer in der Robertstraße regelrecht gewohnt, war vom Flügel gar nicht mehr wegzubekommen; hatte mir eine Luftmatratze mitgebracht und schlief sogar dort!" – „Robertstraße?", hakte ich ein, weil ich die Wuppertaler Robertstraße im Kopf hatte, wo in den frühen Vierzigern die NSDAP-Zentrale gewesen war, heute die der SPD. Jemand, der den Vornamen Robert trägt, achtet vermutlich in ganz anderer Weise darauf, ob eine Straße *Robertstraße* heißt und was sich dort *befindet*; Marie aber meinte die Kölner Robertstraße, in der sich die Rheinische Musikhochschule *befindet*. „Mein Professor hatte es gut mit mir gemeint und mir zum Üben seinen Steinway wochenlang überlassen, genau genommen nicht nur den Steinway, sondern seinen ganzen Raum, denn er benötigte ihn nicht; es waren Semesterferien. Das war natürlich wunderbar für mich!" Marie blieb einen Moment stehen; ich sah, dass sie errötete. „Ich war wohl seine Lieblingsschülerin gewesen und hatte anscheinend einen Stein im Brett bei ihm!", fuhr sie fort, und ich dachte, ach so, darum errötest du. „Entschuldigen Sie, dass ich Sie mit diesen läppischen Erinnerungen langweile, ich wollte ja auf Ihre Frage antworten und nicht bramarbasieren", sagte Marie auf einmal in einem ganz anderen, plötzlich viel nüchterneren, auf alle Fälle lauten, gereizt klingenden Ton, der mir nicht gefiel. „Sind Sie von Sinnen, Marie? Sie langweilen mich doch nicht! Sie bramarbasieren doch nicht! Ihre Robertstraßenerzählung ist das Spannendste, was ich jemals gehört habe! Erzählen Sie um Himmels Willen weiter! Läppisch! Da hört sich doch alles auf! Ich wusste ja nicht, dass Sie Pianistin sind! Das ist ja großartig!" Offenbar überzeugte ich Marie mit meinem Protest, denn sie sagte nun jetzt wieder leise und unaufgeregt, „na ja, Pianistin, so großartig ist das jetzt wieder auch nicht!", und sie schaute aufs Meer. Wir waren schon weiter gegangen, als ich es meinem Gefühl nach erwartet hatte. Wir waren schon beinahe am sogenannten Fahrradstrand, der mit dem Auto nicht erreichbar ist. Ab da beginnt der sogenannte FKK-Strand, ab da sieht man je nach Wetterlage vereinzelt oder auch überwiegend Nackte durch den Sand waten oder auf einem Tuch liegen wie schon am Vortag, und obschon ich äußerst gespannt auf den Fortgang von Maries Bericht war, fiel mir ein, wie wir am Vortag ebenfalls nackt an diesem Strandabschnitt gegangen waren, und ich überlegte einen kurzen Moment lang, wird es wohl noch einmal dazu kommen, aber ich kam zu dem Ergebnis, dass es Marie, die ja die spontan vorgenommene Entkleidung initiiert hatte, heute nicht in den Sinn kommen würde, sich auszuziehen, da sie heute Vergangenheit bewältigte. Ich dachte noch, wer weiß, vielleicht war die gestrige Spontanentkleidung auch nichts anderes als Vergangenheitsbewältigung, ohne zu ahnen, wie recht ich damit hatte, denn Marie griff den Faden wieder auf, sagte, „dieser Steinway, Robert, Gregorius' Steinway, ich kann Ihnen gar nicht sagen, wie sehr ich mich in dieses Instrument verliebt hatte seinerzeit, natürlich hätte ich mein Programm auch daheim üben können, auf meinem Blüthner, aber ich musste einfach diesen Steinway spielen, und Gregorius hatte mir sogar erlaubt, ihn für mein Vorspiel ins Konzertorium transportieren zu lassen; dort stand zwar auch ein Steinway, aber gegen Gregorius' Steinway war der ein Witz, Robert! Sie dürfen nicht denken, dass Steinway gleich Steinway ist, denken Sie das bitte nicht!" In diesem Moment erreichten wir die Stelle, an der wir am Vortag, ganz ohne es besprochen zu haben, unsere Kleider ablegten, als sei dies eine Selbstverständlichkeit.

Heute wird es nicht so kommen, fürchtete ich, und trotz meines Interesses für Maries Erzählung bedauerte ich dies. Marie fasste sich jetzt an die Stirn, „wo war ich stehen geblieben?" Ich half ihr, „ein Witz!", wiederholte ich. Und sie sagte, „ja, Gregorius' Steinway, mein Konzertexamen, mein *Köln-Konzertchen*", und über *Köln-Konzertchen* musste ich lachen, woraufhin Marie stutzte. „Was ist?", fragte sie, wartete dann aber keine Antwort ab, sondern fuhr fort, „oh, ich werde es nie vergessen, ich hatte gerade mit dem Allegretto-Satz aus der Sturmsonate begonnen", und sie sang mir nun das Thema vor, „babibabam, babibabam, babibabam, babibabim", und ich nickte, mir war die Sturmsonate naturgemäß geläufig, mir hätte sie nicht vorzusingen brauchen, obwohl mich ihr Singen rührte, „ich hatte gerade die ersten Takte gespielt, da ging die Tür auf. Ich nahm an, es sei Gregorius und spielte weiter. Die Tür schloss sich wieder, und ich spielte und spielte und hörte plötzlich ein Flüstern, und da brach ich ab, drehte mich um. Da standen drei Männer, gegen die Türe gelehnt, Gregorius und zwei wesentlich jüngere Männer, Anfang dreißig, schätzte ich. Anfang dreißig, das bedeutete, dass sie keine Studenten mehr sein konnten, was aber auch allein deshalb klar war, weil ich sie sonst vom Sehen gekannt hätte. Ich grüßte die drei Männer. Gregorius trat auf mich zu und bat mich, den Steinway einen Augenblick zur Verfügung zu stellen, er bat mich, dabei war es ohnehin schon eine Großzügigkeit, dass ich seinen kostbaren Steinway bespielen durfte. Aber er bat mich. Es war ja sein Raum und sein Flügel, Sie verstehen, Robert?" Ich nickte. „Selbstverständlich stand ich sofort auf. Gregorius sagte zum kleineren der beiden Männer, er hatte einen enormen Wuschelkopf und wirkte irgendwie, wie soll ich das ausdrücken, schüchtern, please try, please try, und der junge Mann mit dem Wuschelkopf ging zaghaft, geradezu unsicher an den Steinway, Sie wissen, wie Dustin Hoffman in Rainman neben Tom Cruise herwatschelt? So ungefähr ging er zum Steinway, setzte sich und sah mich an, als bäte er um Verzeihung. Ja, Robert, er sah mich an und lächelte, na ja, schüchtern, und dann intonierte er genau den von mir soeben geübten Allegro-Satz aus der Sturmsonate, ohne auf die noch aufgeschlagenen Noten zu sehen, und – Robert, ich kann Ihnen sagen! Er hatte einen bemerkenswerten Anschlag, einen wunderbaren Anschlag! Babibabam, babibabam, babibabam, babababim. Der Steinway sang auf einmal, was er bei mir nicht getan hatte. Einen solchen Anschlag hatte ich noch nie gehört, selbst von Gregorius nicht! Der Wuschelkopf spielte eine Weile mein Beethovenstück, brach aber irgendwann ab, er wusste nicht weiter. Er versuchte sich an etwas, das mich an Boogie-Woogie erinnerte, ich hatte von Jazz nicht die leiseste Ahnung damals, es gefiel mir jedenfalls nicht, und er brach wieder ab und vollführte ein paar technische Mätzchen, jagte Skalen im Sextabstand über die Klaviatur und sah dabei den anderen Mann an. Und nickte mehrmals. Nickte erst vorsichtig, dann immer überzeugter. So war das tatsächlich, Robert!" Ich nickte.

Marie machte jetzt ein bedeutungsschwangeres Gesicht und fuhr leiser fort, um, wie ich vermutete, die Spannung zu erhöhen.

„Dann, dann stand er auf", Marie flüsterte jetzt sogar, „und er ging zu dem anderen Mann hin und sagte etwas auf Englisch zu ihm, das ich nicht verstand, aber nicht, weil es englisch war, sondern zu leise für mich, und der andere Mann sagte zu Gregorius, Mister Jarrett würde sich sehr freuen, wenn er dieses Instrument heute Abend benutzen dürfte. Dabei richtete er seinen Blick auf mich. Gregorius nickte und sagte, aber sehr gerne, es ist eine Ehre für mich. Spätestens da war mir klar, auch Gregorius hielt diesen Wuschelkopf für etwas Überragendes. Für einen Überragenden! Er erklärte daraufhin mir, die ich wohl einen ziemlich entsetzten Eindruck gemacht haben muss, es tue ihm leid, mich an einen anderen Steinway setzen zu müssen, er werde sich sofort um einen anderen Steinway für mich bemühen, der dem seinen zumindest nahe komme im Klang. Dieser, also sein Steinway, werde leider abgeholt und für ein Konzert benötigt, das der Mister mit dem Wuschelkopf am Abend in der Oper geben werde. Er sei aus Amerika angereist und habe das Pech gehabt, dass der eigentlich für das Konzert vorgesehene Flügel nicht rechtzeitig aus Bremen eingetroffen sei, und Herr Eicher, das war also der andere Mann, sei den ganzen Tag schon mit Jarrett auf der Suche nach einem gleichwertigen Ersatz, aber es gebe in Köln vermutlich keinen besseren Steinway als den von Gregorius. Was zweifellos stimmte!"

Jetzt sagte Marie wieder mit normallauter Stimme, „ich kann mir auch kein besseres Instrument vorstellen, sein Steinway war der beste, das ist bekannt. Nun würde dieser junge Amerikaner also auf seinem Steinway ein Konzert geben", erinnerte sich Marie, „und es werde sogar eine Schallplattenaufnahme gemacht. Den beiden Männern erklärte Gregorius, ich sei seine beste Studentin, was mich natürlich ungemein genierte." Tatsächlich errötete Marie jetzt.

„Bevor Sie weitererzählen", sagte ich jetzt, ihr Erröten gleichsam als Stichwort aufgreifend, „heute ist es ja beinahe noch wärmer als gestern, wollen wir nicht noch einmal Luft an unsere Haut lassen, Marie?" Marie reagierte völlig anders, als ich es erwartete, obwohl, wenn ich ehrlich bin, hatte ich gar keine Erwartung in diesem Moment; dazu war mein Umschwenken, mein Ablenken vom Köln-Thema viel zu spontan und unbedacht erfolgt. Im Nachhinein könnte ich mich ohrfeigen für meine an diesem Punkt völlig überflüssige Spontaneität, auch wenn sie mir an jenem Samstag nicht geschadet hat, wie ich sagen muss. Zunächst jedenfalls nicht, aber wer vermag es zu beurteilen, ob Maries Meinung, die sie sich ja ebenso wie ich die meine über sie eben erst bildete, eine andere geworden wäre. Im ersten Moment fragte ich mich derlei nicht, sondern nahm lediglich erfreut zur Kenntnis, dass sie, als hätte sie mich gar nicht gehört, oder besser, als wolle sie sich jetzt nicht unterbrechen lassen, ohne stehen zu bleiben damit begann, sich auszuziehen.

„Gregorius erzählte Eicher, dass ich anderntags mit Beethoven, Bach und Schostakowitsch aufzutreten beabsichtigte, dass ich meinen Examensabend gebe, und Herr Eicher sagte, „ganz fabelhaft, Ihre Sturmsonate soeben!", und er lud mich ein, zur Entschädigung für den mir zugemuteten Instrumentenwechsel bei dem am Abend stattfindenden, seit Monaten ausverkauften, wie er betonte, Opernhauskonzert mit Jarrett zugegen sein zu dürfen, wenn es mich denn interessiere. Ich sagte tatsächlich auf der Stelle zu, obwohl ich genau wusste, dass es vollkommen verrückt ist, mitten im Examen einem Freizeitvergnügen nachzugeben. Ich hatte zwar soeben bereits mitbekommen, dass es sich bei Jarrett um einen Ausnahmepianisten handelte, der Gregorius' Flügel aus dem Nichts heraus zu einem Klangwunder machen konnte, aber eigentlich hätte ich mich um mein eigenes Spiel, ich meine, mein eigenes Programm kümmern müssen, ich konnte es mir eigentlich gar nicht leisten, ein Konzert zu besuchen, und dann auch noch ausgerechnet das eines Pianisten. Herr Eicher schüttelte mir die Hand und sagte, ich solle einfach zur Oper kommen und nach ihm fragen, dann gehe das schon in Ordnung. Besser noch solle ich mich einfach Gregorius anhängen, der wisse Bescheid." Ich sah, dass Marie sich zu entkleiden begann und ich hatte kurz das Gefühl, ich müsste mich irgendwo anlehnen; mir war schwindlig, ich dachte, das ist zu viel für dich, dumm eigentlich, denn ich hatte mir ja sehnlichst gewünscht, Marie noch einmal in kreatürlichem Zustand zu sehen, ich war ja sozusagen darauf aus gewesen. Mein Schwächeln blieb nicht unbemerkt, Marie fragte, „was ist denn, haben Sie etwas, Robert?", und ich sagte „nein, nein, erzählen Sie bitte weiter!" Zum Glück erfüllte mir Marie meinen Wunsch.

„Ich fragte den Wuschelkopf Keith Jarrett, „was werden Sie denn heute Abend im Opernhaus spielen?" Herr Eicher übersetzte das, und sowohl er als auch Jarrett lachten daraufhin laut auf. Jarrett sagte etwas zu mir, aber ich verstand es nicht, Herr Eicher musste wiederum übersetzen. Das weiß niemand, meine Verehrte, so Eicher! „Keith wird extemporieren! Tatsächlich benutzte er den Ausdruck extemporieren, nicht etwa improvisieren, und Sie können sich sicher vorstellen, Robert, dass ich damit zunächst gar nichts anzufangen wusste. Man kann doch nicht einen Klavierabend in der Kölner Oper *extemporieren*, davon war ich überzeugt; ich war ohne meine Noten vollends aufgeschmissen. Ich meine jetzt nicht unbedingt auf dem Papier, Robert, ich meine die Noten, die man im Kopf hat. Ich befürchtete, die beiden Herren machten sich lustig über mich, aber ich war andererseits auch sehr gespannt. Sie hatten es jedenfalls auf einmal eilig. Keith Jarrett gab mir schüchtern die Hand, und wir verließen jetzt gemeinsam Gregorius` Zimmer. Mein Professor begleitete die beiden zum Lift, drehte sich zu mir aber noch einmal um und rief mir zu, warte auf mich, ich bin alsbald wieder zurück, Mariechen!"

Marie machte ein nachdenkliches Gesicht und seufzte, „ja, so war das. Mein Schwächegefühl hatte allerdings nicht nachgelassen!"

Wie sich denken lässt, hatte ich Marie elektrisiert zugehört, eine solche Geschichte hatte ich selbstredend nicht erwartet, ich war auf ganz andere Geschichten gefasst gewesen, aber nach dem Abend zuvor nicht auf eine solche. Ich wusste nicht, was ich dazu sagen sollte. In solchen Momenten sagt man tatsächlich besser nichts, weil es oft das Dümmste ist, was einem dann entfährt, nur hatte ich das Gefühl, etwas von mir geben zu müssen, und ich sagte, „dann haben Sie also Ihre Sturmsonate auf dem Flügel gespielt, der wie kein anderer millionenfach verewigt worden ist! Auf dem Köln-Konzert-Flügel haben Sie gespielt, Marie, das ist ja unglaublich! Keith Jarrett hat sich für den Flügel Ihres Professors entschieden, nachdem er Sie hat spielen hören!" Zu diesem Zeitpunkt war Marie bereits fast nackt gewesen, im Gegensatz zu mir, der viel zu verwirrt war, um ans eigene Ausziehen zu denken. Ich bereute auf der Stelle mein ärgerliches Geplapper, das ja grauenhaft unbeholfen gewesen war, und ich entschuldigte mich dafür. „Sie waren also dabei beim Köln-Konzert, erzählen Sie mir doch bitte weiter, Marie, erzählen Sie weiter!"

„Im Grunde war es das!", sagte Marie, die jetzt stehen blieb, um sich ihres Slips zu entledigen; ich durfte dabei ihre Hand halten, damit sie nicht umfiel.

„Sie wollten wissen, wie ich zu Keith Jarretts Musik gefunden habe, ich kann mir nicht vorstellen, dass es Sie jetzt noch interessiert, was aus meinem Vorspiel wurde." Ich protestierte selbstredend auf der Stelle. „Doch, dass interessiert mich sogar außerordentlich! Erzählen Sie, ich bitte Sie, das ist ja noch viel wichtiger, das Köln-Konzert ist ja hinlänglich bekannt." Marie lächelte, allerdings nahm ich die Nuance Traurigkeit dabei wahr, die sie offenbar hatte verbergen wollen.

„Na gut, es fand nicht statt. Ja, Sie haben richtig gehört, Robert! Aber ich bin froh, dass es so gekommen ist, Robert. Ich bin heilfroh. Das Köln-Konzert war für mich das größte Erlebnis meines Lebens gewesen, ich möchte diese anderthalb Stunden nie mehr missen. Dagegen ist Wien für mich gar nichts, Robert, das muss ich Ihnen ganz ehrlich sagen. Ich brauche

Ihnen ja nichts über das Köln-Konzert zu erzählen, Sie kennen es ja."

„In der Tat, ich kenne es ebenso auswendig wie Leipzig, Brüssel, Paris, Wien und Frankfurt, ich kann es mir anhören, ohne die CD aufzulegen", entgegnete ich wahrheitsgemäß, und sie sagte, „Sie haben das absolute Gehör, Sie Glücklicher, wie gerne hätte ich das auch!" Ich nickte betrübt, denn mein absolutes Gehör hatte mich manches Mal an den Abgrund der Depression getrieben. Es ist nicht nur eine Gnade, es ist oft auch ein Kreuz, alles zu hören, und wie oft habe ich mich getadelt, keinen größeren Nutzen aus meinem Gehör zu ziehen. Gerade, wenn ich meinen Meistern, sei es Evans, sei es Jarrett, zuhöre, denke ich tatsächlich immer wieder, warum nicht du, warum spielst du nicht selbst? Aber ich kann keine Antwort darauf finden.

„Ja, das absolute Gehör, aber sonst nichts", erklärte ich Marie, und sie sagte, „ich leider nicht." Ein nackter Mann mit Glatze und lächerlich schlenkerndem Geschlechtsteil joggte uns entgegen und grüßte freundlich. Marie erwiderte den Gruß und raunte mir zu, „jetzt aber bitte auch Sie! Sonst komme ich mir komisch vor!"

„Warum haben Sie Ihr Examensprogramm nicht gespielt?", wollte ich wissen, während ich mich in den Sand setzte und mit dem Ausziehen begann. „Es hatte bestimmt etwas mit Jarrett zu tun", ließ ich meine Vermutung Wort werden, „lag es am Eindruck, den das Köln-Konzert auf Sie gemacht hat?" Marie hatte sich während meiner Entkleidung nicht hingesetzt, sondern war stehen geblieben, sodass sich ihr Schoß unmittelbar in meiner Augenhöhe befand, drehte ich meinen Kopf ein wenig in Richtung Meer, und in diesem Moment war mir auf einmal klar, dass das gemeinsame Nacktsein, das Sich-am-Meer-Ausziehen im Grunde von ihr ausgegangen war, auch am Vortag. Im Grunde hatte sie seit unserer ersten Begegnung von vornherein die Initiative ergriffen; allein, dass wir überhaupt in Unkenntnis des jeweils anderen gemeinsam ans Meer gefahren waren, ging auf Maries Konto, wenn auch ich derjenige gewesen war, der den Vorschlag letztendlich unterbreitete. Einen Vorschlag, den sie so spontan angenommen hatte, dass es mir jetzt vorkam, als habe sie ihn mir in den Mund gelegt und dann lediglich abgenickt. Alles an dieser Frau ist sensationell, dachte ich, während ich meine Socken abstreifte. Die Gespräche, die sie mit dir führt, sind sensationell, ihre Art Wein zu trinken und zu rauchen ist sensationell, alles eben, dachte ich und ich stellte, wie am Vortag, ein Kleiderbündel her, dass ich mit einem „wir können" in den Wind hielt und mich, auf meine Linke stützend, aufrappelte. Ich unterbreitete Marie an dieser Stelle den Vorschlag, unsere Bündel einfach in den Sand zu legen, denn ich erinnerte mich, wie mir beim ersten unbekleideten Strandspaziergang der Arm lahm geworden war von Maries und meinem Bündel. Die Freude, die ich bei ihrer Brustberührung empfand, hatte ein wenig unter dem lahmenden Arm gelitten, und ich dachte, das muss doch nicht sein. „Es wird uns schon niemand unsere Habseligkeiten stehlen! Kommen Sie, wir lassen die Sachen einfach hier!" Marie war einverstanden. „Ich bin so froh, dass es Ihnen wieder besser geht!", sagte ich, obwohl ich es ja im Grunde nicht genau wusste, ich nahm es einfach an wegen des Redeflusses, den sie soeben an den Tag gelegt hatte, und Marie nickte, bestätigend, „ja, viel besser, wenn ich an die abscheuliche Nacht denke, an den abscheulichen Morgen!" Ich sagte, „die Zigaretten, es waren bestimmt die Zigaretten!" Ich hätte das allerdings gar nicht zu sagen brauchen, es lag ja auf der Hand, und sie entgegnete, „sehen Sie, so schnell wird man zum Raucher und wieder zum Nichtraucher. Jetzt habe ich jedenfalls keine Kopfschmerzen mehr, jetzt ist wieder alles in Ordnung!" Ich hätte in diesem Augenblick gewünscht, dasselbe auch von mir behaupten zu können, aber ich äußerte das nicht. Marie und ich setzten unseren Strandspaziergang also fort, und ich hatte nur noch die Fotoapparattasche um mein Handgelenk gewickelt, ansonsten waren wir nackt. Ich musste mir alle Mühe geben, nicht immer wieder auf die neben mir gehende wunderbare Frau zu starren, und ich fasste Mut und sagte, „wollen wir nicht wie gestern?", mehr brauchte ich nicht zu sagen. Sie hatte schon verstanden, legte ihren Arm um meine Hüfte und ich legte meinen um ihre Hüfte, und sie sagte, „das ist nicht wie gestern!" und führte meine Hand auf ihre Brust. Es durchzuckte mich regelrecht, ein Schauer der Beglückung fuhr mir durch den ganzen Körper, und ich konnte nicht verhindern, dass mir ein Wohllaut entfuhr, wie wenn man etwas Köstliches probiert. Wir lachten beide, es war allerdings eher ein genantes Lachen, und sie sagte, „kann ich Ihnen mit einem Eiskaffee über die Enttäuschung des nicht zu genießenden Kartoffelsalates hinweghelfen?", und nun lachten wir uns beinahe die Seele aus dem Leib, wie man sagt, obschon mir eigentlich alles andere als zum Lachen war.

Als wir uns wieder beruhigt hatten, setzten wir unseren Gang fort in der beschriebenen Umarmung. Marie sagte, „ich habe mich wirklich nicht getraut, mich auszuziehen, ich dumme Kuh! Darüber musste ich erst 57 werden, dass ich mich einfach einmal ausziehe!"

„Aber jetzt schämen Sie sich nicht, Marie, das ist doch die Hauptsache!", sagte ich.

„Nein, auf einmal nicht, das ist ja das Komische!", so sie.

„Es geht mir genauso!", erklärte ich.

„Auch ich habe mich ja nie ausgezogen, selbst wenn andere sich in meinem Beisein auszogen. Ich habe mich nicht ausgezogen, ich habe mich immer geschämt, aber jetzt schäme ich mich *unverrichteter Dinge* nicht. Das bewirken nur Sie, Marie!"

„Sie und sich geschämt?", gab sich Marie plötzlich ungläubig, „aber Sie hatten doch nun wirklich keinen Grund!"

„Sagen Sie das nicht!", gab ich zurück, „einen Grund hat man immer!" Zwar meinte ich nichts Konkretes damit, aber als Marie „so genau schaue ich da gar nicht hin!" sagte und an mir mit einem verschämten Lächeln herunterschaute, spürte ich, dass ich errötete. Sie sagte, „ich genieße es, von Ihnen und der Welt gesehen zu werden, das muss ich ehrlich sagen, auch wenn ich längst eine Hinfällige bin."

„Marie, nicht noch einmal, das haben Sie gestern schon zu meiner Bestürzung gesagt, Sie sind nicht hinfällig, Sie sind schön!", protestierte ich. Marie winkte ab und sagte, „ach Robert, Sie sind lieb, ich danke Ihnen, aber das ist es ja, es macht mir auf einmal gar nichts aus, eine alte, hinfällige Frau zu sein. Sie sagen, ich bin schön, und ich finde das sehr lieb von Ihnen, aber ich weiß, dass ich nicht schön bin, nur, es macht mir gar nichts aus, schauen Sie doch, diese jungen Frauen hier überall, schauen Sie, so sehe ich ja nun wirklich nicht mehr aus!"

Ich fuhr ihr ins Wort, sagte, „ja denken Sie denn, diese jungen Dinger hier sind schöner als Sie?", und sie lachte kurz auf, sagte, „ich mache mir doch nichts vor, Robert. Aber es ist ja gut, wenn Sie mich schön finden. Sie dürfen das!" Eine Weile sprachen wir jetzt nicht, hörten nur den schimpfenden Möwen zu, und ich spürte, dass ich sehr verwirrt war. Diese Keith-Jarrett-Geschichte zunächst, dann die in diesem Moment nicht mehr erwartete, wennschon zwar zuvor erhoffte Entkleidung Maries, das war zu viel für mich, und vollends verwirrt war ich, als Marie jetzt tatsächlich noch einmal sagte, was sie auch am Vortag schon gesagt hatte: „Ich habe mich ein Leben lang danach gesehnt, und Sie haben das ausgelöst, dass ich es jetzt kann."

„Was meinen Sie damit, meinen Sie die Überwindung der Schamhaftigkeit, oder was meinen Sie?"

„Ich meine, Frau zu sein und als Frau gesehen zu werden. Das ist vielleicht nicht viel, aber es ist mehr als nichts." Ich begriff jetzt, was sie mit von *Ihnen und der Welt* gemeint hatte.

„Bisschen spät, nicht wahr?" sagte sie nach einer kurzen Pause, und ich präzisierte, „aber sicher nicht zu spät, davon bin ich überzeugt, Marie! Es ist heute schon wieder ganz anders als gestern, heute empfinde ich Ihnen gegenüber schon eine gewisse Vertrautheit, während ich gestern geradezu ins kalte Wasser gesprungen bin. Gestern habe ich mich unheimlich überwinden müssen, aber der Gedanke, es diesen jungen Menschen hier nachzumachen, es ihnen zu zeigen, reizte mich genauso wie die ekelhaften Zigaretten mich plötzlich gereizt haben, verstehen Sie? Es war sozusagen ein *Jetztoderniegefühl*, verstehen Sie? Gestern war ich an einem Punkt angekommen, da gab es nur noch jetzt oder nie, aber heute macht es mir nichts mehr aus, heute ist es für mich schon normal, zumindest beinahe normal, Robert. Obwohl wir beide uns gar nicht kennen, fühle ich mich Ihnen gegenüber", und sie suchte nach einem passenden Ausdruck, wiederholte mehrere Male *Ihnen gegenüber* und entschied sich schließlich für „sicher."

Ich war nicht in der Lage, etwas anderes zu sagen als, „das ist aber schön!" *Das ist aber schön* sagte ich bestimmt dreimal, und ich streichelte die von mir gehaltene Frauenbrust vorsichtig. „Ist das nicht unglaublich?", fuhr Marie fort, „wir kennen uns kaum, und doch diese Vertrautheit. Ich weiß von Ihnen nichts, Robert, gar nichts weiß ich von Ihnen, aber es macht mir nichts aus. Es kommt mir vor, als wüsste ich alles von Ihnen!" Das machte mich allerdings hellhörig.

„Ist das so?", fragte ich und dachte, das kann gar nicht sein, niemand weiß etwas über mich im Grunde, nicht einmal die sogenannten guten Bekannten, nicht einmal ich selbst, dachte ich, und ich sagte, „wir werden uns kennenlernen, Marie!"

Es ist wahnsinnig, ging es mir durch den Kopf, jedem anderen Menschen hättest du es übel genommen, hätte er dir gesagt, er glaube alles über dich zu wissen, aber Marie nehme ich es nicht übel. Sie ist eben sensationell, dachte ich. Im Gegenteil, ich bin glücklich, dachte ich tatsächlich, ich bin ja glücklich auf einmal, einen Menschen zu treffen, der meint, alles über mich zu wissen, und ich dachte weiterhin, wer weiß, vielleicht weiß sie tatsächlich alles über dich, es müsste dich nicht wundern nach den Erlebnissen mit ihr, und ich blieb mit ihr stehen und sah ihr ins Gesicht und sah langsam einmal an ihr hinunter und wieder herauf und sagte, „Marie, ich ...", führte aber meinen Satz nicht zu Ende. „Ja?", flüsterte Marie, „was wollen Sie sagen, Robert?"

„Ich kenne so etwas nicht, verstehen Sie? Ich kenne so etwas noch nicht!" Marie nickte, und ich sagte jetzt etwas, was zu sagen ich mir nie hätte vorstellen können, etwas, was ich in meinem Fall als für ausgeschlossen erachtet hatte, „Marie, lassen wir uns über alles reden, genauso unverhüllt, wie wir jetzt sind! Lassen wir doch einfach einmal alle Hüllen fallen, auch die rhetorischen! Lassen wir doch", und ich weiß noch, wie ich um den treffenden Ausdruck rang, ihn aber nicht fand und dann stattdessen flüsterte, „lassen Sie uns Freunde sein!" In Ergriffenheit hatte ich das von mir gegeben, in einer Ergriffenheit, die mir selbst fremd war, über die ich sonst immer gelacht haben würde, wie ich jetzt denke, und Marie spürte meine Ergriffenheit, das war ihr anzumerken, sie sah mir ins Gesicht und antwortete, „gerne, Robert, sehr, sehr gerne!"

Das ist ein Traum, dachte ich, das kann nur ein Traum sein, obschon ich wusste, es war kein Traum, es war wahr. „Als Sie sich gestern so überraschend ausgezogen haben hier, da dachte ich, diese Spontaneität hat Größe, verstehen Sie, ich habe wirklich gedacht, diese Frau ist ein Wunder!", so meine Worte, „diese Frau hat alles das, was dir fehlt, genau das habe ich gedacht, Marie!" Die von mir längst geliebte und begehrte Frau nahm jetzt mein Gesicht zwischen ihre Hände. Auch so etwas hatte ich ja noch nie zuvor erlebt, mir wurde schwindelig von einer solchen Zärtlichkeitsgeste, niemals in meinem Leben hatte ein Mensch mein Gesicht in seine Hände genommen, mit Ausnahme meines Zahnarztes. Marie flüsterte, „sagen Sie doch nicht so was, das macht mich ja verlegen!" Sie kokettierte aber nicht mit dieser Verlegenheit, sie war wirklich verlegen, man sah es ihr an, und ich beharrte auf meiner Äußerung, „es ist aber doch nun einmal so", und sie gab mir einen Kuss auf meine Nase. Ich spürte, sie war ebenso ergriffen wie ich; sie ließ mich plötzlich los und bekam auf einmal einen geradezu lustigen Ausdruck in ihre Augen und sagte, „wissen Sie was?"

Egal, was sie jetzt sagt, es ist ein Ablenkungsmanöver, dachte ich in diesem Moment; sie hält diesen Zustand nicht aus. Ich hielt ihn eigentlich auch nicht aus, ich war selbst dankbar, dass sie mich abrupt losgelassen hatte, und sie überraschte mich mit, „jetzt habe ich auf einmal einen Bärenhunger, ich muss jetzt unbedingt etwas essen!" „Ist ja kein Wunder", erwiderte ich, „Sie haben ja auch nicht gefrühstückt!" Erst, während ich das sagte, wurde mir bewusst, dass ich auch nicht gefrühstückt hatte und der Gedanke an etwas zu Essen auch mir ein sehr willkommener war, nur, wir waren am Strand, hatten schon einige Kilometer an diesem Strand, der ein einzigartiger ist, zurückgelegt, es gibt ja in ganz Europa keinen geeigneteren Strand für einen Spaziergang mit einer Frau wie Marie, dachte ich jetzt. Der Jahreszeit entsprechend hatten die Pavillons nicht mehr geöffnet, waren meistenteils sogar abgebaut, was natürlich angesichts des unerwartet sommerlichen Wetters ein Fehler war, denn das Sommerwetter jetzt, Ende September, hätte den Strandpavillons, ich bin sicher, ein enormes Gewinngeschäft eingebracht. So aber ergab sich für uns nicht die Möglichkeit, in unmittelbarer Nähe einzukehren, und ich sagte, „was machen wir denn jetzt gegen diesen Bärenhunger? Denken Sie an etwas Herzhaftes, sollen wir unser Abendmahl vorziehen?", ich hatte tatsächlich *Abendmahl* gesagt, eigentlich ohne ironische Absicht, aber Marie fasste es ironisch auf und sagte, „Sie machen sich lustig über Marie Josephs!" Wer weiß, denke ich heute, vielleicht ist der Ausdruck Abendmahl ja in der Josephsschen Pfarrerehe ein geflügeltes Wort gewesen, ich habe womöglich ungewollt in ein Fettnäpfchen getreten und Marie beleidigt mit meinem Abendmahl, aber ich ging auf Maries Reaktion nicht ein, ich präzisierte, „denken Sie an etwas Warmes oder an Kuchen und Kaffee?" Es war immerhin noch früh am Tag, und sie lächelte schamhaft.

„Vielleicht hätte ich das gar nicht sagen sollen, das mit meinem Hunger, ich bringe ja nur Unruhe in unseren schönen Spaziergang!" Marie ließ mir keine Zeit, etwas zu entgegnen, denn ein anderer Gedanke war ihr augenscheinlich gekommen, der ihr Lächeln sogar festigte, ein Hauch von Spott lag in ihrem Gesichtsausdruck, als sie „das sehe ich ja jetzt erst" sagte, und sie einen Schritt zurück trat und mich von Kopf bis Fuß mit diesem Lächeln musterte. Das verunsicherte mich und ich fragte, „was haben Sie denn, Marie, was ist denn?"

„*Das* sehe ich ja jetzt erst!", wiederholte sie sich und sie trat wieder an mich heran und strich mir mit der Hand vorsichtig über die Brust.

„Sie sind ja ein Naturwunder, Robert!", und in diesem Moment wurde mir klar, was sie meinte. Tatsächlich weist mein Körper eine Kuriosität auf, eine Anomalie womöglich, die mir im Lauf der Jahre so geläufig, so vertraut geworden ist, dass ich gar nicht mehr daran gedacht hatte, eine Folge der Krebsoperation, der ich mich hatte unterziehen müssen und zu deren Zweck meine Körperbehaarung abrasiert worden war; sie wuchs später zwar wieder nach, allerdings nicht blond, wie mein Haar ansonsten ist, sondern rechtsseitig der OP-Narbe schneeweiß. Über diesen schneeweißen Pelz strich Marie vorsichtig, vielleicht auch zärtlich und sagte, „erschrecken Sie doch nicht, Robert!", denn ich war zusammengezuckt bei ihrer Berührung, was sie offenbar registriert hatte. Dieses Zusammenzucken lässt sich allein dadurch erklären, dass ich infolge der Erlebnisse mit Marie und infolge der Gespräche mit ihr verwirrt war; es drehte sich alles in meinem Kopf, und dazu kam noch eine latente Erregung, die mich eher plagte, als dass ich sie als angenehm empfunden hätte. Jedenfalls fühlte ich mich der Situation nicht mehr vollends gewachsen, ein für mich verheerendes Gefühl, wie ich sagen muss; ich fühlte mich unsicher, hatte Angst, Fehler zu machen, und fürchtet man sich vor Fehlern, stellen sich naturgemäß sofort Fehler ein, wie auch in diesem Fall. Meine Verunsicherung wegen Maries Lächeln und wegen Maries Streicheln über meine rechte Körperhälfte löste eine Spontanreaktion bei mir aus, ich hatte keine Zeit, mein Handeln abzuwägen, es geschah einfach, dass ich meinerseits mit der Hand über Maries rechte Brust strich und meine Hand auf ihr ruhen ließ. Das hatte, wie man sich vorstellen kann, eine andere Qualität als die Brustberührung am Vortage, die mir ja zugegeben auch schon unter die Haut gegangen war, der aber etwas Selbstverständliches innegewohnt hatte. Das sich zwischen Marie und mir Zutragende hatte jetzt eine ausdrücklich sexuelle Qualität, Maries Brustwarze erigierte nämlich.

Marie errötete stark; sie sagte aber nichts, obwohl sie aussah, als wolle sie etwas sagen. Sie hielt lediglich inne beim

Streicheln über meine weißbehaarte Brust, und ich verschlimmerte alles noch, denn ich fasste ihr jetzt auch noch an die linke Brust und hielt sie und streichelte über ihre Spitze, die sich ebenfalls versteifte, und Marie flüsterte aufgeregt, „nicht hier, Robert!" Ich muss mich über mich selbst wundern, dass mich Maries *nicht hier* nicht hellhörig machte auf die eine oder andere Art, denn das *nicht hier* implizierte ja immerhin ein *woanders*, es war keine Totalzurückweisung, sondern im Gegenteil eine Ermutigung, wie ich allerdings jetzt erst denke. Doch das merkte ich im betreffenden Moment nicht, so erschrocken, wie ich über meine auch von mir selbst als Dreistigkeit empfundene Brustliebkosung war. Abrupt nahm ich meine Hände von Marie und entschuldigte mich. Ich nestelte aus Verlegenheit an der Schlaufe des an meinem linken Handgelenk baumelnden Fotoapparates, und jetzt geschah etwas Bemerkenswertes, etwas Sensationelles, etwas, das zu den schon zuvor erlebten Unberechenbarkeiten Maries passte. Sie rettete mich vor der deprimierenden Peinlichkeit meines begangenen Fauxpas, indem sie einfach über ihn hinwegging und geradezu wie nebenbei sagte, „ach ja, Ihre Kamera, darf ich mal, Robert?" Sie griff nach dem Fotoapparat, ohne meine Antwort abzuwarten. Sie nahm den Fotoapparat aus dem Futteral, trat einige Schritte zur Seite und hielt ihn sich mit ausgestreckten Armen vors Gesicht, suchte mich und machte eine Aufnahme von mir, wie ich jedenfalls in diesem Moment noch dachte. Das erste Bild mit dem neu gekauften Fotoapparat wurde also nicht von mir, sondern von Marie gemacht; spontan, wie sie war, machte Marie diese Nacktaufnahme von mir, und sie schien sich zu freuen über ihre Idee, denn sie lachte jetzt, und lachend ging sie nun um mich herum. Ich drehte mich, wie sich vorstellen lässt, mit ihr, sah sie an, aber sie schüttelte den Kopf.

„Bleiben Sie doch mal stehen, bitte!", forderte sie mich auf und setzte ihre Umkreisung fort. „Bleiben Sie so, eines von vorn mit Pimmelchen und eines mit Popo von hinten", so drückte sie sich wörtlich aus, und ich kam mir lächerlich vor in diesem Moment, aber ich wagte keinen Widerspruch, und so wurde auch das zweite Bild mit dem neu gekauften Fotoapparat von Marie geschossen, die augenscheinlich ihren Spaß hatte an meiner Verlegenheit. Sie lachte jetzt schallend, aber es war kein spöttisches, sondern ein aufrichtiges, heiteres Lachen, und so lachte ich halt mit ihr, zögerlich anfangs, dann aber ebenfalls aufrichtig. Alles war verwirrend für mich. Hatte ich gestern noch darüber sinniert, ob es unschicklich sei, den Fotoapparat überhaupt mitzunehmen auf einem solchen Spaziergang, hatte ich gestern noch Bedenken gehabt, Marie vor den Kopf zu stoßen mit einer eventuellen Nacktaufnahme, so war es jetzt sie, die alle die in diesem Zusammenhang stehenden Überlegungen zunichtemachte mit ihrer unbekümmerten Spontaneität, und ich dachte, sie ist dir in allem überlegen, auch im Geschlechtlichen. Sie hat eine selbstverständliche Einstellung zu ihrem Körper, im Gegensatz zu dir, sie schämt sich nicht, du schämst dich, sie fürchtet sich nicht davor, mich vor den Kopf zu stoßen, sondern sie wartet wie selbstverständlich in meinem Zimmer auf mich, während ich dusche, und sie fotografiert mich in dem Moment, wo ihr der Gedanke kommt, ungeniert, von vorn und hinten. Sie wird diese sexuelle Unkompliziertheit durch Erfahrungen nach ihrer Ehe erlangt haben, dachte ich; so muss es sein, an der Seite eines schwulen Pfarrers erlangt man keine sexuelle Unkompliziertheit, so dachte ich, und sofort war mir kein Gedanke wichtiger als der, zu erfahren, welche Erfahrungen das gewesen sein konnten, die Marie zu dem machten, was sie jetzt war. Aber ich wagte es nicht, sie ganz offen heraus zu fragen, obwohl wir uns ja soeben noch auf völlige Offenheit, auf rhetorische Nacktheit geeinigt hatten; ich fürchtete wieder einmal, sie in eine bedrängte Lage zu bringen, womöglich fürchtete ich mich auch davor, mit ihrer Offenheit nicht umgehen zu können, verletzt zu sein, je nachdem, was sie mir erzählen würde, und ich behielt meine Gedanken deshalb für mich, trat sprachlos auf Marie zu. Ich streckte die Hand nach meinem Fotoapparat aus, den sie mir sogleich übergab. „Au ja, machen Sie auch von mir ein Bild!", sagte sie und stellte sich in Positur.

Marie stemmte ihre Arme in die Hüften, und sie lächelte mir spitzbübisch ins Display. Ich erinnere mich genau, ich dachte im Moment des Auslösens, der Kauf des Fotoapparates hat sich allein wegen dieses Bildes gelohnt, ich war beglückt über diese Aufnahme, die ich gemacht zu haben glaubte, und Marie drehte sich, sobald der Fotoapparat geklickt hatte, auf dem Fuße um und sah mir über ihre Schulter ins Display, und wieder klickte es, was übrigens lächerlich ist, wie ich gerade denke, weil das Klicken, das man beim Fotografieren kennt, mit der Verschlussklappe zusammenhängt, die heutige Fotoapparate gar nicht haben; es ist im Grunde nur die akustische Imitation eines Klickens, eine Verdummung sozusagen. Ich konnte mein Glück in der dargestellten Situation jedoch gar nicht fassen, ich liebte dieses Klicken, während meine prüfenden Blicke aufs Display sorgsam registrierten, dass ich jedes Detail, das mir von Marie wichtig war, einfing. Wir lachten jetzt wieder gemeinsam, dass uns beiden die Tränen kamen.

„Die olle Marie, die olle Marie, die olle Marie", rief Marie aus, in ihr Lachen hinein, „die olle Marie, auf ihre ollen Tage ein Nackedei, das ist komisch, das ist komisch, das ist komisch!"

Ich hörte sofort auf zu lachen; ich fand es überhaupt nicht komisch, ihr Lachen stieß mich vor den Kopf, denn ich war ja geradezu versessen auf diese schöne und jugendliche und in jeder Hinsicht wohltuende Frau, und ich herrschte sie an, viel lauter, als ich es beabsichtigt hatte; „hören Sie auf damit, Sie verletzen meine Gefühle!"

Tatsächlich sah Marie sofort davon ab, sich *olle Marie* zu nennen, aber sie hörte nicht zu lachen auf; „verzeihen Sie, Robert, ich weiß, ich bin schrecklich!"

„Kehren wir lieber um!", schlug ich vor, „denken Sie an Ihren Hunger, wir haben ja noch einige Schritte vor uns", und sie war einverstanden, „gut, kehren wir um!" Sie nahm mich bei der Hand, und augenblicklich war die Spannung verschwunden, die ich durch meinen scharfen Ton in unser Zusammensein gebracht hatte; sie wich einer angenehmen Vertrautheit.

„Hoffentlich werden Sie mir von diesen Aufnahmen Abzüge machen, Robert!", sagte sie nach einer Zeit, worüber ich mich freute. Vieles, was Marie seit Beginn unserer Ansmeerfahrt gesagt hatte, war mir unter die Haut gegangen, aber diese Bitte um Abzüge erschütterte mich jetzt geradezu wie nichts zuvor und warf alles mir durch den Kopf Gehende durcheinander. Es versetzte mir einen Stich, denn mit dieser Frage war zum ersten Mal angesprochen, was nach unserem Hollandaufenthalt aus uns werden würde, eine nahe, mir allzu nahe Zukunft, die ich bislang verdrängt hatte, nicht wahr haben wollte. Es war mir gelungen, nicht daran zu denken, aber jetzt dachte ich zwangsläufig daran, und Marie dachte ihrerseits daran, wie ich ihrer Bitte entnehmen konnte, und wir sahen uns beim Gehen in die Augen. „Aber selbstverständlich!", erwiderte ich.

Die Flut war unterdessen schneller als von mir erwartet vorgerückt, und es war höchste Zeit, dass wir zu unseren Kleiderbündeln zurückeilten, die bereits bedenklich nahe am Wasser lagen. Wir setzten uns in den noch trockenen Sand und zogen uns an. Marie war langsamer, obwohl sie nicht mehr anzuziehen hatte als ich. Ich versuchte mich zu erinnern, ob sie auch am Vortag keinen BH getragen hatte, aber es war mir nicht erinnerlich; ich war zu aufgeregt gewesen, um auf solche Einzelheiten zu achten, und um die Frage danach zu vermeiden, sagte ich wie beiläufig, „übrigens schön, dass Sie ihre wunderbaren Brüste nicht in Latex zwingen!"

„Na ja, wunderbar wohl nicht! Gestern war Premiere!", antwortete sie, und ich wollte wissen, was sie damit meine.

„Gestern habe ich ihn zum ersten Mal seit über vierzig Jahren nicht angezogen, habe ihn einfach in Wuppertal gelassen! Meinen Sie nicht auch, dass vierzig Jahre BH genug sind, Robert?"

Mit einer solchen Frage war ich noch nie konfrontiert worden, ich hatte über die Unerlässlichkeit bzw. den Nutzen von Miederwaren noch nicht ein einziges Mal in meinem Leben nachgedacht, für mich waren Büstenhalter nichts anderes als auf Kaufhaustischen gestapelte, fleischfarbene Widerwärtigkeiten, die nichts mit Frauenbrüsten zu tun hatten, an die ich gerne gefasst hätte. Es war schon eine geraume Zeit her, dass ich den Wunsch nach Berührung einer Frauenbrust gehegt hatte; ich hatte ihn mir ja geradewegs aberzogen; genau wie ich mir das Rauchen aberziehen musste, hatte ich mir den Wunsch nach Berührung einer Frauenbrust aberzogen. Vereinzelt war ich mit in Büstenhaltern sonnenbadenden Frauen konfrontiert worden im Lauf der Jahrzehnte, beispielsweise auf diesen sogenannten kulturellen Urlauben, zu denen ich, wie schon erwähnt, mehrfach überredet worden war oder mich immer wieder hatte überreden lassen. Es war letztendlich immer meine eigene Schwäche gewesen, nicht nein sagen zu können, entweder hatten sie sich in ihren fleischfarbenen Büstenhaltern der Sonne preisgegeben, *so unter uns*, oder sie hatten sich ganz ausgezogen, aber in jedem Fall hatte immer nur ein flüchtiger Blick genügt, um mich abwenden zu müssen. Ich vertiefte mich in solchen Fällen auf der Stelle in ein Buch, ich hatte in diesen sogenannten kulturellen Urlauben schon aus Vorsichtsgründen immer ein Taschenbuch bei mir, irgendeinen Kriminalroman meinetwegen, ich hatte immer vorgesorgt, ich war immer gegen Büstenhalter gewappnet gewesen, und in jedem Fall war mir der Anblick von Büstenhaltern, sei es im Kaufhaus, sei es in der Nähe eines berühmten Berges oder Wasserfalls, zuwider gewesen. Ich konnte mir nicht vorstellen, was Marie, die von mir begehrte und längst geliebte Frau, mit einem so scheußlichen Requisit hatte anfangen können über vierzig Jahre lang, aber es ging mich nichts an, die *Büstenhaltermarie* war nicht die von mir geliebte und begehrte, sondern die neben mir im Sand sitzende Barbusige, die jetzt in ihre Bluse schlüpfte. „Schwer zu sagen!", antwortete ich.

„Sie meinen, ich kann es mir eigentlich nicht leisten, in meinem Alter keinen BH zu tragen?", wollte Marie von mir wissen, zog sich aber sofort meinen Protest zu. „Hören Sie doch auf mit dem Alter! Das meine ich ganz und gar nicht! Ich meine nur, ich verstehe nichts davon!"

Es war deutlich zu spüren, dass Marie sich eine andere Antwort gewünscht hatte; die meine war ja auch eine unbefriedigende, aber ich hatte keine andere Antwort vorrätig, und obendrein hatte ich Mühe, den Sand zwischen meinen Zehen zu entfernen, denn nichts ist unangenehmer, als Sand in Strümpfen.

„Das Thema Büstenhalter interessiert mich im Grunde nicht, denn ich habe Sie ohne Büstenhalter umarmt und gestreichelt und fotografiert! Mich interessiert also viel mehr, wie Sie es nach dieser augenscheinlich fürchterlichen Ehe zu einem solch unbefangenen und mich beinahe um den Verstand bringenden Umgang mit Ihrem Frausein, mit Ihrer Weiblichkeit gebracht haben, gerade weil ich es nicht zu einem unbefangenen Umgang mit meinem Mannsein, meiner Männlichkeit gebracht habe!", versuchte ich mich zu erklären, *rhetorisch nackt*. Offenbar stieß ich Marie damit aber vor den Kopf, denn sie machte ein enttäuschtes Gesicht und setzte zu etwas an, das sie sich dann allerdings verkniff. Ich konnte mich auf nichts anderes konzentrieren und schwieg darum eine ganze Weile; auch als wir wieder gingen. Angezogen waren wir jetzt beide, ich schwieg neben Marie. Die Stelle, an der der Strand von Camperduin in den Deich übergeht, wurde allmählich sichtbar, und mich befiel eine mir ebenfalls abhanden geglaubte Ungeduld; ich wollte das Thema *sexuelle Souveränität* ansprechen, denn genau diesen Begriff hatte ich im Kopf; Marie ist sexuell souverän. Ich wollte mich Marie gerade in diesem Sinn mitteilen, als sie meine Hand fest ergriff und fest drückte und mit ihrem Kopf schräg nach links nickte. Marie flüsterte, obwohl allein das Geräusch der Brandung uns die bestmögliche Diskretion sicherte, „erkennen Sie die beiden?" Ich schaute nun in die von ihr angezeigte Richtung und sah ein junges Paar, höchstens achtzehn, neunzehn, und ich antwortete wahrheitsgemäß „nein, wieso?" Marie flüsterte, „die beiden auf dem Fahrrad, gestern Abend!", und ich begriff noch immer nicht, und sie sagte, „na, die gepfiffen haben!" und endlich fiel es mir ein, ich hatte mich geärgert über diesen unverschämten Pfiff. „Ja, ich erkenne sie, das war, als Sie geweint haben, Marie!"

„Ach, ich habe nun mal sehr nahe am Wasser gebaut", erwiderte sie. Die Erinnerung an Maries Weinen rief einen Reflex wach, einen Beschützerreflex, wie ich jetzt sagen muss. Es ist grotesk, dass ausgerechnet ich zu einem Beschützerreflex in der Lage war, aber es war nichts anderes, es war wirklich ein Beschützergehabe, ich drückte Marie fest an meine Seite und legte meinen Arm weit um sie herum, und sie sagte, „tut mir leid, meine Heulsuserei gestern, ich habe Ihnen damit Probleme gemacht, stimmt's?", und ich schüttelte den Kopf, antwortete jedoch wahrheitsgemäß, „schon, aber nicht, wie Sie jetzt denken, Marie! Ich bin halt so etwas nicht gewöhnt, verstehen Sie?" Sie nickte. „Sie können heulende Frauen bestimmt nicht leiden, das habe ich die ganze Zeit gedacht!"

„Hören Sie auf, es ist nämlich wahr, ich habe weinende Menschen nie leiden können, das ist ein Problem von mir, aber ich habe Sie umso mehr leiden können, bei Ihnen ist das etwas ganz anderes!"

„Ach Robert, was ist denn an mir anders als an anderen Frauen", fragte Marie, und ich antwortete, „alles, abgesehen davon, dass es so, wie Sie *andere Frauen* sagen, nicht stimmt. Es hat ja keine anderen Frauen in meinem Leben gegeben, Marie!"

„Ja, das haben Sie gestern schon gesagt, aber ich kann das gar nicht glauben! Etwas wie mich kann es doch nicht ein zweites Mal geben!", so Marie.

„Ja, so etwas wie Sie gibt es mit Sicherheit nicht noch einmal!", erwiderte ich, sah aber an ihrem Gesichtsausdruck, dass sie sich falsch verstanden fühlte.

„Das meinte ich nicht! Ich meinte meine Jungfräulichkeit, ich dachte, Sie haben mir nicht geglaubt", und ich erwiderte, „ja, was haben Sie denn dann von mir gedacht, Marie?"

„Dass Sie sehr charmant sind und ein guter Psychologe, ein Aufrichter. Wie Sie gesagt haben, Sie seien elektrisiert von", und sie genierte sich offenbar, meine Worte zu wiederholen, „elektrisiert von meiner Schönheit, da habe ich gedacht, er ist ein lieber Mensch, er will dich aufrichten, und ich kam mir be-mitleidet vor, aber geglaubt habe ich Ihnen natürlich kein Wort!"

Ich fragte so gelassen, wie es mir möglich war, denn ich war im höchsten Grad erregt und angespannt, „und was denken Sie jetzt darüber, wenn ich es wiederhole und zu Ihnen sage, Ihre Schönheit elektrisiert mich?" Marie zwinkerte und flüsterte, „jetzt denke ich, Sie sind verrückt, Robert!"

„Da haben Sie sogar recht!", gab ich zurück, und ich bereue es im selben Moment, da es nach Koketterie klang, und ich fuhr fort, „dasselbe habe ich übrigens von Ihnen geglaubt, Marie!" Marie runzelte die Stirn und sah mich misstrauisch an.

„Wie, dasselbe? Sie haben mich auch für verrückt gehalten?" Ich erklärte es ihr, ich sagte, und es fiel mir nicht einmal schwer, „Sie erinnern sich bestimmt an unseren gestrigen Spaziergang hier."

„Ja sicher!" Maries Argwohn hielt sich augenscheinlich.

„Sie erinnern sich dann sicher auch an mein Geständnis", fuhr ich fort. Sie runzelte wieder die Stirn, sagte fast vorwurfsvoll, „Geständnis! Sie haben doch nichts gestanden!", aber ich ließ mich nicht beirren, „mein Bekenntnis, dass ich noch nie einer Frau an die Brust gefasst hatte vor Ihnen und, nennen wir es doch beim Namen, noch nie mit einer Frau geschlafen habe, dass ich also der Josef bin und nicht Sie!" „Entschuldigen Sie, mir fällt gerade etwas ein! Aber erst Sie! Sagen erst Sie, was war, als ich Ihre Hand zu meiner Brust führte, das muss ich erst wissen!", sagte Marie.

„Ich dachte, Sie tun es aus Mitleid", so ich.

„Aus Mitleid?", fragte Marie nahezu entsetzt; „ach Robert, aus Mitleid! Um Himmels willen, nein, nicht aus Mitleid, Robert, nein!" Sie schüttelte vehement den Kopf. „Aus Mitleid doch nicht!"

„Sehen Sie", sagte ich, „Sie dachten, ich mache Ihnen nur Komplimente, leere Komplimente aus Mitleid, und ich dachte, Sie lassen mich im Gegenzug aus Mitleid ihre wunderbare Frauenbrust berühren!", und wir lachten jetzt beide. Sie sagte, „was ist das alles kompliziert", und ich sagte, „und wie kompliziert! Was ist Ihnen denn gerade eingefallen?" Marie legte jetzt auch ihren Arm um mich, wir sahen bestimmt wie ein

Liebespaar aus, und sie sagte, „ich muss Ihnen gestehen, als wir losfuhren, genauer, als wir uns verabredet haben zu diesem Kurzurlaub, da war ich an einem ganz tiefen Punkt angekommen, da war ich so weit, dass ich dachte, wäre es doch endlich vorbei, ich wollte eigentlich nicht mehr."

„Was wollten Sie nicht mehr, sagen Sie bloß nicht, nicht mehr leben!", entsetzte ich mich, und sie nickte, sagte, „ja, genau das, nicht mehr leben, ich war an dem Punkt, den es übrigens schon ein paarmal gegeben hat, dass ich mein Maria-und-Josef-Dasein so satt hatte, und als Sie mich angesprochen haben, da war ich, wie soll ich sagen, ich muss es, glaube ich, anders aufzäumen, ich habe in Ihnen nichts anderes als einen sympathischen, aber dennoch einen unerreichbaren Mann gesehen, einen Mann, der Geld hat, der weiß, was er will, der jeden Umgangston kennt, einen Charmeur, und ich habe gedacht, der fährt nicht wirklich mit dir weg, und wenn, dann nur, weil er dich benutzen will, und wissen Sie was, Robert?" Ich schüttelte den Kopf. „Wissen Sie was", fragte sie noch einmal, „es war mir egal, ich dachte, sei es drum, dann gebe ich mich dem Mann halt hin, wenn er darauf aus ist. Dann sterbe ich auch nicht schlimmer, dann bin ich wenigstens keine *Maria-und-Josef-Marie* mehr, verstehen Sie?" Mindestens fünfmal wiederholte Marie jetzt „verstehen Sie?", aber ich war wie vor den Kopf gestoßen, mir fehlten die Worte, ich konnte nichts antworten jetzt. Ich war überfordert, ich konnte dieses Bekenntnis Maries, es war ja ein Bekenntnis, nicht augenblicklich verstehen, erfassen, ich hatte größte Mühe, mich zu konzentrieren, und ich merkte, ich musste nachhaken; mir war das soeben Erzählte nicht klar, es hatte mir nicht eingeleuchtet. Vielleicht, weil es nicht zu meiner Vorstellung von einer sexuell souveränen Marie passte, das denke ich aber erst jetzt, und ich sagte, „soll das mit anderen Worten heißen, Sie haben tatsächlich noch nie mit einem Mann geschlafen?", das Wort *geschlafen* ging mir nicht leicht über die Lippen, „auch nach Ihrer Ehe nicht?" Marie nickte, und ich bohrte leider weiter, „soll das tatsächlich heißen, Sie haben die Möglichkeit, mit mir zu *schlafen*, noch vor unserer Abfahrt in Betracht gezogen?", und sie nickte wieder, und ich fragte weiter, „wie kann das sein, Marie, woher nehmen Sie diesen sexuellen Mut, den ich übrigens nicht habe, nie gehabt habe? Ich bin, müssen Sie wissen, ein sexueller Feigling, ich habe nicht einen Moment daran gedacht, mit Ihnen zu schlafen vor unserer Ansmeerfahrt. Woher nehmen Sie also diese Souveränität?"

Heute glaube ich, dass es besser gewesen wäre, ich hätte diese Frage nicht gestellt, aber hinterher ist man ja immer klüger.

„Marie", sagte ich, und sie sah mich an, eine Hand vor ihrem Mund, in die sie immer wieder kurz und trocken hustete, „Sie werfen alles durcheinander in mir, Marie, Sie rufen Gefühle wach, die ich längst zu den Akten gelegt hatte. Als wir uns zu diesem Ausflug ans Meer verabredeten, war ich von Ihnen als Person schon angetan, aber ich habe die *Frau* in Ihnen noch nicht gesehen, weil ich in keiner Frau eine *Frau* sehen wollte, verstehen Sie das, Marie?", und Marie hustete. „Ich wäre Ihnen niemals zu nahe getreten, allein aus dem Grund, weil ich nicht daran gedacht hätte, und jetzt ist alles so anders! Zugegebenermaßen empfand ich die Idee, mit einem wildfremden Menschen nach Schoorl bzw. Camperduin zu fahren, zunächst regelrecht als grotesk, aber das ist längst vorbei, Marie!" Mir wurde heiß und kalt zugleich, ein sehr unangenehmes Gefühl, ich fürchtete, ohnmächtig zu werden; ich war noch nie ohnmächtig gewesen, aber ich stellte mir das Gefühl vor einer nahenden Ohnmacht so vor und ich hielt mich fest an Marie, die nun nicht mehr hustete. „Jetzt ist die ganze abgelagerte Lust, die seit Jahrzehnten abgelagerte Lust auf einmal wieder voll da, konzentriert sich nur auf Sie, Marie!" Meine Stimme gehorchte mir plötzlich nicht mehr, sie überschlug sich wie bei einem Stimmbrüchler, ich kiekste.

„Ich glaube, ich habe vielen Menschen in meinem Leben unrecht getan!"

„Sie weinen ja, Robert, Sie weinen ja!", und meine Fassade brach nun zusammen; indem Marie meine Tränen sah und „Sie weinen ja!" sagte, weinte ich tatsächlich, und das Weinen packte mich ähnlich heftig, wie es Marie am Vorabend gepackt hatte. Ich verzerrte wahrscheinlich aufs Grauenhafteste mein Gesicht, ich zitterte, brach in Schweiß aus, sonderte jämmerliche Laute ab; es war alles nur furchtbar. Ich umarmte Marie, drückte sie dicht an mich, mein Kopf lag auf ihrer Schulter, und es tat mir gut, dass Marie mit ihren Händen zart über meinen Rücken fuhr. Ich schluchzte mit derselben Hemmungslosigkeit, mit der sie am Abend und in der Nacht geschluchzt hatte. Ich wimmerte, „Marie, Marie, Marie, ich bin verliebt wie ein Zwanzigjähriger, ich kenne mich nicht mehr aus mit mir, was sind Sie nur für ein Phantom!"

Ich benutzte tatsächlich das Wort *Phantom*, warum weiß ich nicht, es hatte sich unerlaubt in meine Rede geschlichen, und Marie sagte mit sanfter Stimme, „ich bin gar kein Phantom, Robert, ich bin echt, ich bin ja jetzt hier!"

„Ja, ja, ja, Sie sind hier, Sie sind ja hier!", schluchzte ich und ich kam mir wie ein kleiner Junge vor, dem die Mama über den Kopf streichelt und sagt, alles werde wieder gut. Obwohl Marie diesen Gedankensprung gar nicht verstehen konnte, sagte ich, „es ist bestimmt zu spät, ich kann das nicht mehr nachholen, ich habe meine Hausaufgaben nicht gemacht." Ich sprach einfach aus, was ich dachte, und erstaunlicherweise hatte Marie etwas anfangen können mit meiner Metapher, sie sagte, „genau wie ich, Robert, genau das habe ich auch gedacht, es ist erstaunlich, dass Sie Hausaufgaben sagen, es ist genau das Wort, das ich gedacht habe, als wir im Auto saßen, während des Wien-Konzerts, genau das Wort, Robert!" Sie streichelte immer noch meinen Rücken, und sie sagte, „ich sah mich schon von Ihnen verführt, Robert, ich glaube, ich erwartete das einfach, warum hätten Sie sonst mit einer Frau wie mir, die Sie ja nicht einmal kennen, ans Meer fahren sollen, wenn Sie mich nicht für Ihre Männerzwecke gebrauchen wollten? Ich habe Sie für einen Schwerenöter gehalten, aber es hat mir ehrlich gesagt geschmeichelt, dass ein Schwerenöter ausgerechnet mich mitnimmt, ans Meer mitnimmt, und ich ließ den BH mit Absicht zu Hause, verstehen Sie, Robert und es war mir alles egal, Robert, alles egal, und dann kam es so anders, Robert, dann war es nicht so, dass Sie mich verführen wollten, dann waren Sie so vorsichtig und zurückhaltend, und ich in meiner Egalstimmung habe auf einmal meine ganze Schamhaftigkeit verloren, vielleicht auch meine Selbstachtung, aber was ist da schon zu achten an mir? Als ich all die nackten Menschen gestern gesehen habe", sagte Marie jetzt etwas lauter, begann den angefangenen Satz allerdings neu. „Es hat mir so gut gefallen, der Gedanke, einmal unvernünftig zu sein, einmal aus mir heraus etwas zu tun, wofür ich früher immer nur die schlimmsten Vorwürfe bekommen hätte. Ehrlich gesagt, Robert, ich wusste eigentlich gar nicht, was ich wollte, nur eins wusste ich, einmal alles anders machen. Deswegen auch die ekelhaften Zigaretten, Robert. Deshalb, Robert. Unvernünftig sein, das wollte ich, aber es hat mich ja doch wieder eingeholt. Wenn ich daran denke, was ich Ihnen gestern Abend alles erzählt habe, dann schäme ich mich jetzt, Robert. Was interessiert Sie denn meine verkorkste Geschichte, Robert, und was habe ich Ihnen da alles vorgeheult! Ich danke Ihnen, dass Sie so geduldig waren mit mir. Danke!"

Allmählich wichen die Zuckungen aus meinem Körper, allmählich spürte ich wieder Kraft. „Marie!", sagte ich leise, und ich nahm meinen Kopf von ihrer Schulter, um ihr ins Gesicht zu sehen.

„Marie, wir werden uns noch viel erzählen, ja?" Sie antwortete, „noch sehr viel!", und ich hatte auf den Lippen, *ich liebe Sie* zu sagen, aber in dem Moment knurrten zeitgleich unsere Mägen, und wir lachten beide darüber, wir hatten beide, auch wenn wir es nicht aussprachen, Freude an diesen Magenmeldungen, und Marie gab mir einen Kuss auf den Mund und sagte, „jetzt sollten wir erst einmal etwas essen!"

Wir gingen das letzte Stück bis zum Hotel schneller, als wir vorher gegangen waren, und ich dachte daran, dass wir ja abends noch Essen gehen wollten, Marie hatte mich ja zum Essen eingeladen auf ihrem gelben Zettelchen, und ich sah deshalb ein Problem auf uns zukommen, nämlich, dass wir, wenn wir jetzt eine ganze Mahlzeit zu uns nähmen, abends nicht mehr genug Appetit haben würden. „Was könnte Sie jetzt reizen, Marie? Denken Sie an Kuchen oder an Pommes frites?"

Sie antwortete, „Hauptsache, es macht uns satt!", und ich darauf, „wir müssen aber noch ein wenig Platz lassen für heute Abend!"

„Warum müssen wir das, wir haben doch jetzt Hunger", erwiderte Marie, und ich erkannte, dass sie recht hatte und sagte, „da haben Sie recht!"

„Wo können wir denn am Nachmittag etwas Vernünftiges bekommen?", erkundigte sich Marie, die Wunderbare, und in der Tat bestand darin ein Problem; es war kurz vor vier, und die Saison war seit einem Monat vorüber, es hatten also längst nicht mehr alle Restaurants ganztags geöffnet. „Wenn es Ihnen jetzt nicht mehr auf eine halbe Stunde ankommt, könnten wir mit dem Auto nach Alkmaar fahren, in Alkmaar sind unsere Aussichten bedeutend günstiger!", erklärte ich und sie sagte wieder einmal, „warum eigentlich nicht? Ich möchte Sie aber einladen, Robert!" Ich nickte und sagte, „in Ordnung!"

Marie erbat sich fünf Minuten, zum *Frischmachen*, wie sie sagte, und ich nutzte diese fünf Minuten, um den Fotoapparat in mein Zimmer zu bringen und mir eine andere Hose anzuziehen, denn die am Strand getragene Cordhose war versandet, so sehr ich auch klopfte, ich bekam den feinen Strandsand nicht entfernt mit den mir zur Verfügung stehenden Möglichkeiten, und beim Hosenwechsel dachte ich in der intensivsten Weise an Maries Worte, dachte daran, dass sie tatsächlich von einer sexuellen Begegnung mit mir ausgegangen war, ein unglaublicher Gedanke, der mir teils gefiel, teils Angst einflößte, denn es war ja nicht ausgeschlossen, dass Marie noch immer an vermehrungssymbolische Zärtlichkeiten dachte, so meine Überlegungen. Vielleicht wünscht sie es sich ja noch immer oder sogar erst recht, nachdem du sie nicht verführt, für Männerzwecke benutzt hast, wie sie es nannte. Vielleicht wird sie im Gegenteil dich verführen wollen, dachte ich, für Frauenzwecke benutzen, und darüber hätte ich beinahe schallend gelacht. Ich fühlte mich lächerlich in dieser Erwartungsrolle, die sich mir aufgedrängt hatte, die einen verliebten Gockel aus mir machte, noch in meinem Alter, und ich dachte, es ist vielleicht besser, wenn alles beim Alten bleibt, wenn es nicht zu vermehrungssymbolischen Zärtlichkeiten kommt jetzt noch. Es ist zu spät für solche Erfahrungen, das war mein Fazit in den fünf Minuten, die Marie fürs Frischmachen benötigte, und ich bereute in diesem Moment plötzlich, dass ich Maries Brüste gesehen und gestreichelt hatte, denn es war das Faszinierendste gewesen, was ich je erlebt hatte, nur zu spät für mich Tantalus. Ich dachte, es ist zu spät für die Liebe, du bist 62, ein bald alter Mann, da fängt man so etwas doch am besten gar nicht noch an, und dann dachte ich, wieso eigentlich Tantalus, sie haben sich dir ja nicht entzogen, Maries Brüste, sie sind nicht im entscheidenden Augenblick verschwunden, wie des Tantalus' Früchte, und ich musste lachen, weil mir *koffie or liberty* einfiel. Marie klopfte an meine Tür und sagte, „ich bin so weit!"

„Kommen Sie doch herein, Marie, ich möchte Ihnen gern, bevor wir aufbrechen, noch etwas anvertrauen!" Marie trat in mein Zimmer und verbreitete sofort einen betörenden, mir noch neuen Duft.

„Was möchten Sie mir anvertrauen, Robert?"

„Vielleicht setzen Sie sich noch kurz", begann ich und zog das Hotelsesselchen ein Stück unter dem Tisch hervor, sodass sie Platz nehmen konnte. Ich selbst setzte mich jedoch nicht. Mit meiner Aufforderung an Marie, sie möge eintreten und sich etwas anhören, hatte ich nicht nur sie, sondern auch mich überrascht; jetzt war ich in Zugzwang, um bei Schachmetaphorik zu bleiben. Noch während ich zu dem Entschluss gekommen war, die in kürzester Zeit entflammte Liebe zu Marie einzudämmen, ihr den Riegel meines Alters vorzuschieben, musste sich offenbar ein anderer Erkenntnisprozess in mir vollzogen haben, der alles in den fünf *Frischmachminuten* Maries Gedachte in sein Gegenteil kehrte, sonst hätte ich nicht gesagt, was ich jetzt Marie gegenüber aus dem Hut zauberte.

„Wenn ich noch einmal darauf zurückkommen darf, dass ich gesagt habe, ich liebe Sie", sagte ich und musste, weil ich mit einem Auge mein Spiegelbild im Fenster beobachten konnte, an Jack Lemmon in *Appartement* denken, meinen liebsten Billy-Wilder-Film, ich erinnerte mich äußerlich tatsächlich an Lemmon. „Ich weiß selbst, dass *ich liebe Sie* nicht einer gewissen Abgedroschenheit entbehrt, aber, Marie, selbst wenn ich jetzt daherstammele wie ein Schulbub, ist es mir ernst mit allem, was ich sage und bereits zu Ihnen gesagt habe. Außerdem kann ich erfreut feststellen, dass meine Befürchtung, *Ich liebe Sie* klänge abgedroschen, im Grunde gar nicht zutrifft, denn wer siezt heutzutage jemanden, dem man seine Liebe offenbaren möchte?", so ich zu Marie, die den Anschein erweckte, mir folgen zu können. „Meinetwegen", so ich, „können wir es gern dabei belassen, dass wir uns siezen. Es sagt nichts über die Qualität einer Begegnung aus, ob man sich du oder Sie nennt, denn beides ist, zumindest in den allermeisten Fällen, Grundausstattung eines Gesprächs, wird einfach mitgebracht wie die Kleidung, die man zufällig trägt. Während ich soeben hier auf Sie wartete, habe ich in Wirklichkeit sehr heftig nachgedacht, und zwar darüber, dass ich auf den vor allem für mich selbst völlig absurden Gedanken, zu einer Frau, die ich noch nicht ganz drei Tage kenne, *Ich liebe Sie* gesagt zu haben, wider Erwarten stolz bin, Marie. Als mir gestern mein *Ich-liebe-Sie* herausgerutscht war, so muss ich es ja nennen, hat mein Herz daraufhin noch minutenlang gewummert, einerseits meiner Scham wegen, dass ich zu derlei Gefühlsduselei überhaupt in der Lage war, andererseits aus Furcht vor Ihrem Spott, Marie! Jetzt, kaum einen Tag später, geht mir ein *Ich-liebe-Sie* bereits ohne Herzklopfen über die Lippen, was nicht etwa bedeuten soll, dass ich nicht auch jetzt aufgeregt wäre. Aber es handelt sich um eine andere, eher geschlechtliche Aufregung, wenn Sie verstehen, wie ich das meine", sagte ich, und Marie riss ihre Augen weit auf, als erwarte sie eine enorme Pointe. „Ich, der sich immer etwas darauf zugutehielt, nicht leichtfertig Emotionen zu erliegen, möchte jetzt einer Emotion erliegen, nämlich Ihnen, Marie! Klingt auch kitschig, ich weiß, aber so ist es nun einmal, daran kann ich nichts ändern!" Ich sah mich im Spiegelbild des Fensters im Hotel Camperduin mit hinter dem Rücken gefalteten Händen auf und ab gehen und gefiel mir in dieser Pose nicht schlecht. „Ich habe bewusst Emotion und nicht Gefühl gesagt, Marie, denn Sie bewegen mich, bewegen mich in einer Art und Weise, die für mich lange nicht vorstellbar war! Der Gedanke, dass unsere Ansmeerfahrt morgen schon ihr Ende finden soll, bricht mir schier das Herz, wie man sagt. Nein, ehrlich, Marie, ich kann mich nicht erinnern, schon einmal so glücklich gewesen zu sein, wie mit Ihnen hier in Camperduin. Lassen Sie uns doch ein paar Tage verlängern, Marie, womit ich nicht verwässern oder verdünnen meine, wie man mir vorhalten könnte. Ich will es nicht akzeptieren, dass sich unsere Wege schon so bald wieder trennen, Marie! Darf ich Sie nicht einladen, noch ein paar Tage mit mir hier in Schoorl zu bleiben, am Meer? Ich möchte noch so viele Gespräche mit Ihnen führen, so viele Fotos von Ihnen machen!" Jetzt erst hakte Marie ein und sagte, „geht definitiv nicht!", ohne allerdings diese Antwort zu begründen. Das brauchte sie natürlich auch nicht, aber mir hätte es in dem Moment wenigstens etwas in die Hände gegeben, wogegen ich hätte kämpfen können, und gekämpft hätte ich gern um einen Marieverbleib. Wieder meldete sich Maries Magen, diesmal mit einem Geräusch, das einer Flatulenz ähnelte. „Wir sollten aufbrechen, Marie. Aber bitte erzählen Sie mir eben noch, warum Sie Ihren Beethoven und Ihren Bach und Ihren Schostakowitsch nicht gespielt haben am Tag nach dem Köln-Konzert! Ich möchte das unbedingt wissen!"

„Ganz einfach, weil ich, als ich mitbekam, wie ein Flügel klingen kann, wenn man ihn richtig bedient, auf einmal wusste, dass ich das nicht und niemals kann, Robert", sagte Marie jetzt so prompt, als habe sie bereits vorher darüber nachgedacht . „Ich glaube, die Erkenntnis kam mir bereits in den Sekunden, in denen Jarrett aus dem Kopf die Sturmsonate anspielte. Ich hatte mich ja nicht nur mit Klavierspielen beschäftigt in meinen Kölner Robertstraßenjahren. Ich war auch eine begeisterte Theoretikerin; das habe ich gewiss von meinem Vater geerbt. Ich hörte beispielsweise eine Vorlesung von Kayser, Sie kennen doch Kayser? Joachim Kayser? Geschlechtliche Signifikanz bei Arthur Rubinstein, Vladimir Horowitz, Rudolph Buchbinder, Martha Argerich, Emmie Ley und Donata Darendörfer?" Ich musste verneinen und wurde nun von Marie dahingehend informiert, dass *Geschlechtliche Signifikanz bei Arthur Rubinstein, Vladimir Horowitz, Rudolf Buchbinder, Martha Argerich, Emmie Ley und Donata Darendörfer* in den Siebzigern zunächst eine Vorlesungsreihe an der Musikhochschule Köln war, die Kayser später auch in Graz und Hamburg wiederholte, und in der das Klavierspiel berühmter zeitgenössischer Pianisten auf geschlechtliche Auffälligkeiten untersucht wurde, also Anschlag, Tempowahl und Dramatikentwicklung. Dass *Dramatikentwicklung* Gegenstand musiktheoretischer Forschung war, erheiterte mich, aber ich versuchte, mir nichts anmerken zu lassen. *Geschlechtliche Signifikanz bei Arthur Rubinstein, Vladimir Horowitz, Rudolf Buchbinder, Martha Argerich, Emmie Ley und Donata Darendörfer* sei später auch als Buch erschienen, inzwischen jedoch längst wieder vergriffen, informierte mich Marie. Kaysers Vorlesung habe sie mit dem allergrößten Interesse verfolgt, so Marie, und ich könne mir vermutlich denken, worauf sie jetzt hinaus wolle. Ich schüttelte den Kopf und sagte „nein, das kann ich nicht."

Marie erhob sich jetzt aus dem Hotelsesselchen. „Jarretts Anschlag ist kein Männeranschlag", sagte sie. „Das habe ich sofort bemerkt, Robert!"

„Sondern?" Ich war wirklich neugierig in diesem Moment, weil mich kaum etwas mehr interessiert, als wenn es mit Keith Jarrett zusammenhängt. „Ein Frauenanschlag natürlich auch nicht!", so Marie, und sie wirkte plötzlich, als habe sie den Faden verloren; sie fasste sich an die Schläfe und kratzte sich mit der anderen Hand am Hinterkopf: „Lachen Sie mich bitte nicht aus, Robert!"

„Auf diesen Gedanken käme ich nie!", versicherte ich, gebe aber zu, dass ich mir ein Lachen wirklich verkneifen musste in diesem Moment; ich beeilte mich stattdessen, „was für einen Anschlag hat Keith Jarrett, Marie?" zu fragen. „Keinen männlichen, keinen weiblichen – was bleibt denn da? Tertium non datur", so ich. „Oder gibt es einen geschlechtlosen Anschlag, Marie?"

Zum Glück lachte Marie jetzt selbst, sodass ich nicht unangenehm auffiel, als ich in ihr Lachen einstimmte. „Unisex, Marie? Ist es das, was Sie sagen wollen?" Augenblicklich erstarb Maries Lachen, als habe es in ihrem Gesicht nicht das Geringste zu suchen.

„Das ist nicht lustig, Robert!", flüsterte Marie und schüttelte den Kopf. „Nicht lustig", wiederholte ich und zwang mich zu physiognomischer Betroffenheit, was mir vermutlich nicht überzeugend gelang.

„Nein, überhaupt nicht lustig!", sagte Marie jetzt scharf. „Engel haben kein Geschlecht! Engel!"

Ich muss zugeben, dass ich für einen Moment zweifelte, ob sich Marie nicht über mich lustig machte in diesem Moment; ich fragte mich, ob sie mich und meine nahezu grenzenlose Bewunderung für den Meister verspotten wolle, und deshalb gelang es mir plötzlich mühelos, ein betroffenes Gesicht aufzusetzen, denn jetzt war ich betroffen.

„Haben Sie etwa gerade wirklich Engel gesagt?", fragte ich Marie, und sie nickte, und ich sagte, „ich glaube nicht an Engel!"

„Das hätte ich mir eigentlich denken können. Aber jetzt gehen wir lieber, ich habe Hunger, Robert!", versetzte Marie und schritt mit Entschlossenheit auf mich zu. Wortlos verließen wir das Hotel, es war innerhalb kürzester Zeit dunkel geworden, aber das nur, weil sich das Wetter verändert hatte; der Himmel war von grauem, fast schwarzem Gewölk verhangen und es drohte zu regnen. Ich knipste mein Auto auf, sah, als ich auf die Fahrertür zuschritt, den Ersatzkanister vor dem Beifahrersitz und fühlte mich bei diesem Anblick hin- und hergerissen, wie man sagt. Einerseits musste ich lächeln, andererseits versetzte mir die Erinnerung an die mit dem Ersatzkanister zusammenhängende Szene vom Vortag einen schmerzlichen Stich, es war mir, als wären wir uns in der mit dem Ersatzkanister zusammenhängenden Erinnerung näher gewesen als im Augenblick, und das, obwohl wir uns noch vor wenigen Stunden so nah gewesen waren, wie ich es noch nie erlebt hatte mit einer Frau, überhaupt mit einem Menschen. Ich sagte zu Marie, „wegen mir müssen wir auch gar nicht erst bis Alkmaar fahren, es ist jetzt doch später geworden, als wir zunächst gedacht haben, um diese Zeit bekommen wir ja auch in Schoorl etwas Vernünftiges. Oder in Bergen, was meinen Sie?" Marie hatte dazu keine Meinung, wie sie mir gestand. Ich fragte, indem ich den Motor startete und losfuhr, „sind Sie enttäuscht von mir, Marie, habe ich Sie enttäuscht?", und auch wenn es nicht das Richtige war, was ich fragte, passte es zumindest doch in den Kontext von Maries Gedanken. Es war offensichtlich, dass sie über mich und unsere gemeinsame Situation, über die Ansmeerfahrt insgesamt, nachgedacht hatte, denn auf mein *Sind Sie enttäuscht* reagierte sie prompt, sie stellte nämlich eine bezeichnende Gegenfrage.

„Darf ich ganz offen sein?"

„Das ist ja bereits besiegelt, das haben wir ja schon heute Nachmittag geklärt!", gab ich zurück und sie sagte, „wir sind uns zu nichts verpflichtet, nicht wahr? Wir sind doch vollkommen autonom?" *Autonom* war das Wort, das sie bestürzenderweise benutzte. „Selbstverständlich!", sagte ich wie automatisch, obschon ich merkte, dass ich eigentlich lieber mit einer Antwort hätte warten sollen, bis ich mir eine Vorstellung hätte machen können, was sie gemeint hatte mit dieser Rückversicherung. Als Erstes fiel mir naturgemäß das Sexuelle ein, ich dachte, sie will von dir bestätigt bekommen, dass du nicht erwartest, mit ihr zu schlafen, trotz des *nicht hier*, das sie ja wirklich gesagt hatte am Strand und das nichts anderes bedeuten konnte als, anderswo eben doch, wir machen es woanders. Aber dann dachte ich, ich kann mir nicht vorstellen, dass sie in diesem Augenblick an Sexuelles denkt, dazu ist sie zu verändert, zu bedrückt, und auch mir war im Augenblick der Gedanke an Sexuelles ein nicht erwünschter; ich fühlte mich noch immer nicht wohl, das Schwindelgefühl war einem allgemeinen Schwächegefühl gewichen, und ich dachte jetzt, wir werden uns nicht zwangsläufig wiedersehen nach dieser Ansmeerfahrt, was soll sie sonst mit autonom gemeint haben. Ein noch beunruhigenderer Gedanke als der, dass sie soeben über dich gespottet hat mit ihrem Engel. Aber es ist doch bezeichnend, dachte ich, es ist doch bezeichnend. Normalerweise kannst du Menschen, die dich verspotten, lediglich hassen. Nichts davon empfindest du jetzt Marie gegenüber, selbst wenn sie dich verspottet hat. Normalerweise kannst du Menschen, die dir mit Engeln kommen, lediglich belächeln. Nichts davon empfindest du jetzt Marie gegenüber, selbst wenn sie an das glaubt, was sie da eben gesagt hat. Du belächelst sie nicht, aber du hasst sie auch nicht! Und du gehst nicht auf Distanz zu einem Menschen, der dir mit Engeln kommt, egal ob aus Spott oder Überzeugung, du suchst die Distanz nicht, obwohl du doch immer Distanz zu Menschen suchst, vor allem, wenn du nicht schlau aus ihnen wirst. Du selbst bist ja der zu Distanz neigende Mensch schlechthin, immer gewesen, warum dann nicht jetzt. Du bist, seit sich diese Frau an deinen Tisch gesetzt hat, nicht mehr um Distanz bemüht, sondern im Gegenteil um Annäherung. Im Grunde ein Grund zum Lachen, du willst dich nicht mit dem Danach befassen, weil dir schon klar ist, dass du sie um jeden Preis wiedersehen und wiedersehen und wiedersehen willst, und ich dachte, wenn sie das meint mit *autonom*, wenn sie das meint, wenn sie tatsächlich meint, dass wir uns nicht wiedersehen sollen, dann bin ich verloren. Mir wurde bewusst, es war schon der letzte Abend, der zweite Abend war auch schon der letzte bedauerlicherweise, sie hatte es leider so festgelegt gegenüber Meneer Jensen. Wenn sie das meint, dann ertrage ich es nicht, dachte ich. Wir waren mittlerweile schon beinahe in Schoorl, und ich konnte mich an die Kilometer vor dem Ortseingangsschild nicht erinnern, wusste plötzlich nicht, wie bist du überhaupt bis hierhin gekommen. In Schoorl gibt es, das wusste ich allerdings seit Jahrzehnten, zwei sehr empfehlenswerte Esslokale, sogenannte pannekoekenhuizen, Pfannkuchenhäuser, und ich beschloss, eines dieser *pannekoekenhuizen*, das De Paddestoel, anzusteuern. Ich hatte den Eindruck, dass es Marie vollkommen egal war, wo wir essen würden, und ich hatte große Lust auf einen Pfannkuchen mit Speck und Käse; keiner serviert einen pannekoeken spek en kaas leckerer als Evert Heykamp, der Inhaber des De Paddestoel, und ich sagte aus diesem Grund zu Marie, „De Paddestoel, ich hoffe, es wird Ihnen gefallen, noch ein paar hundert Meter", und sie gab zurück, „ja sicher, warum nicht?" Es standen lediglich zwei Autos auf dem Paddestoelparkplatz, ein niederländisches und ein deutsches, und ich stellte mein Auto neben das niederländische. „Wir haben Glück, Marie, es ist meistens sehr voll in diesem Restaurant", erklärte ich, „heute ausnahmsweise nicht!", und wir stiegen aus und betraten De Paddestoel und ich hörte auch gleich die sonore Stimme des Inhabers, Everts Stimme, die eine sehr basslastige ist und sich gut zur Synchronisation Lino Venturas oder Jean Gabins eignen würde. Ich sah Evert hinter dem Tresen stehen; er war mit Bierzapfen beschäftigt, freilich auf die beklagenswerte niederländische Art. Evert erkannte mich naturgemäß auf der Stelle, er schwenkte den Arm und brüllte „Hellou" durchs Lokal, und ich erwiderte seine Begrüßung mit einem angedeuteten Kopfnicken und führte die von mir weder gehasste noch belächelte Marie an den rechten der drei Fenstertische. Wir setzten uns einander gegenüber, so wie wir schon am Vorabend in der Bergener Pizzeria gesessen hatten. Ich hatte Evert im Blick, Marie dagegen durchs Fenster den Parkplatz.

„Ich hoffe, es gefällt Ihnen hier!", sagte ich, aber sie reagierte nicht auf mein Geplänkel, sodass ich immer mehr in ein Gefühl von Zugzwang geriet, wie beim Schach. Ich sagte, „ich komme schon seit Jahren immer wieder in den Paddestoel, es gibt die besten Pfannkuchen Hollands hier, und Evert hat ein Cordon bleu auf der Karte, das seinesgleichen sucht, glauben sie mir!", aber Marie hörte mir anscheinend nicht zu; sie sah aus, als dächte sie über einen beunruhigenden, auf jeden Fall ernsten Sachverhalt nach; möglicherweise hängt er mit ihrem

Rückreisegrund zusammen, mutmaßte ich. Erst, als Evert die Speisekarte an unseren Tisch brachte und uns mit Handschlag begrüßte, aus Gründen der Höflichkeit Marie zuerst, taute ihr Blick auf, und sie lächelte jetzt endlich und sagte „guten Abend". Ich musste Evert in aller Kürze berichten, wie es mir ergangen war seit meinem letzten Besuch, der ziemlich genau ein halbes Jahr zurücklag, und wir bestellten Getränke, Marie ein Mineralwasser, ich ein großes Bier. Evert lachte und sagte, „halve liter zoals altijd!", und ich nickte und bestätigte, „wie immer, Evert!" Ich klärte Marie darüber auf, dass Halblitergläser in den Niederlanden mehr oder weniger ungebräuchlich sind und dass man allein durch die Bestellung eines solchen Halbliterbieres bereits als Deutscher identifiziert wird, selbst wenn man das beste Niederländisch spricht, also ein besseres als ich. „Ich spreche ja nur für den Hausgebrauch", so ich zu Marie. „Die Moffen, also die Deutschen, sind nicht gerade beliebt hier, aber es macht mir nichts aus", so ich, und Marie sagte endlich wieder einmal einen zusammenhängenden Satz. Dieser Satz gefiel mir außerordentlich, sie sagte, „ich kann es nur zu gut verstehen, dass die Deutschen nicht gerade geliebt werden, ich liebe sie auch nicht." Darüber hätte ich gerne mit Marie diskutiert, ich legte mir schon eine diesbezügliche Frage zurecht, ich dachte, es kann nichts schaden, zwischendurch einmal über etwas Unverfängliches zu reden, aber es kam nicht zu einem solchen Gespräch, denn Marie sagte miteins ganz aufgeregt, während sie aus dem Fenster schaute, „sehen Sie nur, wer da kommt!", und ich drehte mich um, schaute ebenfalls aus dem Fenster und erkannte zu meinem Entsetzen Walter, den schmuddeligen Schachspieler, der augenscheinlich angetrunken auf den Eingang des Paddestoel zuhielt. „Um Himmels willen!", entfuhr es mir, und schon öffnete sich die Tür. Walter stand im Raum, genauso *unmöglich* gekleidet wie am Morgen, und er ließ mit der Langsamkeit eines Betrunkenen seine Blicke schweifen, bis er uns entdeckte, was ich in höchstem Maße bedauerlich fand. Er schleppte sich an unseren Tisch, rülpste und sagte, „sorry, may I?" Er fragte dies allerdings allein Marie, er tat so, als säße ich gar nicht am Tisch. Marie lächelte verschämt und sagte zu meinem Leidwesen, „warum nicht?", und Walter ließ sich auf den Stuhl an der Kopfseite fallen, also genau zwischen uns, und ich rang mit Mühe um Contenance. In dieser schwierigen Phase, dachte ich, ausgerechnet in dieser schwierigen Phase. Ausgerechnet an unserem letzten Abend hier in Holland, dachte ich. Die Tatsache, dass mir Walter schon während unserer Schachauseinandersetzung nicht sympathisch gewesen war, die Tatsache, dass ich mich auf eine nicht näher zu beschreibende Art vor der Schlampigkeit dieses Mannes geekelt hatte, spielte in diesem Moment nicht die entscheidende Rolle. Wie oft habe ich mit Menschen an einem Tisch gesessen, die mich angeekelt haben, selbst wenn sie keine fleckige Trainingshose trugen. Das ist ja beinahe der Normalfall, dachte ich, das hat nie eine entscheidende Rolle gespielt. Aber in dieser Situation war es mir nicht erträglich. Die Situation, also das Verhältnis zwischen Marie, der von mir geliebten und auch begehrten Frau, einerseits und mir, einem in die Jahre gekommenen, sich angeschlagen fühlenden Tantalus andererseits, war ja das gespannteste gewesen nach Maries Engelbemerkung.

Wir hatten nach unserem Strandspaziergang Abgründe betreten und uns beide noch nicht erholt von diesen Abgründen, und die wenigen uns noch zur Verfügung stehenden Stunden waren demzufolge von besonderer Wichtigkeit. Es hatte noch viel zu geschehen, noch viel ausgesprochen zu werden. *Nicht hier*, hatte sie am Strand gesagt nach intensivster Brustbefassung beiderseits. Also *anderswo*. Aber *wo* und *wann*, das stand noch im Raum, wie man sagt, und ich dachte, heute Abend im Hotel, *wann* und *wo* sonst, es ist ja unser letzter. In ihrem oder in meinem Zimmer, wo sonst. Nichts anderes konnte sie gemeint haben, dachte ich, auch wenn das hernach von uns Gesagte ihre Lust geschmälert haben mochte. Ich hatte, als Evert die Getränke an unseren Tisch brachte und Walter um seine Bestellung bat, plötzlich wieder *Somewhere over the rainbow* im Kopf, aber es war nicht das Wiener *Somewhere over the rainbow*, nicht die Zugabe, die beklagenswerterweise nicht zu hören ist auf der ECM-CD, es war das Leipziger *Over the rainbow*. Marie beugte sich zu Walter hinüber, sie hatte Mühe, ihn zu verstehen, und sie sah amüsiert aus, das nahm ich noch wahr. Sie hatte einen geradezu verschwörerischen Blick aufgesetzt, und ich fragte mich, mit wem hat sie sich gegen wen verschworen, mit dem Peinlichen gegen dich oder mit dir gegen den Peinlichen. Ich weiß nicht, warum, ich konnte mich nicht auf Walter einlassen, und Maries Art zu schauen ärgerte mich insgeheim, sie suggerierte Walter damit, dass er sie amüsiere und hieß ihn damit auf eine gewisse Art willkommen, was ich nicht wollte.

Während ich darüber nachdachte, wie unerträglich mir dieser amerikanische Fremdkörper an unserem Tisch war, hörte ich Jarretts *Somewhere over the rainbow*, die Leipziger Zugabe, nicht die Wiener. Von Leipzig gibt es keine autorisierte ECM-CD, aus gutem Grund, wie ich sagen muss, denn in Leipzig war publikumseits unerträglich viel gehustet worden, ich erinnere mich genau. Einmal, nach etwa einer halben Stunde, hatte Keith Jarrett sogar abgebrochen; er hatte kopfschüttelnd die Bühne verlassen, wie ich mich erinnerte; nach einer weiteren halben Stunde kam er jedoch zurück, sagte etwas zum Publikum, das ich nicht verstand, das aber mit Gelächter und Applaus belohnt wurde, und spielte exakt an der Stelle weiter, an der er wegen eines besonders bellenden Husters abgebrochen hatte. Dass mir auch Leipzig als CD vorliegt, verdanke ich einem Wolfenbütteler Hi-Fi-Geschäft, dessen Inhaber horrende Summen mit illegal produzierten Aufnahmen, sogenannten Bootlegs, verdient. Auch Zürich, Essen und Stockholm sind auf diese Weise in meinen Besitz gelangt, wobei ich in Stockholm ausnahmsweise nicht anwesend gewesen war, weil Stockholm in die Zeit meines krebsbedingten Daniederliegens fiel. Ein kicherndes Auflachen Maries riss mich in dem Moment, als ich an Stockholm und das Stockholmer *Over the rainbow* dachte, aus meiner abschweifenden Erinnerung. Offenbar hatte Walter einen anzüglichen Witz gemacht; Marie wurde jedenfalls rot, aber sie behielt noch immer diese aufgesetzte Fröhlichkeit in ihren Zügen, die mich ärgerte. Warum gibt sie sich ab mit diesem Hanswurst, warum, das wollte mir nicht in den Kopf. Gibt es nicht auch für sie im Augenblick Wichtigeres als diesen Small Talk, dachte ich. Sie hat immerhin auf dem berühmten Köln-Konzert-Flügel die Sturmsonate gespielt, vor Jarretts Ohren, dachte ich, und mir kam wie aus dem Nichts der Gedanke, ich könnte mir einen Steinway kaufen und Marie könnte auf diesem, also meinem Steinway, der naturgemäß in kürzester Zeit zu ihrem Steinway werden würde, die Sturmsonate spielen und aus dem Wohltemperierten und aus den Englischen Suiten und vielleicht aus Coreas *Children Songs*. Ich würde ihr die *Children Songs* schmackhaft machen, wie man sagt. Die *Children Songs* kennt sie vielleicht auch nicht, dachte ich, dabei gehören die *Children Songs* längst zum Konzertkanon, vornehmlich für Zugaben, dachte ich, und darüber hinaus dachte ich, dass Marie ja ihre Pianistenkarriere möglicherweise nie angetreten hatte, und mir fiel in diesem Zusammenhang *Geschlechtliche Signifikanz bei Arthur Rubinstein, Vladimir Horowitz, Rudolf Buchbinder, Martha Argerich, Emmie Ley und Donata Darendörfer* ein. Sie hat ihr Examen gar nicht angetreten, dachte ich, und ich fragte mich, ob sie wohl überhaupt noch Klavier spiele, wenigstens zum Hausgebrauch, wie man sagt. Wenn nicht, wäre das ein Jammer, dachte ich. Wenn nicht, könnte sie jetzt zumindest wieder anfangen, dachte ich, auf meinem Steinway. Ich sah Marie, die sich anscheinend angeregt mit Walter unterhielt, in meinem Haus musizieren, und es war ein phänomenaler Eindruck, den diese Schwärmerei auf mich machte, ganz ehrlich, ich war hingerissen von Marie, wie sie in meinem Haus die *Children Songs* einstudierte. Erst jetzt wurde ich gewahr, dass sich Marie und Walter angeregt über Obszönitäten unterhielten, das heißt Walter unterhielt Marie mit Obszönitäten, und zwar in deutscher Sprache. Es ärgerte mich, dass Walter am Morgen mir gegenüber seine Deutschkenntnisse unterschlagen hatte. Ich dachte, typisch Amerikaner, und Marie brachte jetzt die

Sprache auf die fällige Essen-Bestellung. Sie diskutierten die Speisekarte, tauschten Pfannkuchenerfahrungen aus, wobei sich Walter auf eine ärgerliche Art und Weise über *dutch kitchen* lustig machte, und ich dachte, ihr habt es nötig, euch über holländische Gastronomie lustig zu machen, euch verdanken wir Cheeseburger, Coca-Cola, Michael Jackson und Dabbeljuh Bush, und sonst ja nichts.

Wir verdanken euch zwar auch den Evans und den Jarrett, aber von diesen genialen Männern hast du mit Sicherheit noch nie gehört, so meine Gedanken Walter betreffend. Ihre größten Triumphe feierten Bill Evans und Jarrett schließlich nicht in Amerika, sondern in Europa, dachte ich. Marie hatte offenbar ihren Spaß an Walters Großkotzigkeit, denn sie lachte jetzt immer öfter und lauter.

Nicht du hast es geschafft, Maries Trübsal zu vertreiben, sondern dieser Peinliche, dachte ich. Evert kam an unseren Tisch und erkundigte sich, ob wir schon gewählt haben, d. h., er sagte *ein Wahl gemacht*, worüber Marie gerührt schmunzelte, und Walter brummte, „sure!" Er bestellte einen Speckpfannkuchen und ein ebenso großes Bier, wie ich es vor mir stehen hatte, dazu allerdings einen doppelten Genever, und Marie sagte, „ich hätte auch gerne einen Speckpfannkuchen." Alle sahen jetzt mich an, aber ich hatte die Speisekarte noch gar nicht studiert, sie war mir weder von Walter noch von Marie herübergereicht worden, nicht mit Absicht, sondern aus Gedankenlosigkeit, wie ich annehme, und anstatt zu sagen, „ich habe die Speisekarte noch nicht studiert!" oder „ik heb helaas nog geen keuze gemakt" oder anstatt aus dem Kopf eine x-beliebige Bestellung aufzugeben, was mir ja möglich gewesen wäre, weil ich Everts vorzügliche Küche lange genug kenne, sagte ich, „danke, ich nichts!" „Es dauert vielleicht eine Bisschen", sagte Evert, „ich hoop maar, Sie halte es noch aus so lang, es gibt da Problemen met die Elektrizitet in keuken", und mit dieser Mitteilung ließ er uns zurück, ohne meine Nichtbestellung zu kommentieren. Ich schaute Marie an, weil ich darauf hoffte, sie würde protestieren, sie würde sagen, „aber

Robert, Sie müssen doch endlich einmal wieder etwas essen!", doch genau das tat Marie nicht. Wir entließen also Evert mit der Bestellung für zwei Speckpfannkuchen, und meine Laune war auf dem Nullpunkt angelangt. Ich war enttäuscht, aber ich hätte nicht genau angeben können, worüber, ich hätte nicht eindeutig sagen können, die Essensfrage ist es, ich hätte nicht sagen können, die Tatsache, dass Marie sich mit diesem Amerikaner unterhält, ist es, ich hätte auch nicht sagen können, das Gespräch im Hotel ist es gewesen, der Engel womöglich. Ich hätte auch nicht sagen können, es sieht nicht danach aus, dass Marie heute noch mit dir schläft. Hätte ich so etwas gesagt, hätte es nur grotesk geklungen in meinen Ohren. *Somewhere over the rainbow*, das hat Bestand, dachte ich, und ich wusste plötzlich nicht mehr, ist es noch tatsächlich das Leipziger oder ist es doch das Wiener *Somewhere over the rainbow*, das ich im Kopf hatte, ist es also das dreiundneunziger oder das einundneunziger *Somewhere over the rainbow* oder womöglich das zweitausender in Stockholm, und dann wird es schlimm, wenn man nicht einmal mehr weiß, was man im Kopf hat, dachte ich, und ich hörte Marie vom Schachspielen reden. Walter sagte, „wir beide spielen ein Partie, Mary!", wobei sein Mary wie *merry* klang, merry christmas, dachte ich, und sie entgegnete, „ich weiß nicht!" „Du spielen mit mir Chess, und damit basta!", befahl der Schmierige, und ich dachte, soso, ihr duzt euch bereits.

Marie entgegnete, „nein, heute sicher nicht mehr!"

„Dann morgen!", brummte Walter, und sie klärte ihn auf, „morgen fahren wir schon wieder ab!" Walter schmollte, „warum morgen, warum *du* fährst morgen schon?" Er klang wie ein trotziges Kind, das sein versprochenes Eis nicht bekommt.

Marie sagte, „es ist meines Vaters wegen, mein Vater ist vorgestern gestorben", und Walter erwiderte, „shit!" In diesem Moment brachte Evert das Bier und den doppelten Genever, und Walter kippte den Schnaps gleich hinunter, stellte das leere Geneverglas auf Everts Tablett zurück und sah den Wirt herausfordernd an.

„Encore, my friend!"

Evert dachte dasselbe wie ich, ich bin sicher, nämlich, dass der Amerikaner, der ihn unverschämterweise gerade mein Freund genannt hatte, längst alkoholisiert genug war, aber vermutlich nahm er an, Walter sei ein guter Bekannter von mir, und deshalb lehnte er die erneute Schnapsbestellung nicht ab. Liebend gerne hätte ich gesagt, „keinen Genever mehr!", aber ich hatte nicht das Recht dazu, denn Marie amüsierte sich über den Peinlichen, sie hatte ihren Spaß an seiner Großkotzigkeit, wie ich leider sagen muss. Marie störte Walters Betrunkenheit erstaunlicherweise nicht, sie sah nicht einmal mehr zu mir herüber. Ich dachte, es ist ein Jammer, es ist *meine Tragödie*, dass ich nicht früher auf Bill Evans gekommen war, nämlich, als er noch lebte. Bill Evans starb viel zu früh, dachte ich, wir waren ja beinahe gleich alt, aber ich kannte Bill Evans lange Zeit nicht. Vor meiner Hinwendung zur Musik, also vor der Zeit, in der ich mich auf Musik in der mir heute selbstverständlichen Weise eingelassen habe, hatte ich Oskar Peterson für einen wichtigen und vielleicht überragenden Jazzpianisten gehalten, aber ich hatte damals weder Keith Jarrett noch Bill Evans gekannt, auch Richard Beirach und Brad Mehldau nicht und Yoran Herman und viele andere nicht, die mir später die Augen öffneten, die Ohren, um genau zu sein. Auch Stefano Bollani kannte ich noch nicht. Nur den Peterson, den Brubeck, den Monk. Was Musik ist, was große Klaviermusik ist, habe ich erst spät entdeckt, und das, obwohl ich das *absolute Gehör* besitze, um das mich Marie soeben beneidet hatte. Was brauchst du ein absolutes Gehör für Monk, Brubeck oder Peterson, dachte ich; eine Verschwendung geradezu! In gewisser Weise schäme ich mich heute für meine Petersonschwärmerei von einst, denn sie fußte auf einer lächerlichen Virtuosenbewunderung; die Virtuosität eines Pianisten ist aber in keiner Weise bewunderungswürdig, allenfalls bestaunenswert für einen Nichtpianisten, wie ich jetzt weiß. Walter nahm immer wieder das Wort *fuck* in den Mund, manchmal auch in Abwandlungen wie *fucking* oder *motherfucking*. Ausgerechnet ein Amerikaner, dachte ich, ausgerechnet ein Amerikaner, wo doch in ihren Filmen kaum mal ein entblößter Busen zu sehen ist. Auch kolportierte Walter jetzt unter Zuhilfenahme von Zeige- und Mittelfinger, durch die er seinen Daumen schob, Anzügliches und forderte Marie dazu auf, es ihm nachzutun. Mir war die Situation dermaßen unerträglich, dass ich wegsehen musste und also nicht weiß, ob Marie Walters Aufforderung nachkam. Das hätte sie mir doch gleich sagen können, dachte ich und meinte den Vatertod. Warum lässt sie es zunächst offen, wie lange sie mit mir ans Meer fährt, um dann Jensen auf Anfrage sofort einen Abreisetermin zu nennen. Ich war beinahe zornig in diesem Moment, und ich konnte mich nicht beherrschen, schlug mit der flachen Hand laut auf den Tisch und sah Marie so streng es mir möglich war an. Marie sah mich ebenfalls an, und zwar erschrocken, wie ich sagen muss. Sogar Walter schenkte mir jetzt Beachtung, auf die ich allerdings gar nicht aus war. Sein Blick enthielt die Betrunkenen oft eigene Überheblichkeit, die mich anwidert. „Dass Ihr Vater gestorben ist, tut mir Leid!", sagte ich jetzt. „Aber das wussten Sie demnach schon bei unserem Eiskaffee, wenn ich recht verstehe?"

„Wir besprechen das vielleicht später!", sagte Marie, die in Sekundenschnelle errötete, und ich sagte, „sicher, sicher, entschuldigen Sie, Marie!" Evert wollte mir gewiss einen Gefallen erweisen, denn er legte in diesem Moment meine Peterson-Kassette, *Night Train* aus dem Jahr 1963 als Hintergrundmusik auf. Wir hatten vor Jahren einmal einen ganzen Abend lang über Musik gesprochen und ich schenkte Evert damals die Kassette, weil er sein Restaurant mit holländischer Schlagermusik berieselte. Immerhin hat er sie noch griffbereit, dachte ich, vielleicht legt er sie tatsächlich ab und an auf, auch wenn der Van Melis nicht seinen De Paddestoel zu betreten droht. Und dann dachte ich, vielleicht tust du ihm Unrecht. Ich hatte seit Jahren keinen Peterson mehr gehört und nahm ihn in diesem Moment, in dem ich auf Marie und auf Walter, mehr noch auf Walter, wütend war, gern wahr, obwohl meine Abneigung gegen Petersons Geklimpere noch immer Bestand hatte.

Es kommt vor allem darauf an, was ein Künstler mit seiner Virtuosität macht, dachte ich, wozu er sie einsetzt, und Peterson setzt sie schamlos ein. Er ist ein Exhibitionist, dachte ich, weil mir auch Walter in diesem Moment wie ein Exhibitionist vorkam. Ich hatte vor allem einen Grund, auf diesen Trainingshose tragenden Amerikaner wütend zu sein, und mir wurde jetzt bewusst, dass ich in Wahrheit nicht auf Walter oder seine Hose wütend war, sondern auf mich selbst. Ich hatte es nicht geschafft, Marie die Frage nach dem Grund ihres Nicht-länger-bleiben-Könnens zu stellen, er schon. Und er hatte eine Antwort bekommen, obwohl er sich für diese Antwort nicht einmal wirklich interessierte, wie ich annahm.

Ich habe den Evans viel zu spät kennengelernt, erst Jahre nach seinem Tod, dachte ich, und dann noch ausgerechnet an meinem Fünfzigsten, das hatte Evans nicht verdient. Man wird ja vom Fünfzigsein nicht überrascht. Von Evans wurde ich allerdings überrascht. Mit meinem Fünfzigsten verbindet sich neben einigen Unerfreulichkeiten vor allem der Name Bill Evans. Es ist ja ein Unsinn, wenn um den fünfzigsten Geburtstag ein solcher Bohai gemacht wird, als sei man von heute auf morgen ins Alter vorgerückt, zu den sogenannten Älteren, wie gerne gesagt wird, eine geradezu beleidigende Bezeichnung, eine in gewisser Weise vernichtende, wie ich immer wieder denke, denn man war ja zuvor auch dreißig und merkte nichts, auch da war man schon ein Älterer, erst recht mit einunddreißig, erst recht mit zweiunddreißig. Und mit vierzig erst, und mit einundvierzig, mit zweiundvierzig, da war man ja noch älter als ein Jüngerer, und um den Fünfzigsten machen sie ja einen ähnlich unverschämten Bohai wie um den Sechzigsten, dachte ich. Der sogenannte dritte Frühling wird einem eingeredet, das habe ich Dutzende Male erlebt auf solchen Fünfzigerfeiern, denen ich mich, meist aus geschäftlichen Gründen, nicht hatte entziehen können, und es hatte mich immer angewidert, ich hatte immer so schnell wie nur möglich das Weite gesucht, gerade auf sogenannten Fünfzigerfeiern. Es war immer nur beim Pflichtbesuch geblieben, auf den ich oft nicht hatte verzichten dürfen, denn ich wollte ja meinen Lebensplan einhalten. Fünfundzwanzig Jahre habe ich mein Assekuranzbüro als freier Makler ohne Evans und Jarrett im Kopf betrieben, nur mit Peterson im Kopf, und in diesen fünfundzwanzig Jahren habe ich keinen Samstag und keinen Sonntag und kein Ostern und kein Pfingsten und schon erst recht kein Weihnachten gekannt, ich habe fünfundzwanzig Jahre nichts als meine Arbeit gekannt, nicht, weil ich sie geliebt hätte, meine Arbeit, sondern weil sie mir das Geld einbrachte, von dem ich jetzt lebe. Du hast ja immer alles allein gemacht, dachte ich; andere Versicherungsmakler haben zumindest jemanden, der ihnen die Korrespondenz erledigt, der ihnen die Ablage macht, wie man sagt; du hattest das nicht, du hattest auch niemanden, der dir das Klo geputzt hat oder die Küche. Das war eben der Preis, den du gezahlt hast, um keinen Menschen in deiner Nähe ertragen zu müssen! Das dachte ich jetzt, und Walter legte in diesem Moment tatsächlich seine speckige, mich durch schwarzgeränderte Fingernägel beleidigende Hand auf Maries. Schau einfach nicht hin, war alles, was ich mir einflüstern konnte, um nicht ein weiteres Mal auf die Tischplatte schlagen zu müssen. Fünfundzwanzig Jahre harte Arbeit, damit Geld zusammenkam, dachte ich. Ich gebe zu, eine Menge Geld, aber nicht so viel, dass du vor deinem Fünfundfünfzigsten hättest aufhören können, wie es zunächst von dir geplant gewesen war, dachte ich.

Sie sagt, sie hat das Gefühl, alles von dir zu wissen, dachte ich jetzt, aber das alles weiß sie nicht. Nichts weiß sie im Grunde, dachte ich. Wie sollte sie auch, dachte ich, wenn ich es ihr nicht erzähle.

Mit fünfzig hörst du auf, das hattest du dir eingeredet, bis du auf die Fünfzig zugingst und dann konstatiertest, es war nicht möglich, es reichte zum Aufhören noch nicht, du hattest dir noch weitere fünf Jahre geben müssen, um dein Lebensziel zu erreichen, um finanziell gesichert zu sein. Du hast vor sieben Jahren erst aufgehört, aber das weiß sie nicht, dachte ich. Und dann hat dich der Krebs völlig aus der Bahn geworfen, aber das weiß sie auch nicht. Das sollte sie sich jetzt lieber anhören, nicht diese Unflätigkeiten dieses peinlichen Widerlings. Siebenundfünfzig hast du werden müssen, bis du mit deiner Brotarbeit aufhören konntest, dachte ich. Ich sehe nicht ein, mir einreden zu lassen, dass ich nunmehr zu den Älteren gehören soll, wo ich doch vor vier Jahren erst angefangen habe, mich mit dem intensiv zu beschäftigen, was mir im Grunde das Wichtigste gewesen war, mein Leben lang, was ich mir nur vorher nicht habe leisten können, die Musik nämlich. Ich möchte den Jüngeren erst einmal sehen, dem es gelingt, innerhalb von vier Jahren einige Dutzend Sinfonien im Kopf zu haben und einige Hundert Klaviersonaten und sicherlich tausend Jazzstandards, gar Improvisationen über selbige im Kopf zu haben; den möchte ich erst einmal sehen, das war mein Denken in diesem Moment. So wie du gezwungenermaßen fünfundzwanzig Jahre lang beinahe nichts anderes als Assekuranzfragen erledigt hattest, hast du die letzten vier Jahre auf intensivste Weise Musikstudien getrieben, mehr oder weniger rund um die Uhr, und es hat sich gelohnt, daran besteht kein Zweifel, du bist ein anderer Mensch geworden davon, dachte ich, nicht unbedingt ein besserer aber zumindest ein anderer. Musik ist schon immer deine Leidenschaft gewesen; du hast dich ihr aber aus bekannten Gründen nicht hingeben können; Klaviermusik ist immer deine besondere Leidenschaft gewesen, was eigentlich seltsam ist, spielte doch Klavier bei den Van Melis keine Rolle. Nie war es in Betracht gezogen worden, den kleinen Robert das Klavierspiel erlernen zu lassen, nie! Obwohl doch ein Klavier in unserem Wohnzimmer gestanden hatte, auf dem jedoch nie gespielt wurde, wie mir jetzt wieder einfiel. Weder der Vater noch die Mutter kamen auf die Idee, den Robert Klavierstunden nehmen zu lassen; mein Vater hielt darauf, unmusikalisch zu sein, ja er kokettierte sogar mit seiner *Unmusikalität*; meine Mutter hingegen sang gern, vornehmlich abends, aber sie sang nie zu Klavierbegleitung; zumindest kann ich mich daran nicht erinnern. Wahrscheinlich war das Klavier in unserer Wohnung völlig verstimmt; es kann nur verstimmt gewesen sein, weil nie auf ihm gespielt wurde. Ich wüsste heute gern, wie es überhaupt in den Besitz der Familie Van Melis gelangt war, aber ich habe mich damals nicht dafür interessiert; heute kann ich niemanden mehr fragen. Irgendwann war es einfach weg, abgeholt worden, von wem und warum weiß ich ebenso wenig. Auch später habe ich nie Leute kennengelernt, die Klavier spielten; einen Bratschisten wohl, auch eine Flötistin, aber niemanden mit einem Klavierhintergrund; dennoch waren es ausnahmslos Klavier-Schallplatten, die ich mir anschaffte, warum auch immer, dachte ich. Ich dachte, ein Leben lang hat dir das Klavier gefehlt, womit ich naturgemäß nicht das sicherlich verstimmte und unbenutzte Instrument meinte, das in der elterlichen Wohnung gestanden hatte, bevor es abgeholt wurde. Jetzt ist da die Pianistin Marie, dachte ich, aber ich wollte sie nicht ansehen in diesem Moment. Es gibt keine Worte für solche Ausnahmeerscheinungen, dachte ich; entweder man versteht oder man versteht nicht. Marie versteht, dachte ich; sie hat den Zauber der Jarrettschen Musik erfahren, Engel hin, Engel her.

Allein deshalb ist Marie der einzig denkbare Mensch an deiner Seite; das dachte ich tatsächlich. Marie lachte plötzlich beinahe schamlos, und ich sah, dass sie knallrote Wangen bekommen hatte, und ich hörte sie „das ist ja unglaublich!" sagen. Sie lachte Tränen, und Walter sprach auf einmal ein verblüffend flüssiges Deutsch, trotz seines fürchterlichen Akzents; er redete auf die sich windende Marie ein und erreichte, dass Marie nur noch mehr lachen musste, und mir platzte in diesem Moment der Kragen.

„Darf ich vielleicht mitlachen? Worum dreht es sich denn, Marie? Was ist so überaus lustig?"

Ich sprach bewusst nur Marie an. In ihr Lachen hinein sagte Marie, „ach Robert, das ist ja unglaublich, unser Walter ist ja ein ganz Durch ...", und sie lachte jetzt so heftig, dass sie gar nicht weiter reden konnte, und es dauerte sicher eine gute Minute, bis sie das angefangene Wort zu Ende bringen konnte, „... Durchtriebener!" *Unser Walter*, hatte sie tatsächlich gesagt, und ich dachte, das schlägt dem Fass den Boden aus, *unser Walter*. Ich insistierte jetzt, weniger aus Interesse als aus Lust, Walter seine Show zu stehlen, ich fragte, „was meinen Sie denn mit *Durchtriebener*, erklären Sie es mir doch bitte, Marie!"

Aber Marie konnte nichts erklären, und in dem Moment stellte Evert die Pfannkuchen und den zweiten doppelten Genever auf unserem Tisch ab.

Ich bat um ein weiteres Bier für mich, und Walter rief Evert hinterher, er wolle auch noch eines, obwohl er von seinem vor ihm stehenden Bier beinahe nichts getrunken hatte bislang. Trinkt man ein in den Niederlanden serviertes Bier nicht sofort, sackt es naturgemäß in wenigen Minuten in sich zusammen, weil es im Grunde keine Substanz hat und lediglich eine Aufschäumung ist, die letztendlich mit einem Abstrichinstrument zur Ruhe gebracht wird. Walter kippte auch den zweiten doppelten Genever in einem Zug hinunter und rülpste laut, was Marie anscheinend noch mehr erheiterte; so sah es zumindest aus für mich. Ich sagte zu Marie, „lassen Sie es sich trotzdem gut schmecken!" Ich wünschte es so freundlich wie möglich; es sollte keine Ironie zu hören sein, und da war auch keinerlei Ironie in mir, denn ich bezog meine Bemerkung über Maries hingestellten Pfannkuchen nicht auf den Rülpser, der mich ekelte; viel mehr tat ich, als hätte ich ihn nicht gehört, was allerdings keine Rücksichtnahme auf Walter bedeutete, auch auf Marie nicht, die so unpassend laut gelacht hatte, sondern vielmehr Selbstschutz. Ich wollte mich nicht von Walters Benehmen beeindrucken lassen, zumindest nicht zeigen, dass ich es wahrnahm. Marie bedankte sich und widmete sich sofort ihrem Speckpfannkuchen, den sie, wie ich ja wusste, dringend nötig hatte. Um sie nicht zu stören, wandte ich mich jetzt an Walter, der bereits ein großes Stück seines Speckpfannkuchens in den Mund geschoben hatte. Tatsächlich achtelte er, kaum dass Evert ihm den Teller hingestellt hatte, den Pfannkuchen mit vier Messerschnitten, die eigentlich mehr ein Reißen waren, und ein solches Achtel schaufelte er mit umfausteter Gabel in den Mund, wobei ihm infolge der

Größe des Pfannkuchenstücks ein Zipfel heraushing und ich meinen ganzen Ekel überwinden musste, als ich ihn dennoch freundlich ansah. Ich sagte, „Sie sind also ein Durchtriebener, wie ich höre, Walter? Na, was hat es denn damit auf sich?" Walter grinste kauend, schlürfte das noch aus dem Mund hängende Stück wie eine Nudel in den Mund und schmatzte, „well!", mehr sagte er nicht. Er sah Marie an, die seinen Blick auf der Stelle erwiderte und gleich wieder zu lachen begann, ärgerlicherweise.

Was geht in dir vor?, dachte ich, was geht in dir vor, dass du dich mit diesem Widerling abgibst, mit ihm augenscheinlich kommunizierst?, und ich fragte mich allen Ernstes, wer ist denn nun die echte Marie, ist es die Jarrett-Marie, ist es die Trauer-Marie, ist es die Lach-Marie, ist es die Jungfrau-Marie, ist es die auf Durchtriebenes erpichte Marie? Und ich dachte, sie hat Jarrett verstanden, sie hat den Zauber seines Spiels verstanden, obwohl sie von Jazz nichts versteht, das ist entscheidend. Vermutlich liest sie überhaupt keine Kritiken, weil sie keine Kritiken braucht, und deshalb ist sie der einzig denkbare Mensch an meiner Seite, so dachte ich in diesem Moment. Gerade in einer Zeit, in der sich die Kritik nicht entblödet, alles, was von Keith Jarrett veröffentlicht wird, in der Luft zu zerreißen, nachdem sie in den ersten Jahren nach dem Köln-Konzert alles in den Himmel gehoben hat, was vom Meister veröffentlicht wurde, kann ich einen Menschen nicht genug achten, wenn er sich dem dummen Geschwätz der Kritik widersetzt, und in Maries Fall ist es womöglich so, dass sie diese heutige Vernichtungskritik gar nicht zur Kenntnis nimmt. Allein das ist schon wunderbar, dachte ich. Warum macht man immer wieder den Fehler und liest solche Vernichtungskritiken, warum lese ich es mir immer durch, wenn mir ein sogenannter Kritiker alles madig machen will, woran mir liegt. Warum liest man immer wieder, was einen nur aufhält in seiner Entwicklung, dachte ich, man hat doch im Grunde gar nicht die Zeit, dachte ich. Vielleicht lebe ich noch zehn, fünfzehn Jahre, dachte ich, das ist doch eine vernünftige Veranschlagung für einen, der die Sechzig bereits hinter sich gelassen hat, dachte ich, und was wartet alles täglich auf mich, was will alles gelesen sein, gehört sein. Allein der erste Teil des Wien-Konzerts dauert eine Dreiviertelstunde, und ich höre ja nicht nur das Wien, dachte ich, ich höre ja beinahe alles, was Keith Jarrett gespielt hat, soweit es mir zugänglich wurde, und darüber hinaus höre ich meinen Bill Evans, es sind ja annähernd hundert Einspielungen von Bill Evans, die ich nahezu täglich höre, und die meisten davon habe ich Ton für Ton im Kopf, und nicht nur meinen Bill Evans, auch meinen Richard Beirach, meinen Andy Laverne, meinen Brad Mehldau, meinen Pablo Held, obendrein meinen Gouldschen Bach meinen Domenico Scarlatti, nicht Alessandro, selbstredend von Benedetti Michelangeli gespielt, meinen Schostakowitsch von Mustonen; dann meinen Beethoven, meistens auch in Gouldscher Interpretation; tausende von Einspielungen, die von mir gehört werden müssen, am besten immer wieder, am besten zur gleichen Zeit, nur geht das leider nicht, denn es ist ja immer das Schwerste, sich zu entscheiden, höre ich Jarrett oder höre ich Evans. Und wenn Jarrett, einen Solo-Jarrett, einen Trio-Jarrett, einen Quartett-Jarrett oder einen Bach-Jarrett, einen Schostakowitsch-Jarrett, einen Bartok-Jarrett? Höre ich Evans als Solist, im Trio oder mit Cannonball Adderley und Miles Davis? Das sind Entscheidungen, die nicht leicht fallen, denn egal, für welche Musik man sich entscheidet, man entscheidet sich im selben Moment gegen andere Musik, dachte ich. Ebenso ist es mit dem Lesen. Lese ich in meiner geliebten Insel, den Vigoleis also, lese ich meinen Rühmkorf nicht, und lese ich meinen Nabokov, lese ich meinen Moster nicht. Entscheide ich mich für ein Buch, entscheide ich mich automatisch gegen tausend andere. Ich kann wohl Nabokov lesen oder Moster lesen und gleichzeitig Bach hören, auch Schostakowitsch, auch Scarlatti, aber nicht Evans. Lese ich Rühmkorf, kann ich hingegen ohne Probleme Evans oder Jarrett hören; bei Vigoleis Thelen jedoch kann ich leider gar nichts hören; aus diesem Grund lese ich auch viel zu selten meinen Thelen. Thelen lesen heißt für mich, die doppelte Zeit investieren.

Walter hatte seinen Pfannkuchen bereits verschlungen, während Marie, die immerhin ausgehungert gewesen war, noch nicht einmal die Hälfte des ihren verspeist hatte. Doch schien sie bereits kämpfen zu müssen, und ich erkundigte mich, „schmeckt's denn nicht?" Marie sah mich an, lächelte und sagte, „ich schaffe es nicht, glaube ich, zu lange war mein Magen leer", so sie, „er ist bestimmt bereits geschrumpft, sodass jetzt nichts mehr hineinpasst." Hätte ich nicht Marie gesehen, als sie *ich schaffe es nicht, glaube ich,* gesagt hatte, ich weiß nicht, wie es weitergegangen wäre mit unserem Abend. Ich merkte, dass ich, ohne es mir klarzumachen, kurz davor gewesen war, alles zu zerstören, egal wie, dachte ich. Entweder, indem ich mich zynisch gegeben hätte, was Marie unweigerlich hätte verletzen müssen, oder indem ich schlicht aufgestanden wäre und den Paddestoel verlassen hätte, alles wäre jedenfalls von mir zerstört worden, und ich war froh, dass ich beides nicht zu tun brauchte; weil es mir rechtzeitig bewusst wurde, dass ich eifersüchtig war, auf Walter eifersüchtig, ja, ich weiß, dass das verrückt klingt. Das muss man sich einmal vorstellen, auf Walter eifersüchtig! Auf *unseren Walter,* wie Marie ärgerlicherweise gesagt hatte, und zwar nicht etwa, weil er ein anziehenderer Mann als ich war, in diesen Kategorien dachte ich gar nicht, sondern, weil er mir ein Stück von meiner Marie wegnahm, wertvolle Zeit mit *meiner* Marie, und das war es.

Marie war ja nicht *meine* Marie, und das erkannte ich, als sie *ich schaffe es nicht, glaube ich,* sagte. Sie ist ja nicht deine Marie, du darfst nicht entscheiden, was oder wer ihr gefällt, selbst wenn es ein so stumpfsinniger und unästhetischer Amerikaner ist, dachte ich, und es ergab sich glücklicherweise, dass Walter aufstand, auch wenn es wieder einmal mit einer Unappetitlichkeit einherging. Walter brüllte, damit es auch möglichst alle im Raum hören mussten, „sorry, mussma pissen", und ich schämte mich beinahe zu Tode, obschon ja nicht ich *mussma pissen* gesagt hatte, sondern er. Aber Marie war nicht so zartbesaitet, wie ich erleichtert feststellte. Auch über das *mussma pissen* lachte sie, als handele es sich um einen Witz, und als Walter verschwunden war, sagte ich zu Marie, „er gefällt Ihnen irgendwie, stimmt's?" Ich war naturgemäß auf die schlimmste Antwort vorbereitet und rechnete im Grunde mit nichts anderem als einer wie auch immer abgeschwächten Zustimmung, doch sie sagte, „nein, eigentlich nicht. Er ist mir eigentlich eher peinlich, aber er bringt mich auf andere Gedanken", und sie flüsterte, nachdem sie sich geräuspert hatte, „Sie sind doch nicht etwa eifersüchtig, Robert?"

Es gefiel mir, dass sie mich frei heraus fragte, ob ich eifersüchtig sei, und ich dachte, das ist die Marie, wie du sie liebst, und ich fragte, „etwa *auf den*?" mit aller Herablassung, die mir möglich war. Marie antwortete, „na sehen Sie!"

Ich wiederholte, weil ich mir nicht sicher war, dass sie mich richtig verstanden hatte, „etwa *auf den?* Eifersüchtig? Das wäre aber allzu grotesk!"

Und jetzt überraschte ich zur Abwechslung einmal sie, da bin ich sicher, „ja, Marie, ich bin auf den Schmierlappen eifersüchtig! Und wissen Sie warum?"

Sie schüttelte halb amüsiert, halb gespannt den Kopf, und ich sagte, „weil der es in wenigen Minuten geschafft hat, sich mit Ihnen zu duzen!" Ich sagte das spontan, ich war selbst erstaunt über mich, zumal ich im selben Moment merkte, dass ich eine Wahrheit ausgesprochen hatte, die mir noch gar nicht bewusst gewesen war. „Er hat mich einfach geduzt", entgegnete Marie, „da kann ich ihn doch schlecht siezen, oder?" Sie nippte an ihrem Glas. Während Walter zurückkehrte – ärgerlicherweise kratzte er sich dabei im Schritt –, flüsterte Marie, „warum duzen wir beide uns nicht eigentlich auch?" Ich sagte, „ja warum eigentlich nicht!" Meine Stimmung war augenblicklich wie ausgewechselt, zu meiner eigenen Verblüffung. Evert kam an unseren Tisch, fragte Marie mit Blick auf ihren Teller geschäftstüchtig, ob ihr der Pfannkuchen nicht geschmeckt habe, und sie wiegelte ab, „doch, doch, war nur zu viel!", und Evert lachte mit seinem sonoren Bass und sagte, „besser ma zu viel dan zu wenisch, dat denk ik!", und er nahm die Teller vom Tisch.

Walter und ich bestellten noch ein Bier, und dem sich bereits entfernenden Evert rief Walter nach, „three Gin, Evert!" Bestimmt meinte er Genever, aber er sagte eindeutig *Gin, Evert*, und Evert verharrte einen Moment im Durchgang zur Küche und drehte sich um; ich verstand seinen Blick, der nur kurz auf Walter ruhte und dann an mir haften blieb, als Frage: wo hast du den denn aufgegabelt? Ich hob verzeihungheischend Brauen und Schultern; Marie und ich schauten erst einander, dann Walter an, der in diesem Moment etwas Unverständliches in seine grauen Bartstoppeln nuschelte. „Haben Sie das verstanden?", fragte mich Marie, und ich verbesserte, „du, hast du mich verstanden!", und Marie lachte. „Ach ja, natürlich, du!"

Ich antwortete, „nein, habe ich nicht!" Das aber hatte jedoch Walter verstanden, und wiederholte jetzt deutlicher sein Gebrammel von soeben: „it's celebratory on to me!"

„Was gibt es denn zu feiern, Walter?", erkundigte ich mich, wobei ich jetzt zugeben muss, dass ich nicht wirklich interessiert war, es zu erfahren.

„It's my birthday", rief der Ekelige, und Marie fragte, „was, dein Geburtstag, echt jetzt?"

Walter grinste und sagte, „well, fifty-five!", und ich sagte resignierend, „na, darauf müssen wir ja gemeinsam anstößig werden, nicht wahr."

Ich glaubte freilich nicht, dass Walter tatsächlich Geburtstag hatte, aber ich sah, dass Marie der Einfall gefiel, egal, ob sie es nun glaubte oder nicht, und ich wandte mich Walter zu: „*Congratulations!*" Ich streckte ihm meine Hand hin, die er prompt ergriff und quetschte. Die Berührung ekelte mich, und ich dachte, man kann es auch übertreiben, zog aber meine Hand nicht zurück.

„Tonight you are my guests!", sagte Walter und ich ahnte, was das bedeutete. Der Abend würde so weitergehen, wir hatten Walter am Hals, und ich dachte, solange es Marie gefällt, werde ich nicht Spielverderber sein. Interessanterweise fiel mir die englische Bezeichnung für Spielverderber ein, *wet blanket* nämlich, also nasse Bettdecke, und ich musste an

Maries Bettdecke in der Nacht denken und sagte vernehmlich „wet blanket!"

Walter tat, als habe er es nicht gehört.

Wir haben ihn *am Hals,* dachte ich; solange es Marie gefällt, wirst du nichts dagegen unternehmen, was dir wohl endgültig verdeutlicht, wozu diese Frau dich bringt; es ist eine einzige Verrücktheit!

Eine Hoffnung hegte ich allerdings, nämlich, dass Walter bald so besoffen sei, dass er die Segel strecke, wie man sagt. Dieser Gedanke machte mich geringfügig vergnügter, und ich freute mich darauf, dass Evert uns einschenken würde. „Fünfundfünfzig", sagte Marie, als sei es ein Lob, „Fünfundfünfzig, herzlichen Glückwunsch, Walter", Sie sprach Walter englisch aus, also Woto, während der Ekelige nicht *Marie,* sondern *Merry* sagte, und nicht Robert, sondern Robott, und ich nahm mir vor, ihn im Verlauf nur noch mit deutsch ausgesprochenem Walter und nicht mit Woto anzusprechen.

„Wie alt bist du denn eigentlich, Robert?", fragte Marie, und ich war begeistert, dass sie mich auf einmal einbezog, und noch begeisterter war ich darüber, dass sie mich jetzt tatsächlich duzte, auch wenn ich im Hotel noch für das Beibehalten unseres Vousvoiements plädiert hatte. „Zweiundsechzig!", antwortete ich wahrheitsgetreu.

Marie war oder gab sich erstaunt, fragte, „tatsächlich schon zweiundsechzig?", und ich antwortete, *„ja, warum denn nicht!"*

„Wir sind genau vier Jahre auseinander", stellte Marie fest, und ich nickte und gab zu, dass ich das auch bereits ausgerechnet hatte. Evert stellte uns drei randvolle Genevergläschen auf den Tisch und sagte, „prooouscht." Ich mache mir aus Schnaps nichts, aber ich kippte den doppelten Genever wie Walter mit einem Schluck hinunter, auf ex, wie man sagt. Ich amüsierte mich, dass Marie an ihrem Glas roch und einen vorsichtigen Schluck versuchte, sich dabei aber die Nase zuhielt und es ebenfalls mit einem Schluck austrank. Ich sah Marie ins Gesicht und sagte, „Marie, ich komme jetzt noch einmal darauf zurück, du sagtest soeben, unser Geburtstagskind ...", und bei Geburtstagskind zwinkerte ich ihr zu, „... sei ein Durchtriebener." Marie errötete leicht, aber das war nicht meine Absicht gewesen, ich hatte sie nicht in Verlegenheit bringen wollen. „Was hast Du damit gemeint?", wollte ich wissen. Ich hatte angenommen, meine veränderte Stimmung hätte unweigerlich auf Marie abfärben müssen, aber sie gab mir auch diesmal keine Antwort, sondern hüstelte und begann zu lachen, und sie sah zu unserem Proll und sagte, „Woto, sag es selbst, ich kann das nicht!" Auch ich sah nun Walter an, und ich sagte, „na, Walter, was treiben Sie denn hier durch, in Holland? Das möchte ich gern wissen!" Walter, der überraschenderweise immer weniger einen betrunkenen Eindruck machte, je mehr er trank, grinste nun bedeutungsschwanger, und er sagte, „chess, you know", und er vollführte neuerdings die Geste mit Daumen zwischen Zeige- und Mittelfinger, die er soeben Marie hatte beibringen wollen, als ich mich kurzzeitig aus dem Spiel nahm. Ich merkte, dass ich errötete, ebenso wie Marie, ich war indigniert, und das erheiterte Walter augenscheinlich. „Schach, you know, weißt du?" Er sah Marie an und zeigte auf mich, „he's 'n excellent player, you know?" Ich fragte den Widerwärtigen, „geht das in Europa besser, Schachspielen?", und Walter lachte höhnisch und sagte, indem er seinen eingeklemmten Daumen hochhielt, „much better in Europe!", und ich zitierte, um ein wenig die Peinlichkeit aus der Szene zu nehmen, „koffie or liberty!"

Die von mir nicht nur bestaunte sondern längst Geliebte konnte sich nicht mehr *einkriegen* vor Lachen, wie man sagt. Die Adern ihrer Schläfen traten hervor, als wollten sie platzen, und Marie erhob sich plötzlich hastig und eilte davon in Richtung Toiletten.

Es behagte mir nicht, wie sich denken lässt, allein mit dem obszönen Amerikaner am Tisch zu sitzen, als gehörten wir zusammen; ohne Marie war es mir noch unerträglicher, und ich dachte, mach das beste daraus, und ich fragte ihn, wie lange er schon in Holland weile und ob er bereits viele Schachpartner gefunden habe, worauf er antwortete, „you're an excellent player, my friend."

„Nein, das bin ich ganz sicher nicht, aber ich möchte, dass Sie deutsch mit mir sprechen, Walter. Sie können es besser als ich umgekehrt amerikanisch; außerdem bin ich nicht Ihr Freund, damit das mal klar ist!" Walter grinste und sagte „o. k., Roboss!"

Ich tat, als überhörte ich seine Anspielung und wollte wissen, ob ich sein erstes Schachopfer in Holland sei, und er sagte, jetzt tatsächlich auf Deutsch, „gestern angekommen", und ich sagte, „dann war ich wohl Ihr erstes Schachopfer!" Er grinste wieder und sagte „fucking guy!", und dann wechselte er in der rücksichtslosesten Art und Weise das Thema. „Wenn sie", er nickte in Richtung Toiletten, „so gut fickt wie du Schach, ich zufrieden!" Ich wollte das Thema vom Tisch haben, bevor Marie zurückkehrte, und ich sagte, was wahrscheinlich ein Fehler war, „ja ja, gewiss!"

„Wonderful!", begeisterte sich Walter. „Wie oft du hast ihr besorgt, Robott?" Begeisterung ist gar kein Ausdruck; Walter war geradezu enthusiasmiert vom Verlauf unseres Gesprächs.

Marie näherte sich bereits wieder unserem Tisch, sie hatte auf dem Weg von den Toiletten zu uns Evert irgendetwas zugerufen, aber ich hatte nicht verstanden, was, und ich schämte mich, weil ich Walter nicht einfach das Maul stopfen konnte, wie man sagt. Ich hätte ihm liebend gerne *das Maul gestopft*, es war in doppelter Hinsicht ein Affront, dieses *wie oft du hast ihr besorgt*. Allein das Wort *besorgt* beleidigte meine Gefühle für die von mir längst geliebte und begehrte und mittlerweile sogar geduzte Frau, und dazu kam, dass ich ja tatsächlich den Zustand, mit ihr nicht in vermehrungssymbolischer Weise zusammengelegen zu haben, zutiefst bedauerte, zumal es immer fraglicher wurde, ob es an diesem Abend, in dieser Nacht noch dazu kommen würde. Ich spürte, dass ich in meiner Hilflosigkeit errötete, ein Phänomen, das ich bis vor kürzester Zeit schier für unmöglich gehalten hatte. Marie saß wieder bei uns, und ich konnte die in mir entstandene Spannung nicht mehr aushalten, und ich sagte zu Marie, nicht zuletzt, um Walter zu diskreditieren, „er fragt mich gerade, ob wir gefickt haben, Marie. Er möchte sogar wissen, wie oft!"

Es war die für mich einzig denkbare Vorgehensweise, um der Hochnotpeinlichkeit zu entkommen, und ich setzte darauf, dass Marie verstand und verzieh. Marie wurde, wie sich denken lässt, sofort knallrot und begann wieder zu lachen. Es tat mir im selben Moment leid, dass ich mich allein meiner Hilflosigkeit gegenüber diesem schmierigen Amerikaner wegen so hatte gehen lassen können, dass ich Marie in Verlegenheit brachte, aber meine eigene Verlegenheit übertraf Maries Verlegenheit bei Weitem. Sie hatte sich sofort im Griff, sie sagte, und dabei sah sie mich an, „erstaunlich!", und ich sagte, „warum erstaunlich?", und sie sagte, „das hat er mich doch auch schon gefragt!", und sie schaute zu Walter herüber und sagte, „das hast du mich doch auch schon gefragt!" In dem Moment wurde mir klar, wie sich Marie gegenüber Walter fühlte. Mir wurde klar, dass sie ihre Einschüchterung und ihre Albernheit ihm gegenüber aufgesetzt hatte, mir wurde klar, dass sie mit dem angetrunkenen Amerikaner spielte, sich ihm haushoch überlegen fühlte, und das begeisterte mich kolossal. Ich spiele jetzt mit dir, Marie, nicht gegen dich, sondern mit, dachte ich, und ich sah ebenfalls Walter an und sagte, „na, da bin ich aber mal gespannt, was Marie Ihnen geantwortet hat!" Walter grinste, ich hatte den Eindruck, jetzt war zum ersten Mal ihm etwas peinlich, und er sagte zögernd, „rate mal hat sie gesagt", und gleich wurde er wieder sicherer und fügte hinzu, „aber ich glaube kein einzig Wort!"

„Das ist immer richtig!", scherzte ich, „ich glaube auch niemandem ein Wort, nicht einmal, wenn er behauptet, er habe Geburtstag!" Marie musste wieder lachen, und diesmal lachte sie mir offen ins Gesicht, diesmal lachte sie wegen mir. Das war gut. Ich wusste jetzt, wir spielten zusammen.

Evert hatte ich gar nicht bemerkt; er stand an unserem Tisch und fragte, ob wir noch einen Wunsch hätten. Ich wartete nicht erst ab, was Marie dazu sagen würde, ich verneinte und bat ihn um die Rechnung, ich sagte es auf Niederländisch, „even afrekenen, alstublieft, Evert!" Walter verbesserte, „alles auf mein!", und wieder rief er Evert etwas hinterher, worin das

Wort Gin vorkam, doch sowohl Marie als auch ich protestierten sofort; wie aus einem Mund sagten wir, „nein, noch einen nicht für mich!" Ich fügte sogar noch hinzu, „ich muss schließlich noch fahren", was ich sofort bereute, weil es vollkommen überflüssig war. Als hätte ich vor dem Schmierigen eine Rechtfertigung nötig, dachte ich. Das Wort *fahren* war dann leider auch ein Stichwort für Walter. Es lag nahe, dass er sich längst Gedanken gemacht hatte, wie er zum Hotel in Camperduin zurückkommen würde, und er ließ jetzt durchblicken, er habe eine Idee. Dabei grinste er naturgemäß anzüglich, als sei diese Ideeankündigung ein Auftakt für Heiterkeit. „Da bin ich aber gespannt", log ich, „ich habe nämlich auch eine Idee!" Marie kicherte, „jetzt bin *ich* aber gespannt, lauter Ideen hier!"

Evert setzte drei weitere Genever ab und reichte Walter die Rechnung, mit spitzen Fingern, wie es mir vorkam. Walter betrachtete sie, wühlte in der Hosentasche seines schmuddeligen Trainingsanzugs und förderte zunächst ein benutztes Taschentuch, dann einen Hunderteuroschein zutage, den er lässig auf den Tisch warf. „All right!", sagte er.

Der ist ja noch besoffener, als ich angenommen habe, dachte ich, denn die beiden Pfannkuchen und das Mineralwasser und die sechs Biere und die Genever konnten zusammen allenfalls siebzig, fünfundsiebzig Euro gekostet haben, wie ich blitzschnell überschlug. Dreißig Euro Trinkgeld, noch dazu für den Inhaber, dachte ich, wie peinlich! Walter nahm zwei der drei Schnäpse vom Tisch und versuchte sie Marie und mir in die Hände zu drücken, mir den volleren mit seiner Linken, Marie den nicht ganz gefüllten mit der Rechten. „Ich wirklich nicht!", sagte ich, und auch Marie lehnte kopfschüttelnd ab.

„Selbst schuld!", brummte Walter und nahm einen nach dem anderen Genever in seine Rechte und goss ihn sich hinter die Binde. „Was sind denn das für Ideen?", wollte Marie nun tatsächlich wissen, und sie sah schelmisch aus in diesem Moment. Ich sagte, „ich habe die glänzende Idee, unseren Walter", ich sagte jetzt ganz bewusst, kursiv sozusagen, *unseren* Walter, „zum Hotel zu fahren, damit er morgen wieder fit ist und wunderbar Schach spielen kann. Wir zwei Hübschen könnten noch einen Spaziergang machen, am Strand vielleicht, na, wie wäre das?" Ich hatte den Eindruck, dass Marie meine Vorstellung vom Verlauf des weitestgehend noch vor uns liegenden Abends teilte, denn sie nickte, zumindest dem Anschein nach erfreut. „Shit! Hotel! Ich birthday, ich wunschen!" Er zwinkerte Marie zu, und Marie sagte, „na ja, das kommt darauf an!" Walter verzog das Gesicht, „nichts an, ich fifty-five, ich gebe aus!" – „Kommen Sie jetzt, Walter, Sie haben bereits einen ausgegeben, das ist nun genug!", entschied ich. Der Ekelige schüttelte sofort missbilligend den Kopf und sagte, „nix genug, ich nix für Genug nach Holland, come, tell him!" Er schenkte mir einen verächtlichen Blick, sah jetzt Marie an und zwinkerte ihr ein weiteres Mal unverschämt zu. Er wiederholte für Marie, „come, tell him!" Ich dachte, jetzt ist es so weit, jetzt wirst du doch noch handgreiflich. Marie vereitelte, vielleicht, weil sie spürte, was in mir vorging, eine Gewaltanwendung meinerseits, indem sie meine Hand ergriff und mir zuraunte, „reg dich nicht auf, Robert! Walter will zu einer Prostituierten. In Alkmaar soll es ein Rotlichtviertel geben wie in Amsterdam, behauptet er jedenfalls. Die Frauen säßen in Schaufenstern wie ..." Offenbar bereitete es Marie Unbehagen, den Satz zu Ende zu führen. Walter sprang ein. „Mary takes choice for me, she promised!"

Der Ekelige zwinkerte meiner Marie auf beleidigendste Weise zu, und ich sagte, sozusagen nach Luft ringend, „wie soll ich das denn nun wieder verstehen", und Marie lachte abermals ihr Schamlachen, das ich lieb gewonnen hatte. „Weil ich ihm einen Korb gegeben habe", sagte sie, und ich fragte, „einen Korb? Hat er Dich etwa gefragt, ob Du ...", aber sie unterbrach mich, „ja sicher hat er das, hast Du das denn nicht gehört?"

„Nein, davon habe ich nichts gehört!", antwortete ich wahrheitsgemäß. Es muss in der Phase gewesen sein, als du über Evans versus Peterson nachgedacht hast, dachte ich, und ich erinnerte mich jetzt an meine Gedanken über Evans bzw. über Peterson, und mir wurden die Beine weich, wie man sagt. Du bist vor Walter und Marie einen Moment lang regelrecht geflohen, hast über Virtuosentum und alte Kassetten nachgedacht, weil du nicht mitbekommen wolltest, wie dieser Kerl deine Marie begrapscht. Du warst leider mit *Somewhere over the rainbow* beschäftigt, machte ich mir klar und ich schalt mich nun im Nachhinein bitter, dass ich mich zurückgezogen, Marie im entscheidenden Moment allein gelassen hatte mit des Amerikaners penetranten Schlüpfrigkeiten.

Ich sagte, „es tut mir leid, Marie, ich war irgendwie nicht richtig da, es tut mir so leid!"; sie jedoch winkte lachend ab und sagte, „macht ja nichts, bin ja fertig geworden mit unserem durchtriebenen Frauenheld, stimmt's Walter?"

Sie sah ihn gönnerhaft an, und, als müsse es noch einmal betont werden, sagte sie, „ich werde schon fertig mit unserem Frauenheld!" Jetzt war es tatsächlich Marie, die zwinkerte, und zwar in meine Richtung, obwohl sie damit wartete, bis Walter schaute und es mitbekam. Walter grinste und verursachte ein widerliches Schmatzgeräusch. Er kicherte jetzt und Marie sah mich an, als bäte sie um Verzeihung. Sie flüsterte, „Walter hat sich in den Kopf gesetzt, dass ich ihm eine ...", und sie rang nach dem passenden Ausdruck, „eine solche Frau aussuche, mit der er, als Ersatz sozusagen ...", und ich unterbrach Marie, „das wirst du aber doch nicht tun, oder?" Marie sagte, „nicht, wenn du nicht mitkommst, das ist ja selbstverständlich!", und ich sagte, „verstehe, weil ich das Auto habe, deshalb, stimmt's?" Sie schüttelte den Kopf, „nein, nicht deshalb!" Marie sah enttäuscht aus, als hätte ich sie gekränkt mit meiner Frage. Zu meinem Entsetzen sagte sie jetzt, „warum denn eigentlich nicht, Robert? Es interessiert mich sogar, ehrlich gesagt, ich habe so etwas noch nie aus der Nähe gesehen!"

„Das Nuttenmilieu interessiert Dich?", fragte ich wie vor den Kopf gestoßen, und sie antwortete, „ja, warum denn nicht?"

„Ach so ist das! Dich *interessiert* es einfach mal, aus nächster Nähe zu erleben, wie Frauen beleidigt, ja diskriminiert werden!" Ich schüttelte zum Zeichen meiner Verständnislosigkeit den Kopf. „In meinen Augen ist es diskriminierend, halb nackt in einem Schaufenster zu sitzen, wenn man nicht freiwillig halb nackt in einem Schaufenster sitzt", hörte ich mich in oberlehrerhaftem Ton sagen. „Die Frauen, die so etwas tun, tun es doch gewiss nicht freiwillig", so ich. „Sie tun es aus Not, sie tun es, weil Männer sie dazu zwingen, sie tun es, um ihre Familien über Wasser zu halten, sie tun es, weil ..."

„Jetzt mach aber mal einen Punkt!", bat mich Marie, allerdings nicht ohne Schärfe. „Ich weiß selbst, was Prostitution ist, Robert! Das brauchst du mir nicht zu erklären! Ich habe ja schließlich nicht vor, die Frau zu bezahlen, mit der Woto ...", sie bevorzugte jetzt wieder die amerikanische Aussprache, vermied es aber, den Satz zu Ende zu führen. „Das habe ich ja nicht vor, Robert! Aber lass uns bitte nicht päpstlicher als der Papst sein, Robert! Was denkst du denn, wie viele Dienstleistungen wir alle, auch du, Robert, täglich in Anspruch nehmen, für deren Zustandekommen im Hintergrund geschuftet wird, oft unter unsäglichen Bedingungen! Ich denke jetzt zum Beispiel an Personal in der Gastronomie. Ist wirklich nur ein Beispiel, Robert. Ich lese gerade ein sehr interessantes Buch über einen jungen Pianisten, der sich auf einem Kreuzfahrtschiff als Barmusiker verdingt und der, weil er sozusagen zur Crew gehört, Kontakt bekommt zu den Sklaven, die im Hintergrund für den Reinigungsservice und die Großküche schuften. Alles arme Schweine, Robert, die man wie Vieh hält, damit sich ein paar reiche Säcke den Luxus einer Kreuzfahrt leisten können!" – „Kenne ich doch!", fiel ich ein, „die Unmöglichkeit des vierhändigen Spiels von Stefan Moster! An einer sogenannten Kreuzfahrt habe ich allerdings nie teilgenommen, wenn du das meinst!" Mein Einwand war vollkommen überflüssig, denn ich verstand durchaus, worauf Marie abzielte. Du machst dich dümmer als du bist, dachte ich, und um davon abzulenken, sagte ich, „du hast sicher recht mit dem, was du da gerade sagst, aber müssen wir uns das Elend der Leute unbedingt wie Zoobesucher anschauen? Was reizt dich daran, durch ein Rotlichtviertel zu bummeln, Marie? Mehr wollte ich doch gar nicht zum Ausdruck bringen!"

„Was mich reizt? Ganz einfach, bleiben wir ruhig einmal beim Beispiel Zoo, für mich gehören die Männer, die sich vor solche Schaufenster stellen, nicht zu den Zoobesuchern, sondern zu den eingesperrten Tieren, wenn ich das einmal so ausdrücken darf, Robert! Mich interessiert, wie diese Tiere schauen, mich interessiert der Geifer in ihren Gesichtern, auch bei unserem lieben Woto!" Walter hatte augenscheinlich Mühe, unserem Wortwechsel zu folgen, aber er erfasste die Tendenz, nämlich, dass er Marie, was einen Ausflug nach Alkmaar betraf, auf seiner Seite hatte. Ich musste mich vergewissern. „Habe ich das jetzt richtig verstanden? Du sollst Walter aus dem Schaufenster heraus eine Nutte aussuchen, mit der er dann ... anstatt mit dir ...?"

„Come on, let's leave!", kommandierte Walter und nahm Kurs auf mein Auto, als sei bereits alles entschieden. Marie und ich folgten ihm, und ich flüsterte ihr zu, „ist das Dein Ernst, sollen wir tatsächlich ...", und sie fiel mir ins Wort, „wenn Du partout nicht willst, dann halt nicht!" Ich kehrte noch einmal um, ging auf Evert zu, der hinter seinem Tresen stand und Gläser spülte, reichte ihm die Hand und verabschiedete mich. Evert wies mit dem Zeigefinger auf den Stuhl, auf dem Walter gesessen hatte und verdrehte die Augen, und ich sagte, „du weißt wohl Bescheid", und Evert grinste breit.

„Huch, der kommt um die halbe Jahr immer zurück, immer besoffen!" Ich drückte Everts Hand herzlich und sagte, „mal sehen, wie ich den Kerl los werde." Ich dachte, hier werde ich hoffentlich noch oft einkehren, und ich fragte mich, ob ich wohl noch einmal mit Marie hier einkehren würde, und als ich De Paddestoel verließ, stand Marie an der Beifahrerseite meines Autos, und Walter pinkelte, keine drei Meter entfernt, in die den Parkplatz des De Paddestoel von der Dorfstraße abgrenzende Hecke. Ich schämte mich wieder, zum zweiten Mal schämte ich mich in meiner Eigenschaft als Mann für die Geschmacklosigkeit, die meiner Marie von einem Mann zugemutet wurde. Mir fiel ein, mit welcher Umständlichkeit Marie und ich am Vorabend unser Notdurftproblem gelöst hatten, während der besoffene Kerl in unmittelbarer Nähe Maries seinen Strahl in die Hecke prasseln ließ und mich damit, besonders wegen Maries Präsenz, vor den Kopf stieß. Ich knipste Marie die Beifahrertür auf und rief ihr zu, „ich ekele mich so vor diesem Kerl", und sie rief zurück, „sei doch nicht so spießig, Robert!" Das beleidigte mich. Ich hätte am liebsten gesagt, ich und spießig, aber ich sagte es nicht, vielleicht stimmt es ja sogar, dachte ich, vielleicht bist du ja wirklich spießig, aber es machte es mir nicht leichter. Walter drehte sich um und kam ebenfalls an die Beifahrerseite; glücklicherweise hatte er wenigstens seine Trainingsanzugshose wieder einigermaßen gerichtet. Ich öffnete ihm die hintere Tür und sagte, „steigen Sie schon ein!" Interessant, dass man sich derlei merkt; „Steigen Sie schon ein!" ist doch nun wirklich keine merkwürdige Äußerung, denke ich gerade; vermutlich erinnere ich mich so genau, weil ich beim Aussprechen so viel Wert auf das Sie gelegt hatte; Marie duzte diesen betrunkenen Menschen und fand nichts dabei, dass er keinen Hehl aus seiner Primitivität machte; davon wollte ich mich unbedingt distanzieren und tat es wohl, indem ich sagte *steigen Sie schon ein*.

Ich ging ums Auto herum und setzte mich hinter das Steuer, aber ich ließ den Motor noch nicht an. „Die Frage ist also, was nun", sagte ich, und Walter gab sich interessiert, fragte „So what?", als wolle er sich vergewissern, ob er mich richtig verstanden habe und ich sagte, „ich meine *Sie* ja nicht, ich habe *Marie* gefragt!" Ärgerlicherweise sprach ich Marie englisch aus, sagte also *Merrie*, mit Betonung auf dem ersten Vokal, und Walter äffte mich sofort nach, „Merrie, Merrie, Merrie!", er überbetonte den zweiten Vokal geradezu unanständig, „our poor Merrie!"

Ich fragte leise, so leise es mir möglich war in meiner Erregung, „kann es vielleicht sein, dass Sie abgefüllt sind und ins Bett gehören?"

Walter brüllte begeistert, „jawoll, Roboss!" und wie er das *jawoll* aussprach, war unmissverständlich. Es war ein *Jawollherrsturmbannführer*, er parodierte das im Ausland gängige

Deutschenbild, das Bild vom Nazi, der nur Befehl und Gehorsam kennt, und ich sagte, „Sie wissen ja nicht mehr, was Sie sagen, Walter!" Ich sah die neben mir sitzende Marie an und wartete auf ein Zeichen ihrer Zustimmung, aber ein solches Zeichen kam nicht von Marie. „Was meinst du, bringen wir unser Geburtstagskind zum Hotel?", und sie sagte, „ganz wie du willst!", aber sie meinte es nicht. Sie sagte ihr *ganz wie du willst*, als hätte sie, *du machst ja doch, was du willst* sagen wollen, und diese Unterstellung wurde mir zusammen mit Walters *jawoll* zu viel. Mir platzte der Kragen, ich schrie Marie an, „was soll das heißen, ganz wie du willst, ich bin doch kein, kein, kein ...", ich hatte dreimal kein gesagt, aber ich kam nicht auf den passenden Ausdruck, und Marie flüsterte, „ist ja gut!" Walter hielt glücklicherweise den Mund. Meine Entgleisung, mein Lautwerden war mir, wie sich denken lässt, sofort auf verheerende Weise unerträglich, und ich bettelte; „verzeih, Marie! Ich bin so gereizt! Ich wollte dich nicht anschreien, ich wollte doch nur ...", aber auch das, also was ich eigentlich gewollt hatte, konnte ich nicht ausdrücken. Was ich eigentlich gewollt hatte, konnte ich nicht sagen, ich wusste es selbst nicht, ich wusste nur, was ich nicht wollte, was ich um keinen Preis wollte, nämlich, Marie gegen mich aufbringen. Noch immer sagte Walter nichts, und das war gut, denn egal, was er gesagt hätte, es wäre mir zuwider gewesen, und ich hätte mich der Versuchung, gegen Walter gewalttätig zu werden, kaum entziehen können, rhetorisch gewalttätig naturgemäß, denn zu einer anderen Art von Gewalt bin ich gar nicht in der Lage.

Walter rülpste; mehr war von ihm nicht zu hören, und ich sagte zu Marie, „wir sollten zusehen, dass wir den lästigen Kerl so schnell wie möglich loswerden und uns irgendwo gründlich aussprechen!" Aussprechen hatte ich gesagt, als ob es einen unausgesprochenen Streit, eine Reden erfordernde Missverständlichkeit gegeben hätte, und ich dachte, ja, so ist es ja auch, es war zwar anders gemeint, aber im Grunde müssen wir uns aussprechen. Die Zeit läuft uns davon, dachte ich, und es hat soeben Missverständlichkeiten gegeben. Nicht nur der Vorwurf der Spießigkeit stand noch im Raum; er war ja noch das Unwichtigste gewesen. Vielmehr drängte sich doch die Frage auf, was Marie gemeint hatte, als sie *nicht hier* gesagt hatte am Strand.

Marie sah mich in einer Weise erwartungsvoll an, als müsse sie im nächsten Moment entweder in Gelächter oder in Tränen ausbrechen, das war nicht zu unterscheiden gewesen in diesem Moment, und sie sagte, ganz langsam, jedes Wort einzeln betonend, „als wir uns noch gesiezt haben, war es leichter, Robert!", und ich sagte, „ja, das finde ich auch", denn in der Tat hatte ich zwar auf den Moment gewartet, wann wir uns endlich duzen würden, aber da es nun in einer Stimmung dazu gekommen war, die mir nicht gefiel, da es ausgerechnet in Walters Beisein dazu gekommen war, hatte ich meine Mühe mit dem *du*, und Marie schlug vor, indem sie jedes Wort einzeln betonte „lass uns wieder zum Sie zurückkehren; vielleicht klappt es dann besser!" Ich verstand nicht gleich, „was klappt dann besser?", und sie antwortete, „ich weiß es doch auch nicht!", jetzt wieder im normalen Sprachrhythmus, und ich sagte, „das musst du, oder soll ich jetzt wieder Sie sagen, aber wissen!", und sie entgegnete, „ich weiß es aber wirklich nicht, Robert!" In diesem Moment konnte ich mich ein weiteres Mal nicht beherrschen. Immer wieder brachte mich Marie in Situationen, in denen ich mich nicht beherrschen konnte. Immerhin war es am Vortag zu einer andersartigen Unbeherrschtheit gekommen, die ich mir nicht zugetraut hatte, nämlich, als ich *ich liebe Sie* gesagt hatte, ganz gegen mein Naturell, ganz im Gegensatz zu meinem Eindruck, den ich jahrelang, jahrzehntelang, ein Leben lang von mir gehabt hatte. Ich bog meinen Kopf zu Maries Gesicht hinüber und hauchte, „ich muss dich jetzt küssen!" Es ist geradezu absurd, ich gebe es zu, ich habe mir aus Küssen nie etwas gemacht, spätestens mit der von mir *sogenannten* Kussgeschichte, die ich Marie am Vorabend beinahe erzählt hätte, war Küssen für mich etwas Kompromittierendes geworden. Ich hatte den Gedanken an Küsse, zumindest auf meine Person bezogen, längst zu den Akten gelegt, wie man sagt; noch weit vor dem Gedanken an eine Brustbefassung oder an ein Beieinanderliegen in vermehrungssymbolischer Absicht. Marie veränderte ihre Physiognomie erstaunlicherweise nicht, sie behielt ihre Fassung, und ich sagte, „die Frage ist jetzt lediglich, ob ich dich küssen darf!", und sie sagte, „ich weiß nicht, ob du das darfst", und dann war es ihr Mund, der sich auf meinen presste, letztendlich war es, wie bereits mehrere Male zuvor, ihre Initiative, die unseren Kuss bewerkstelligte. Ich öffnete vorsichtig meine Lippen, und sie fuhr mit ihrer Zunge in meinen leicht geöffneten Mund. Das Erste, was ich dachte, war *Speckpfannkuchen*; der Geschmack von Everts Speckpfannkuchen haftete an Maries Zunge und Gaumen; ich hatte in meiner Unbedarftheit nicht in Betracht gezogen, dass ein Kuss auch ein Austausch von gehabten Mahlzeiten ist. Aber es machte mir nichts aus. Selbst wenn ich Speckpfannkuchen verabscheut hätte, was durchaus nicht der Fall war, hätte ich Maries Zunge und Gaumen wie nichts anderes in der Welt genossen, und Marie bohrte mir ihre wunderbare Zunge nun ganz tief in meinen Mund und kitzelte meinen allenfalls nach Bier schmeckenden Gaumen. Ich überlegte, wie erwidere ich das, was habe ich nun zu tun? Es ist schon jämmerlich, dass du nicht einmal küssen kannst, dachte ich, es ist peinlich, dass du nicht einmal weißt, wie man einen solchen Kuss zum Abschluss bringt, und ich hoffte, Marie würde ihre Zunge bald eigeninitiativ zurückziehen. Gleichzeitig hoffte ich allerdings, dass sie ihre Zunge nie mehr zurückzöge, denn das Gefühl ihrer Zunge in meinem Mund war andererseits auch wieder grandios, es war ein Geschlechtsakt, wie ich dachte, eine Penetration!, und ich spürte, dass ich eine Erektion bekam und dachte, auch das noch! Interessanterweise weiß ich nicht anzugeben, wie lange dieser Kuss, mein im Grunde erster Kuss, tatsächlich dauerte; mir kam es lang vor. Er dauerte jedoch mit einiger Sicherheit nicht so lang, wie er mir in der Erinnerung erscheint. Ich küsste jedenfalls ihre Nasenspitze, als Marie ihre Zunge aus meinem Mund zurücknahm, vermutlich, weil sie das gleiche Problem hatte wie ich, nämlich den während des Küssens im Mund angesammelten Speichel irgendwann doch einmal schlucken zu müssen, ich weiß noch, ich dachte am Schluss nur noch, ich muss schlucken, wusste aber nicht wie, ohne Maries Zunge zu verdrängen. Ich sagte, ohne mir zu überlegen, ob es im Moment angebracht war, „danke", aber es richtete keinen Schaden an, denn Marie sagte, „ganz meinerseits!", und ich dachte, dann ist es ja gut.

„Und jetzt?", wollte Marie wissen, während ich mich wieder in die normale Sitzposition eines Autofahrers begab. Ich schaute auf die Uhr im Armaturenbrett und sagte, „es ist bald neun", und sie wiederholte meine Worte, sagte ebenfalls, es sei bald neun.

„Bleibt also noch die Walterfrage!", so ich jetzt, und wir drehten uns beide um, sahen zeitgleich den mittlerweile eingeschlafenen Walter, und wir lachten. Dabei war eigentlich nichts zu lachen gewesen an diesem Anblick. Allein der Gedanke, wie viel kostbare Zeit der in sich auf dem Rücksitz Zusammengesackte uns bereits geraubt hatte, versetzte mich in Missstimmung. Selbst meine Überlegung, dass der Amerikaner es zumindest vermocht hatte, Marie aus ihrem Stimmungstief zu reißen, ich kann wirklich nur von *reißen* sprechen, denn es war ja auf die plumpste und widerwärtigste Art und Weise geschehen, tröstete mich nicht darüber hinweg, dass mir die Ungewissheit, wie viel bleibt dir noch von der geliebten Frau, war es womöglich nur dieser Kurzurlaub, diese *Ansmeerfahrt*, kommt womöglich nichts nach, in erschütterndem Maße zusetzte. Sie belastete mich in nicht zu beschreibender Weise. „Wir müssen doch nicht unbedingt morgen schon wieder abreisen!", sagte ich nach einiger Zeit, aber Marie schüttelte den Kopf und sagte, „doch, es geht nicht anders, ich jedenfalls muss! Ich will das Haus verkaufen, ich habe es schon so gut wie verkauft, es muss nur noch alles unterschrieben werden." Ich sagte, „und das ausgerechnet morgen!", und sie nickte und sagte, „morgen Abend. Vorgestern Abend habe ich es erfahren."

Ich musste an meine Steinwayspinnerei denken, musste daran denken, wie es wäre, wenn Marie nicht nur den Steinway bei mir spielen würde, sondern gleich ganz einzöge in mein Haus. Platz ist ja genug, dachte ich, daran soll es nicht scheitern. Aber ich sagte naturgemäß nichts Derartiges, ich sagte lediglich, „jetzt fahren wir erst mal los!", und ich ließ den Motor an. Bedauerlicherweise erwachte Walter von dem Geräusch. „Still here, shit!", brummte er, nachdem er sich kurz orientiert hatte, und Marie und ich sagten wie aus einem Mund, „ja, wir waren beschäftigt!" Ich fuhr langsam vom Parkplatz des De Paddestoel auf die Dorfstraße und sagte zu Marie, „entscheide bitte, zum Hotel oder nach Alkmaar?", und sie sagte, „zum Hotel!", und ich gab Gas. Ich hatte es jetzt eilig, den angeblichen Amerikaner loszuwerden, der sich allerdings sofort in seiner unverschämten Art darüber beschwerte, ich führe in die falsche Richtung, also nicht nach links, wo es nach Alkmaar gegangen wäre, sondern nach rechts, Richtung Camperduin, und ich sagte, „Sie müssen den Damenbesuch auf später verschieben!" Ich musste schmunzeln über den Ausdruck *Damenbesuch*, und ich sah Marie kurz an in der Hoffnung, auch sie würde schmunzeln, was aber nicht der Fall war. Ich sagte, „Marie, du bist jetzt vielleicht enttäuscht", aber sie schüttelte leicht den Kopf und sagte, „nein, nein, enttäuscht nicht, ich habe ja gesagt, zum Hotel; Alkmaar hätte mich halt bloß einmal interessiert", so sie, und ich sagte leise, so leise, dass ich annahm, Walter höre es nicht, „wir können ja von mir aus nachher noch hinfahren, wenn wir den da los sind!"

Sie lächelte und sagte, „ja, das fände ich sehr aufregend!", und ich freute mich, eine Lösung gefunden zu haben, auch wenn ich nicht begreifen wollte, was an einem Rotlichtviertelbummel aufregend sein sollte, noch dazu für eine Frau wie Marie. Wegen eines Radfahrerpaares, das auf der engen und obendrein unbeleuchteten Landstraße nebeneinander fuhr, noch dazu ohne Licht, musste ich scharf bremsen. Einen kurzen Moment nahm ich an, es sei wieder das Paar gewesen, das uns am Ankunftsabend in lasziver Absicht nachgepfiffen hatte und das wir am Nachmittag am Strand sahen, und ich entschuldigte mich bei Marie, die heftig nach vorn geschleudert worden war. Walter bestand darauf, ich solle anhalten und ihn aussteigen lassen, er wolle nach Alkmaar, wenn nicht mit uns, dann ohne uns, so er, und Marie sagte, „sei doch vernünftig, wie willst du denn hinkommen, und wie willst du vor allen Dingen wieder zurück zum Hotel, mitten in der Nacht?", und er sagte, „o shit, forget it, I'll take taxi, stop here!" Ich hielt nun tatsächlich an und sagte, „na gut, wenn Sie unbedingt wollen, steigen Sie aus, na los, raus mit Ihnen!" Ich hatte wirklich nichts dagegen, Walter früher als erhofft loszuwerden, aber Marie war dagegen; sie sagte „nein, fahr weiter, Robert, ich lasse das nicht zu, dass wir Walter hier aussetzen! Wenn ihm etwas passiert, ..." Also fuhr ich weiter, und Walter schrie, „stop, let me out!", was mich erneut hart auf die Bremse treten ließ, und Marie sagte, „nein, das können wir nicht machen, dann fahren wir eben doch alle hin, bitte Robert!", und ich war auf der Stelle machtlos gegen Maries *bitte* und sagte, „also dann!"

Es fehlt die klare Linie zwischen uns, dachte ich, es ist ein einziges Hin und Her zwischen uns. Ich brauchte nicht umzukehren, denn es gab vom Schoorler Ortsausgang aus einen zweiten Weg nach Alkmaar, via Schnellstraße am Noordhollandkanal entlang, und ich nahm nun diesen anderen Weg, den Walter anscheinend nicht kannte; er schimpfte nämlich noch immer, er wolle aussteigen, und ich sagte, „wir fahren jetzt alle drei nach Alkmaar!", und ich fügte hinzu, „halt den Mund jetzt, am besten, du schläfst noch ein paar Minuten!" Dass ich Walter plötzlich doch geduzt hatte, ärgerte mich; nun hatte es der Ekelige allerdings endlich begriffen und sagte nichts mehr, zumindest nichts, was für Marie oder mich verständlich gewesen wäre. Mir stand der Sinn nach Jarrett, und ich sagte, „es macht dir hoffentlich nichts aus, wenn ich den Meister einschalte", und Marie sagte, „im Gegenteil!" Sie verband wohl mit diesem *im Gegenteil* gleich den Gedanken, den sie zuvor gehabt haben musste, senkte allerdings nicht einmal die Stimme oder machte eine Pause, sondern sagte, „im Gegenteil, stell dir einmal vor, es gäbe keine Nutten", sie gebrauchte tatsächlich diesen aus ihrem Munde hässlich klingenden Ausdruck, und ich wollte wissen, wie sie so unvermittelt gerade darauf käme, und sie sagte, „schau mal, was würde ein Mann wie er schon tun, wenn er nicht zu einer Nutte gehen könnte; die armen Frauen!", und ich wiederholte verwirrt, „arme Frauen?", und sie sagte, während ich die CD einschaltete, „ja, ich zum Beispiel!" Ich verstand nicht, worauf Marie hinauswollte und fragte, „glaubst du, Männer vergewaltigen Frauen, wenn sie sie nicht kaufen können?", und sie sagte, „ich habe schon die entsetzlichsten Dinge gehört!", und ich nickte und startete Wien. Sowohl Marie als auch ich summten die taktlosen Anfangstöne mit. Das war großartig, ich spürte ein mich beinahe überwältigendes Glücksgefühl wegen des gemeinsamen Wiensummens. Wir hatten mittlerweile die Schnellstraße erreicht, und Marie beschäftigte sich noch immer gesprächsweise mit der Prostitution. Darüber war ich enttäuscht, wie ich zugeben muss; ich hatte angenommen, Jarrett zöge sie ebenso wie mich in den Bann oder ich hoffte wahrscheinlich eher, *ich* zöge *sie* mit Jarrett in den Bann.

Sie aber sagte plötzlich, „du hast es wohl noch nie in Erwägung gezogen", und ich fragte überrascht, „was?"

„Dir ...", und sie überlegte und sagte noch einmal dir, „dir, wie soll ich sagen, Sex zu kaufen bei einer solchen Frau!" Ich machte vermutlich ein erschrockenes Gesicht, denn sie sah mich mitleidig an. „Um Himmels willen, nein!", sagte ich und konnte Jarrett nicht mehr folgen und schaltete darum die Musik ab, denn ich hatte Marie, wenn auch nicht absichtlich, angelogen. Es war zwar mittlerweile lange her, aber ich hatte durchaus einst erwogen, zu einer Prostituierten zu gehen, und es war nicht meine Abscheu gegenüber der Prostitution an und für sich, die mich letztendlich daran gehindert hatte. Es war meine Unsicherheit, meine Unerfahrenheit, meine Schamhaftigkeit, die mich abgehalten hatte, meine Feigheit, um es beim richtigen Namen zu nennen, und gerade wollte ich Marie erklären, wie es zu meiner Spontanlüge gekommen war, da kam sie mir zuvor, sagte, „eigentlich erstaunlich, Robert, wenn ich mir es recht überlege." Ich fragte, „inwiefern erstaunlich?", wir erreichten gerade die Stadtgrenze von Alkmaar, und sie sagte, „nun ja, wenn ein Mann so etwas tut, obwohl er eine Frau hat, dann finde ich es gemein, aber wenn ein Mann wirklich einsam ist, ich könnte es sehr gut verstehen, wenn er sich ...", und sie hustete, bevor sie weiter sprach, „ich könnte es jedenfalls verstehen, es ist vielleicht besser als nichts!" Ich setzte meine Unaufrichtigkeit fort, „du denkst, dass das wirklich so wichtig ist", sagte ich, und sie sagte, „das ist es doch wohl!" Ich sagte, „na ja, ich bin über sechzig damit geworden und fühle mich eigentlich ganz gut", und sie sagte, „ich muss dir ehrlich sagen", und bevor sie fortfuhr, drehte sie sich um und sah nach Walter. Sie flüsterte, „ich muss dir ehrlich sagen, ich habe mir damals, also während meiner Ehe, manchmal gewünscht, es gäbe so etwas auch für Frauen!" Ich erinnere mich genau, als Marie das sagte, dachte ich, bei dir gibt es nichts, was es nicht gibt, du bist zu jeder Überraschung fähig, und ich sagte ärgerlicherweise, „es hat dir wohl sehr viel ausgemacht", und ich schämte mich für diese Plattitüde und fügte hinzu, „warum hast du nicht, wie sagt man doch gleich, einen Seitensprung riskiert?", das Wort ging mir nicht leicht über die Lippen, es war meinem Gefühl nach zu sehr belastet von der Regenbogenpresse, die sich ja außer für Katastrophen für nichts anderes interessiert als für sogenannte Seitensprünge irgendwelcher Politiker oder Schauspieler oder Sportler, und ich sagte, „eine so schöne Frau wie du hat sich doch bestimmt kaum wehren können gegen Avancen anderer Männer!" Marie lachte kurz und gemein auf und sagte, „eine Pfarrersfrau, oh nein, da irrst du aber, an die Frau eines Pfarrers wagt sich so schnell keiner heran", und sie machte eine kurze Pause und sagte, „aber selbst wenn, ich hätte mich auch nicht getraut. Nicht, weil es Robert wehgetan hätte, nein, nicht deshalb! Nein, nicht deshalb", sagte sie noch einmal und schüttelte energisch den Kopf, und ich hielt nun Ausschau nach einem geeigneten Parkplatz. Sie fuhr fort, „was hätte das für einen Skandal gegeben! Wenn jemand dahintergekommen wäre, o je! Deshalb denke ich ja auch, ich wäre lieber zu einem Prostituierten gegangen, wirklich anonym, weißt du. Aber so etwas gibt es meines Wissens nach nicht, oder gibt es das, Robert?"

„Es gibt praktisch nichts, was es nicht gibt!", sagte ich peinlicherweise, und ich war sogar davon überzeugt. Ich sagte, „heute gibt es das alles, Marie, aber vor dreißig Jahren ...", und ich schüttelte den Kopf und fuhr fort, „nicht, dass ich wüsste! Insofern hast du vollkommen recht!" Genau gegenüber dem Alkmaarer Bahnhof sah ich einen Kleinbus anfahren, der mir seine Parklücke hinterließ, und ich sagte, „ich nehme den mal, auch wenn wir noch ein Stück gehen müssen." Marie erwiderte „wieso denn nicht?", und ich wusste nicht, ob sich ihr *wieso denn nicht* auf ihre Bereitschaft bezog, zu einem Prostituierten zu gehen oder auf die Ankündigung eines Fußmarsches, und sie drehte sich zu Walter um und sagte, „aufwachen, wir sind gleich da!" Zu mir gewandt fragte sie, „du weißt, wo das ist?", und ich antwortete, „ja sicher, ich kenne mich aus hier in dieser Gegend!", und sie lachte und sagte, „aha, er kennt sich also aus, so so!"

„Ja, ich kenne jede Straße in dieser Gegend, ziemlich jede jedenfalls", sagte ich, „rein zufällig bin ich auch schon durch diese Straße gegangen, die Walter meint." Es war wirklich Zufall gewesen, denn ich hatte in einer so kleinen, harmlos wirkenden Stadt wie Alkmaar, der Käsemarktstadt, in der die Kirchenglocken zur vollen Stunde *Üb immer Treu und Redlichkeit* bimmeln, nicht mit einem Rotlichtviertel gerechnet, als ich erstmalig vor Jahren hier flanierte. „Ich kenne dieses Viertel auch nur bei Tageslicht, wenn also, wie soll ich sagen, noch nichts *los* ist." Ich stieg nun aus und sah, dass Walter hinten sitzen geblieben war und erstaunlicherweise keine Anstalten machte, auszusteigen, obschon er die Augen geöffnet hatte und also wach war, und ich rief, „na, doch zu müde auf einmal?" Ich sah Walter ins Gesicht und stellte fest, dass es ihm schlecht geworden war, und mein erster Gedanke war, hoffentlich kotzt er nicht in dein Auto. Ich sagte, „Walter, was ist denn mit Ihnen, ist Ihnen schlecht?" Auch Marie stand jetzt neben dem Auto, und ich riss nun die hintere Tür auf und sagte noch einmal, „Walter, wir sind da!", und ich überwand meinen Ekel und fasste ihn sogar an und schüttelte ihn vorsichtig. Walter kippte mir langsam entgegen, und ich rief, „Marie, komm mal auf diese Seite!", und Marie kam mir zur Hilfe. Ich sagte, „schau mal, ich glaube, dem ist schlecht", und Marie beugte sich ins Auto und tätschelte Walters Gesicht; sie beugte sich wieder zurück und sagte, „er ist, glaube ich, tot." Marie hielt sich an der hinteren Tür fest und fasste sich an die Brust und sah mich mit einem Entsetzen an, dass ich sie auf der Stelle an mich drücken musste, und ich sagte, „das kann doch nicht sein, bestimmt nicht, er kann doch nicht so *mir nichts dir nichts ...*" und in diesem Moment hörten wir Walter prusten und beugten uns zu ihm herunter. Marie und ich sahen, dass er sich kaum halten konnte vor Lachen, und ich schrie ihn an, wie ich in meinem Leben bis dahin noch nie jemanden angeschrien hatte: „Elender Mistkerl, verdammter Idiot!" Aber Walter lachte schallend und in dieses Lachen hinein rülpste er naturgemäß, „supergood, oh shit!", und er schlug sich auf die trainingsbehosten Schenkel. Zu meinem Ärger stimmte Marie nun in das Waltergelächter ein. Während ich nichts anderes als Zorn spürte, konnte auch sie sich kaum mehr halten vor Lachen, genau wie Walter. Mir war gar nicht lustig zumute; ich hätte den Schmierlappen am liebsten geschlagen, Marie jedoch legte eine mir völlig unangemessen vorkommende Heiterkeit an den Tag. Möglicherweise handelte es sich um ein Erleichterungslachen, denke ich jetzt, aber in diesem Moment hatte ich keinerlei Verständnis für Maries gute Laune. Walter kroch nun aus dem Auto heraus, noch immer *oh shit* und *supergood* vor sich hin brabbelnd, und Marie nahm mich an der Hand.

„Mensch, bin ich froh, stell dir nur vor, er wäre tatsächlich ..." Ich riss mich gezwungenermaßen zusammen und erwiderte nichts und zentralverriegelte das Auto. Wortlos setzten wir uns gen Innenstadt in Bewegung, Walter einen Meter hinter uns, und ich wunderte mich, dass er nicht voran ging, denn er hatte es doch so eilig gehabt, nach Alkmaar zu kommen. Auf diese Weise vermittelte er den wahrlich nicht zutreffenden Eindruck, wir nötigten ihn zu diesem Gang, zu dem er in Wahrheit uns nötigte. Einmal mussten wir uns nach ihm umschauen, er war einem Radfahrer in die Quere gekommen, und beide beschimpften sich gegenseitig. Im Gegensatz zum Vorabend war es empfindlich kalt; nach zehn Minuten etwa erreichten wir die Fußgängerzone. Ich wunderte mich, wie viele Menschen unterwegs waren. Die Geschäfte hatten zwar ihre Tore längst geschlossen, und doch flanierten Hunderte an den Schaufenstern vorbei, trotz der Temperaturen bummelten die meisten wie an einem Sommerabend, und ich sagte mit klopfendem Herzen, „wir sollten uns etwas wärmen!" Marie sah mich fragend an. Ich legte meinen Arm um sie und musste naturgemäß sofort an unsere Strandspaziergänge denken. Marie schmiegte sich an mich. Zum zweiten Mal an diesem Abend bedankte ich mich bei ihr. Sie trägt glücklicherweise kein Täschchen, dachte ich. Beinahe alle Frauen trugen ein Täschchen bei sich, aber Marie nicht, das freute mich. Wo wir auch hinsahen, sahen wir Frauen mit Täschchen, und ich sagte zu Marie, „sieh mal, alle Frauen haben ein Täschchen bei sich, nur du hast keines!", und sie lachte verlegen und sagte, „wozu brauche ich noch eine Tasche, der Lack ist doch längst ab, da gibt's nichts nachzuziehen!" In dem Moment schlug in der Nähe eine Kirchturmuhr Mozart; darüber lachte Marie, und ich sagte, „die Holländer lieben den Kitsch, Marie!" Sie entgegnete, „so etwas habe ich noch nie gehört!", und dann schlug eine Glocke zehnmal das Subcontra-D, und ich sagte, „unsere Zeit läuft ab, viel zu schnell läuft sie ab", und Marie sagte, „was soll sie auch sonst tun, sie hat ja keine Wahl!" Ich wandte ein, „aber wir hätten sie!", und sie sagte, „das kommt noch! Jetzt ist erst einmal eine andere Wahl an die Reihe!"

„Wirst du dich tatsächlich dazu hergeben, Walter eine Nutte auszusuchen, Marie?", konnte ich nicht mehr umhin, sie zu fragen. „Ich verstünde das nicht!"

Sie blieb stehen, tupfte mit ihrem Finger auf meine Nasenspitze und flüsterte, „das brauchst du ja auch nicht", und wir ließen Walter zu uns aufschließen. Marie fragte ihn, „na, freust du dich schon?"

Ich dachte, es ist für Marie ein Spiel, sie spielt mit Walter wie mit einem kleinen Kind auf der Kirmes, und Walter grinste und leckte sich die Lippen. Wir hatten den sogenannten *Käsemarkt* erreicht, und Walter erkannte ihn offenbar wieder, ich merkte erst jetzt, dass Walter nur deshalb nicht vorangegangen war, weil er sich nicht auskannte am Alkmaarer Stadtrand. Nun aber war er wieder orientiert und lief sofort einen Meter voraus; wir brauchten ihm nur noch zu folgen, das hieß eine Gracht überqueren, und wir waren am Beginn der gesuchten Gasse angelangt, die ich erkannte. Sie lag abseits vom Licht der Fußgängerzone, sodass die roten Hauslaternen eine gesteigert laszive Wirkung erzielten. Walter stürzte sich sofort in die Menge der hier Flanierenden, doch Marie und ich blieben zunächst vor der Auslage eines Sex-Shops stehen. Ich erklärte Marie, „hier ist es also", und sie sagte, „danke Robert, es ist lieb, dass du mitspielst!"

„Hast du denn gar keine Angst?", wollte ich wissen, und sie fragte, „was soll uns schon passieren!" Wahrheitsgemäß antwortete ich, „ich weiß es auch nicht." Das erste Frauen-Schaufenster geriet bereits in unseren Blick; eine zierliche Person in weißem Bademantel und mit lila geschminkten Lippen saß in einem Korbsessel und strickte oder beschäftigte sich mit einer ähnlichen Handarbeit, und Marie flüsterte, „das ist wohl schon *eine*", was ich bestätigte. Marie lächelte gespielt verlegen und sagte, „komm, lass uns das Laster aus der Nähe betrachten!" und ich war begeistert darüber, wie sie sich ausdrückte, und ich dachte, ich liebe diese unkonventionelle Frau, und sie hakte sich nun mit beiden Armen bei mir ein. Wir schlendern ins Alkmaarer Rotlichtviertel, als begännen wir einen Strandspaziergang, dachte ich.

War man erst einmal in dieser Gasse, tauchten in allen Ecken und Nischen rotausgeleuchtete Schaufenster auf; es waren viel mehr, als man zunächst annehmen würde, und Marie blieb glücklicherweise nicht jedes Mal stehen, um sich eine Prostituierte aus der Ruheposition anzuschauen. Das wäre mir unerträglich peinlich gewesen; es war mir auch so schon peinlich genug. Wir schlenderten zwar sehr langsam, aber wir bewegten uns, und mir war jetzt nicht mehr kalt. Wir waren bereits an mindestens zwanzig Frauen vorbeiflaniert, als Marie halblaut mir ins Ohr flüsterte, „ich könnte mich über all diese Männer kaputtlachen!" Ich fragte, „was meinst du genau?", und sie antwortete, „siehst du nicht, wie sie alle so tun, als wären sie ganz cool, und doch haben sie alle nur das Eine im Kopf!" Ich achtete jetzt auch auf die Gesichter der uns entgegenkommenden Männer, es waren sogar einige Männer meines Alters darunter, vielleicht sogar noch ältere, und ich bestätigte Marie, „du hast recht, es ist wirklich komisch!" Auch die feilgebotenen Frauen waren nicht alle jung; einige von ihnen hatten die fünfzig längst überschritten, andere hingegen sahen aus, als wären sie gerade erst in der Pubertät. Bei einer solchen sahen wir einen dicken Mann stehen und mit Gebärden verhandeln, und als wir genau auf seiner Höhe waren, öffnete sich eine schmale Tür neben dem Schaufenster, worauf der Dicke darin verschwand. Die nach meinem Empfinden viel zu junge Prostituierte, eine Asiatin zweifelsohne, zog einen Vorhang zu, und Marie sagte, „ganz schön aufregend", aber verzichtete bewusst auf einen Kommentar. Wie sich denken lässt, empfand ich die Situation als in höchstem Maße aufregend, ich war erregt und gleichsam abgestoßen, fasziniert allemal. Ich wusste in diesem Moment einfach nicht, welchem Gefühl ich Raum geben sollte. Außerdem bildete ich mir ein, keine meiner Empfindungen verraten zu dürfen, vor allem meine Erregung nicht, und ich dachte, Marie macht dich gemein mit diesen komischen Männern. Auch du siehst vermutlich aus, als seiest du *cool,* fürchtete ich. Meine Verwirrung steigerte sich von Schaufenster zu Schaufenster, denn die dahinter sitzenden Frauen hatten, je mehr wir uns vom Rotlichtvierteleingang weg zu seinem Zentrum hin bewegten, immer weniger Kleidung am Leibe. Hie und da saßen sie gar mit entblößtem Busen. Andere standen und ließen beinahe zur Gänze ihr Gesäß sehen, und ich flüsterte zu Marie, „es wird dir vielleicht peinlich sein, ich meine, so als Frau!" Kaum hatte ich das gesagt, schämte ich mich auch schon; diesmal dauerte es nicht lange, bis ich erkannte, was für einen Blödsinn ich bisweilen daherrede, und Marie entgegnete, zu Recht amüsiert, wie ich sagen muss, „was soll mir denn bitte *als Frau* peinlich sein?" Ich zog zu schweigen vor, weil ich nicht Wort werden lassen wollte, was ich über mich selbst in diesem Moment dachte. Erst jetzt fiel mir Walter wieder ein, und ich sagte, „wo ist unser Testosteronopfer eigentlich abgeblieben, unser *amerikanischer Freund*?", und Marie sagte, „vielleicht hat er sich doch schon selbst entschieden." Ich musste lachen. „Hoffentlich! Schön wäre es!", und wir schlenderten weiter. Ich schaute jetzt nicht mehr zu den Schaufenstern, ich richtete meinen Blick auf den Boden, und ich dachte, wenn du gewusst hättest, wie das abläuft, wärst du mit einiger Sicherheit zu einer Prostituierten gegangen. Grundlage dieses Gedankens war die soeben gemachte Beobachtung vom nonverbalen Verhandeln der jungen Asiatin. Ich dachte weiterhin, es ist schade, dass du gekniffen hast damals, und ich dachte, was gäbest du nicht heute dafür, längst bei einer Frau in vermehrungssymbolischer Absicht gelegen zu haben und ihr an die Brust gefasst zu haben, und ich dachte weiterhin, mit keiner dieser Frauen hier würdest du jetzt liegen wollen, auch wenn du ohne Marie wärst, aber hättest du damals nicht gekniffen, könntest du das alles jetzt viel gelassener verfolgen. Das ist eine Tatsache, dachte ich. Du hast Marie zwar immerhin an die Brust gefasst, aber du hast noch nicht bei Marie gelegen. Du begehrst Marie, aber wie gut wäre es, wenn du früher bei einer anderen Frau gelegen hättest. Es würde alles vereinfachen, dachte ich, und meine Gedanken drehten sich immer wieder darum, dass ich es bereute, einst das Angebot einer solchen Schaufensterfrau nicht wahrgenommen zu haben. Tatsächlich fragte Marie jetzt, als habe sie meine Gedanken gelesen, allerdings ohne jeglichen Spott, „wüsstest du, zu welcher du hineingingest, wenn es jetzt, nur mal angenommen, dein Ansinnen wäre und nicht Walters? War schon eine unter den bereits Gesehenen, die dich in irgendeiner Weise ...", und Marie suchte nach dem ihr passend erscheinenden Ausdruck, ich sah es an der Art, wie sie plötzlich eine Handbewegung vollzog, als schraube sie eine Glühbirne ein, „gereizt hat, Robert? Mal ganz ehrlich!" Mich ärgerte, dass ich mit Maries Frage nicht so umgehen konnte, wie sie es verdient gehabt hätte. Stattdessen gab ich den Entsetzten, den peinlich Berührten und sagte, „um Himmels willen, nein!" Beinahe hätte ich gesagt, „ich will doch dich, Marie! Du bist es doch, die mich reizt!" Aber ich dachte zum Glück früh genug, entweder sie weiß es oder sie weiß es nicht; zu sagen brauchst du das nicht auch noch; du hast dich eh genug blamiert heute mit allzu viel peinlichem Gerede, und Marie flüsterte, „komisch, ich habe die ganze Zeit versucht, mit Männeraugen in diese Schaufenster zu sehen. Ich glaube, ich weiß, zu welcher ich hineingehen würde!"

„Zu welcher denn?", wollte ich tatsächlich wissen. Sie lachte verschämt und bestand darauf, ich möge raten. Mir fiel ein, dass sie auf Walters penetrante Frage, ob oder wie oft sie und ich Sex miteinander gehabt hatten, dieselbe Antwort gewählt hatte, *rat mal* nämlich. Wir hatten jetzt das Ende der Gasse erreicht und standen vor einer Mauer, die, läge sie nicht so zentral, gut Alkmaars Stadtmauer hätte sein können; auf alle Fälle sorgte sie für einen Abschluss; an dieser Stelle sollte es hochoffiziell nicht weitergehen. Ich wäre gerne mit Marie nach links abgebogen, auf paralleler Gasse zum Käsemarkt zurück, hätte am liebsten diese in jeder Hinsicht nur Verwirrung stiftende Rotlicht-Gegend schnell hinter mir gelassen, aber wir hatten uns bislang ja nur das Geschehen auf der rechten Seite angesehen, weil es zu viel Aufwand bedeutet hätte, ständig den Kopf von rechts nach links und wieder zurückzudrehen, als verfolgten wir eine Tennispartie etwa auf Höhe des Netzes. Mir war durchaus klar, dass Marie alles sehen wollte, also auch die Frauen in den Schaufenstern der nunmehr rechten Seite, nachdem wir kehrt gemacht hatten. Außerdem hatten wir ja diesen entsetzlichen Amerikaner, der sich bereits seit

Geraumem nicht mehr in Sichtweite befand, noch irgendwie am Hals und ich sagte, „vielleicht ist er ja schon fertig, wenn wir wieder den Ausgangspunkt erreichen", aber ich hatte es kaum ausgesprochen, da torkelte Walter uns aus einer heruntergekommen wirkenden Kneipe entgegen und wedelte mit den Armen. Marie rief ihm laut entgegen, „da bist du ja; wo hast du denn gesteckt?", und Walter grölte zurück, „just had a koffie!", und er rieb sich die Hände und sagte, jetzt allerdings zu mir, „koffie or liberty, you know?" Tatsächlich verströmte sein Atem Kaffeegeruch. Marie sagte, „du willst also noch immer deinen ...?", und nach einem Räuspern und einem Seitenblick zu mir, fuhr sie fort, „Damenbesuch?" Ich freute mich, dass Marie meinen Ausdruck aufgegriffen hatte, und Walter grölte, „here we go, you tell me which!", und Marie sagte, „wir haben noch nicht alle gesehen, Walter, wir müssen uns noch diese Seite vornehmen!" Ich bemühte mich, einen Punkt zu finden, den ich ungefährdet ins Auge fassen konnte, einen neutralen Punkt quasi, was gar nicht leicht war in dieser Rotlichtarena. Mir war der Rückweg durch diese Gasse mit Walter neben uns noch unangenehmer als der Hinweg ohne Walter, und ich schämte mich, dass ich nicht *über den Dingen* stehen konnte, ich hätte gern über den Dingen gestanden, wie man sagt, aber es war mir nicht möglich, und ich entschied mich, auf den Boden zu sehen beim Schlendern. Nach wenigen Schritten jedoch merkte ich, das war noch lächerlicher, und ich schaute nun wieder bewusst in jedes Fenster hinein und sah prompt in eines, in dem sich zwei farbige Frauen zusammen in einen Korbsessel gezwängt hatten. Die rechte der beiden zwinkerte mir zu und öffnete ihren lila angemalten Mund einen Spaltbreit, und Marie sagte leise, „was bedeutet das, gehen zwei Männer hinein oder bedienen beide einen?", und ich sagte, „woher soll ich das wissen?" Marie blieb stehen, sodass auch ich und Walter stehen blieben, und zu dritt sahen wir nun in das Fenster mit den beiden Farbigen, und ich dachte, sie ähneln sich, vielleicht sind sie Schwestern, aber vermutlich waren sie nicht Schwestern. Marie winkte Walter dicht heran und flüsterte etwas, das ich nicht verstehen konnte, obschon es erstaunlich leise war auf einmal. Man hätte meinen können, der Geräuschpegel wäre auf ein Zeichen hin halbiert worden trotz der wachsenden Passantenzahl; es war regelrecht still jetzt. Alles, was ringsum gesprochen wurde, wurde geflüstert oder zumindest so leise gesprochen, als befände man sich in einer Kirche. Nur Walter sprach nicht leise, er grölte unverändert vulgär, „no niggers!", und ich dachte, auch noch Rassist, das ist ja die Höhe. Ich dachte, ich würde sofort diese beiden Frauen wählen, wenn ich er wäre und lächelte die beiden Schönheiten an. Sie wurden ein wenig nervös, sie merkten, dass es um sie ging, dass sie unser Thema waren, und ich hoffte, dass sie hinter ihren Scheiben nichts von Walters Beleidigung mitbekommen hatten. Anscheinend war das nicht der Fall, denn sie lachten, mit ihren buntbemalten Mündern, und Walter zog Marie weiter wie ein quengelndes Kind auf dem Weg zum nächsten Karussell. Ich winkte den beiden Farbigen verstohlen zu, ich wollte mich vermittels dieses Winkens mit ihnen solidarisieren, gegen den rassistischen Amerikaner solidarisieren. Naturgemäß verstanden sie meine Geste miss und drohten mir symbolisch Fausthiebe an, und ich suchte schnell den Anschluss an die vorausgeeilte Marie und damit zwangsläufig auch an den ekeligen Walter.

Hier hätte sie ihn gerne hineingeschickt, dachte ich, und ich überlegte mir, was in Marie vorgegangen sein mochte, dass sie für Walter ausgerechnet zwei Frauen aussuchen wollte, und ich fragte leise, „nach welchen Kriterien suchst du denn aus?" Marie sagte, „wie schon erwähnt, ich versuche, das alles aus Männeraugen zu betrachten!" Zugegebenermaßen war mir das ausgesprochen unangenehm, denn es setzte ja voraus, dass Marie nicht nur männlichen und weiblichen Klavieranschlag unterscheiden konnte, sondern auch männlichen und weiblichen Blick, und ich fragte mich, ob in einer solchen Unterscheidung nicht automatisch eine Vorverurteilung stecken musste; ich sagte, „Marie, lass uns das alles bitte schnell zu Ende bringen, ich muss nämlich mit dir reden!" Dahinter steckte meine Sorge,

Marie würde sich durch ihre für den peinlichen Walter zu treffende Entscheidung mit der letztendlich Gewählten zwangsläufig vergleichen müssen und sich den ganzen Akt, ich dachte tatsächlich das Wort *Akt*, vorstellen, visualisieren gewissermaßen, und zwangsläufig würde sie Walter ausziehen müssen in ihrer Vorstellung, und dieser Gedanke war mir der fürchterlichste. Ich musste mich Marie erklären, ich hatte jetzt tatsächlich ein übles Herzrasen ähnlich dem vom Nachmittag, ich sagte, „Marie, erregt dich dieser fürchterliche Amerikaner etwa?", und ich merkte, dass ich weit über das Ziel geschossen hatte, wie man sagt. Ich hätte vorsichtiger fragen sollen, etwa, hast du überhaupt irgendwelche Sympathien für diesen Lump, dass du ihm auf den Leim gehst, aber ich hatte *erregt dich dieser Amerikaner* gesagt, und ich hatte nicht einmal Vorsorge getroffen, dass Walter es nicht hörte, obwohl es mir andererseits gleichgültig war.

Marie setzte einen vorwurfsvollen Blick auf und zischte, „bist du vollends wahnsinnig geworden?"

„Warum du das alles hier überhaupt tust, will mir nicht in den Kopf!", sagte ich, und klatschte mir peinlicherweise die flache Hand vor die Stirn. Marie blieb stehen, diesmal vor einem Schaufenster, dessen Vorhänge zugezogen waren. Ausgerechnet neben zwei Männern, die offensichtlich kurz davor waren, handgemein zu werden, blieb Marie stehen, und sie sagte, „was du eigentlich willst, ist mir nicht klar, Robert! Haderst du noch, dass wir hergekommen sind? Ich dachte, wir hätten einen Entschluss gefasst!" Sehr scharf sagte sie das, und ich fühlte mich geradezu abgekanzelt. Ich erwiderte, „verzeih, es war nicht so gemeint", obwohl das selbstredend eine Lüge war, und Marie gab zurück, „du merkst wohl gar nicht", woraufhin ich Marie unterbrach, „was hätte ich denn merken sollen?" Ich wartete jedoch gar nicht erst auf eine Antwort, sondern gab sie gleich selbst. „Ja, doch, sicher merke ich!", und sie sagte, „dann ist es ja gut!", was allerdings nicht der Tatsache entsprach, denn gut war in diesem Moment nichts.

Walter hatte nicht mitbekommen, dass wir wegen unseres Disputs stehen geblieben waren und drehte sich jetzt zu uns um, sodass wir uns beeilten zu ihm aufzuschließen. Marie wandte sich überraschend selbstbewusst an Walter, „Du willst also, dass ich für dich aussuche, also suche ich aus und du akzeptierst meine Wahl für dich, ist das klar?"

Ich dachte, diese Frau, also Marie, hat gleichzeitig zwei Männer in der Hand, dich hat sie zweifelsohne schon seit unserer Ankunft in der Hand, aber auch den unappetitlichen Amerikaner, denn Walter zeigte plötzlich eine Miene ergebener Gehorsamkeit, und Marie sagte, „wir gehen zurück, du nimmst die Negerinnen!", und ich dachte, was für ein Unterschied, ob Walter *niggers* oder ob Marie *Negerinnen* sagt. Der Ausdruck *Neger* ist ja verpönt, weil diskriminierend, aber eigentlich, dachte ich, ist er nur angeblich diskriminierend, in Wirklichkeit denke ja auch ich, wenn ich beispielsweise einen Tutsi oder einen Hutu sehe, aha, ein Neger, ohne jegliche Diskriminierungsabsicht, und wir standen schon wieder vor den beiden Frauen, die mir soeben eine Drohgebärde gewidmet hatten, und Marie sagte mit aller ihr zur Verfügung stehender Strenge, „da gehst du hinein, sonst spiele ich nicht mehr mit!"

„Oh shit! No niggers!", protestierte Walter, aber Marie ließ sich nicht beeindrucken, sie sagte leise, allerdings immer noch genau so streng, „dann eben nicht! Dann eben nicht, dann mach doch, was du willst, aber lass Robert und mich gefälligst in Frieden!" Das war dem Ekeligen offenbar Warnung genug. Walter fügte sich jetzt tatsächlich und ging auf das Schaufenster zu, und ich dachte, jetzt begeht er Marie zuliebe *Rassenschande*, so empfindet er das doch, und Marie und ich beobachteten die Szene, die sich jetzt abspielte, ganz genau.

Eine der beiden Frauen erhob sich und begab sich hinter einen Paravent, während die andere den Vorhang zuzog, und es öffnete sich jetzt die schmale Tür neben dem Schaufenster, und Walter verschwand. „Und nun", sagte ich, „nun bleiben wir hier stehen und warten, bis der gnädige Herr sein Geschäft verrichtet hat! Ich nehme an, so hast du dir das gedacht!"

Marie antwortete, „ich habe mir nichts konkret gedacht, aber ich möchte hier eigentlich nicht stehen bleiben!", und ich sagte, „wir hätten besser einen Treffpunkt ausmachen sollen!" Mir war sofort bewusst, dass das eine überflüssige Bemerkung gewesen war, und ich ergriff Maries Hand und zog sie fort von diesem mittlerweile abgedunkelten Schaufenster, und wir gingen zügig zum Ausgangspunkt, zum Beginn der Lastergasse zurück. Es war mir jetzt nur wichtig, aus der Rotlichtspannung herauszukommen, und ich hetzte Marie geradezu mit meinem Schritt, bis wir wieder vor der Auslage des Sex-Shops standen. „Mir ist kalt, auf einmal ganz kalt!", klagte Marie, und ich sah, dass sie tatsächlich zitterte, „ich weiß auch nicht", sagte sie, „ich weiß auch nicht", mehrere Male sagte sie *ich weiß auch nicht*, und ich nahm sie in den Arm, um sie zu wärmen, und so aneinander lehnend, betrachteten wir mehr oder weniger zufällig die in der Auslage des Sex-Shops feilgebotenen Waren. Als Erstes fiel mir auf, dass nicht ein einziger Gegenstand mit einem Preis ausgezeichnet war, und erst jetzt erkannte ich, was wir uns da ansahen in unserer Wärmungsumarmung. Es waren ausschließlich Lächerlichkeiten, Genitalienreproduktionen in grotesk unrealistischen Größen sowie Videokassetten mit pornografischen Abbildungen. Aufgeschlagene Heftchen, in denen Verrichtungen zu sehen waren, die mir an der Seite der von mir geliebten Marie überaus peinlich waren. Ich musste an Maries Ausdruck *mit männlichen Augen* denken. Ausgerechnet neben Marie, dachte ich und schämte mich sehr, weil ich mir vorstellte, wie Marie sich die Wirkung des im Sexshopschaufenster Ausgestellten auf jemanden wie mich vorstellte. Marie zitterte immer stärker, und bedauerlicherweise begann es jetzt auch noch zu regnen. Trotz schneidenden Windes regnete es jetzt auch noch, und ich sagte zu der von mir umarmten Frau, „lass uns doch irgendwo einkehren, wir holen uns ja den Tod!" Sie jedoch hielt dagegen; „wir müssen auf Walter warten!", und ich fragte, „wie lange sollen wir denn hier warten und frieren, er kann sich ja ein wenig Mühe geben, uns zu finden, wir brauchen uns ja nicht weit zu entfernen!" Marie sagte, „gut, nehmen wir irgendwo Unterschlupf", und wir wollten uns gerade abwenden von dieser Auslage des Sex-Shops, da zeigte Marie auf eine Fotografie, und sie sagte, „sieh nur!" Ich sah diese Fotografie und schämte mich über alle Maßen, weil ich sofort dachte, alles, was wir hier erleben heute Abend, ist zwar sexuell, aber alles vereitelt meine Absicht, die ebenfalls eine sexuelle ist. Diese Fotografie zeigte sieben entblößte Männer und eine Frau im Profil. Sie bildeten eine Reihe.

Sechs der Männer pfählten das Hinterteil des jeweils vor ihnen Stehenden. Nur der vordere, siebte Mann, dessen erigiertes Gemächt im Gegensatz zu denen der anderen ganz zu sehen war, lag auf der ausgestreckten Zunge einer knienden, übrigens festlich gekleideten Frau. Ich dachte, wäre Marie wenigstens dieser Anblick erspart geblieben, und ich sagte, „das ist ja grauenhaft!", und Marie zeigte noch immer auf diese Fotografie und sagte, „sieh doch nur!" Aus ihrem Tonfall ließ sich heraushören, dass sie entsetzt war, und ich griff nach ihrer zeigenden Hand und küsste sie und sagte, „Marie, lass uns bloß gehen!" Sie aber flehte geradezu, „sieh dir das doch an!"

„Ich sehe es ja, ich finde es widerwärtig!", sagte ich, und sie sagte, „ich kenne das Bild; mein Vater hat ein Buch, da ist das da auch drin. Ein Buch mit Fotos aus dem neunzehnten Jahrhundert. Er wusste nicht, dass ich es mal entdeckt habe. Er dachte, ich wüsste nicht, dass er es besaß."

Der Regen hatte zugenommen, wir wurden jetzt empfindlich nass, ich fror ebenfalls. Marie zitterte heftig, vielleicht wegen der Kälte, vielleicht auch wegen der Aufregung, und ich legte meinen Arm um sie und rieb ihre Schulter. Sie hat Walter zum Glück vergessen, dachte ich, zumindest in diesem Moment, und ich sagte, „lass uns zum Käsemarkt gehen, da können wir uns zumindest unterstellen oder irgendwo noch ein Glas trinken, einen Tee vielleicht oder einen Kaffee, etwas Warmes jedenfalls!"

Anstatt gemütlich im Hotel zu sitzen und miteinander zu reden oder beieinanderzuliegen, mussten wir uns mitten in Alkmaar Kälte und Nässe erwehren und Eindrücke abschütteln, die uns der widerliche Amerikaner aufgezwungen hatte, zumindest mittelbar. Anstatt mit Marie Zärtlichkeiten auszutauschen, setzte ich mich der Grobheit übelster Foto-Pornografie aus, und ich war mir sicher, dass es nun nichts mehr werden würde mit dem Beieinanderliegen in vermehrungssymbolischer Absicht. Das entmutigte mich in gewisser Weise. Das erste vertrauenerweckende Lokal, an dem wir vorbeikamen, war die Pizzeria *Portofino*, und ich fragte Marie gar nicht erst, ich führte sie entschlossen ins *Portofino* hinein. Der uns dort entgegenströmende Knoblauchgeruch erinnerte mich daran, dass ich noch immer nichts gegessen hatte, und ich sagte zu Marie, „wir wärmen uns ein wenig auf hier und ich esse eine Kleinigkeit, wenn du erlaubst." Eine junge Frau, die der auf dem Marie bekannten Foto im Sexshop nicht unähnlich sah, begrüßte uns gleich im Eingang und führte uns zu einem freien Tisch. „Ist es dir recht?", fragte ich insgesamt zweimal, denn Marie reagierte nicht, ihr Gesicht wirkte wie versteinert, „ist es dir recht hier?" Sie schaute mir in die Augen, als sei sie bei einem wichtigen Gedanken gestört worden und sagte, „ja sicher, warum denn nicht?", und wir setzten uns. Die junge Frau legte uns zwei Speisekarten vor und fragte uns in nahezu perfektem Deutsch, ob wir bereits einen Getränkewunsch hätten. Ich bestellte einen Espresso, und Marie nach kurzem Nachdenken einen doppelten Genever. Ich schob die mir soeben vorgelegte Speisekarte zum Tischrand und sagte, „una insalata mista alstublieft!", und schaute Marie fragend ins Gesicht. „Danke, ich esse nichts", erklärte sie, und die Bedienung entfernte sich. Wir hatten einen Fensterplatz erwischt, und dem Ausblick auf die Gracht wohnte etwas Beruhigendes inne. Ich sagte, „Marie, ich bin entsetzt, dass wir uns den Abend verderben lassen, hören wir doch auf jetzt, lassen wir uns doch noch die letzten Stündchen …", ich sagte tatsächlich *Stündchen*, „… genießen!", und Marie sah mich an, als redete ich vollkommen Unverständliches. Ich sagte, „Marie, bitte sag etwas, egal was, aber sag etwas, ich weiß nicht, woran ich bin, wenn du nichts sagst!", und Marie sagte, „entschuldige, Robert!", und überraschend plötzlich hatte ihr Gesicht wieder die bekannte Wärme und Freundlichkeit, und ich sagte, „i wo, was hätte ich denn zu entschuldigen?", und sie sagte, „mein Benehmen, mein schreckliches Benehmen!"

„Ach Marie, was heißt denn hier schrecklich, ich glaube, es hat dich alles sehr angestrengt, das Ganze", und sie sagte, „ja, vielleicht!"

Ich hatte nicht die Absicht, noch einmal von Walter anzufangen, sie an Walter zu erinnern, wäre mir falsch vorgekommen; ich wollte mit Walter nichts mehr zu tun haben, mich nicht noch einmal von Walter stören lassen mit Marie, und als hätte sie meine Gedanken erraten, sagte sie, „sollen wir Walter sich jetzt selbst überlassen?" Ich bejahte begeistert. „Er ist ja angeblich fünfundfünfzig geworden, da wird er alt genug sein", sagte ich und Marie lächelte wieder und sagte, „mir ist es recht, ich denke, er wird schon mit einem Taxi zum Hotel zurückfinden. Geld scheint er ja bei sich zu haben!" Selbst wenn nicht, was geht es uns im Grunde an?", so meine Worte, und sie sagte, „ja genau, was geht es uns eigentlich an?" Wir schauten eine Weile schweigend auf die Gracht und beobachteten die wenigen Menschen, die sich dicht an den Häusern entlang bewegten, als könnten sie so dem Regen entkommen.

Der hatte unterdessen noch zugenommen, und die Frau setzte uns unsere Getränke vor, allerdings nicht unserer Bestellung gemäß, denn sie dachte mir den Schnaps und Marie, *der Dame*, wie ich dachte, den Espresso zu. Wir klärten sie allerdings nicht auf, sondern warteten, bis sie wieder verschwunden war und tauschten dann erst die Getränke aus; ich berührte dabei absichtlich Maries Hand. Diese Berührung erregte mich, und ich nahm kurz entschlossen meinen Mut her und sagte, „Marie, darf ich dich einmal fragen, was du über mich denkst?"

Es entstand eine quälende Pause, in der wir uns, beide sichtlich verlegen, in die Augen schauten. Dann flüsterte Marie, „einen Kuss, schnell!" Ich war überrascht, aber ich stand auf und beugte mich über den Tisch und küsste Marie flüchtig auf ihre Lippen, und als ich mich wieder setzte, stieß ich gegen die Espressotasse, deren Inhalt sich in rasendem Tempo über das weiße Tischtuch ergoss. Ich sah mich auf der Stelle nach der jungen Frau um, als ob ich im Falle der Nichtbeobachtung meines Missgeschickes die Spuren noch hätte verwischen können. Aber sie eilte bereits mit einem frischen Tischtuch herbei und sagte übertrieben freundlich und wieder in korrektem Deutsch, sie bringe mir sofort einen neuen Espresso, und wir hielten das Geneverglas und die Espressotasse und den Aschenbecher hoch, damit die Italienerin das begossene Tischtuch wegziehen und das frische platzieren konnte. Ich beteuerte, es tue mir leid, und Marie lachte zum ersten Mal seit Walters Sterbenummer während unserer Ankunft. Mein Missgeschick und die mit ihm verbundenen Umstände hatten eine mutige Frage, die im Grunde für mich alles entscheidende Frage, wie ich dachte, ärgerlich lange im Raum stehen lassen. Ich versuchte, Gelassenheit an den Tag zu legen, obschon es ja später Abend war und leider der vielleicht letzte, wie ich dachte, eine Gelassenheit also, die ich nicht besaß. Morgen Abend verkauft sie ja ihr Haus, dachte ich.

„Wie denkst du über mich, habe ich mich lächerlich gemacht?", fragte ich Marie, nachdem die junge Frau, die mich noch immer an die Kniende auf dem Foto erinnerte, mit zusammengeknuddeltem Tischtuch das Weite gesucht hatte. Kaum war das Wort *lächerlich* ausgesprochen, erinnerte ich mich an mein Jungfräulichkeitsgeständnis, mit dem ich mich in gewisser Weise lächerlich gemacht hatte, und ich wunderte mich im selben Moment, dass mir im Zusammenhang mit mir selbst das Wort Jungfräulichkeitsgeständnis einfallen konnte, wo das Wort Jungmännlichkeitsgeständnis ja das zutreffendere gewesen wäre. Aber, dachte und denke ich, das klingt noch lächerlicher, ein Jung*männ*lichkeitsgeständnis ruft eine andere Erwartung hervor.

Sich die Hörner abstoßen, dachte ich, eher etwas in dieser Richtung, eigentlich das Gegenteil des Gemeinten, und so war der Ausdruck *Jungfräulichkeitsgeständnis*, so lächerlich er im Grunde war, durchaus am Platz. Ich erinnerte mich, dass ich mich während der gemeinsamen Stunden mit Marie mehrfach und immer wieder lächerlich gemacht hatte, und mich beschlich ein allgemeines Unbehagen, worauf ich, obschon es gemütlich warm war im Portofino, erneut zu zittern begann.

Marie sagte nichts. Ich dachte, jetzt hast du ihr deine Lächerlichkeit erst recht vorgeführt, sozusagen in den Mund gelegt, jetzt denkt sie über deine Lächerlichkeit erst recht nach. Vielleicht hat sie zuvor nichts Lächerliches an dir gesehen, aber jetzt misst sie die gehabten Eindrücke mit deiner ihr ausgerechnet von dir selbst in den Mund gelegten Lächerlichkeit. Ich hatte Wut auf mich, und ich nahm einen Schluck aus Maries Geneverglas und sagte, „entschuldige, ich bin etwas aufgeregt!"

„Du wirst es nicht glauben", sagte Marie endlich, und sie überlegte lange, bevor sie weitersprach.

Sie beugte sich ein wenig vor und sagte, „ich bin wirklich ein verrücktes Weib!", und ich dachte sofort, das klingt günstig, jetzt sagt sie etwas unerwartet Positives, vielleicht ist es doch noch nicht entschieden, dass nichts mehr passiert zwischen uns. Ich dachte tatsächlich *passiert*, ich erwartete im Zusammenhang mit dem *verrückten Weib* irgendeine Intimität, und sie flüsterte, „ich weiß selbst, wie verrückt es ist, was habe ich doch schließlich gelitten, ich dumme Kuh, nicht wahr?" Während sie das sagte, hoffte ich tatsächlich, sie wird intim jetzt, sie hat mit dir auf dieses grauenhafte Foto gestarrt, das sie aus einem Buch ihres verstorbenen schwulen Vaters kennt, auch ihr Mann war ja schwul, fiel mir jetzt ein, und ich sagte, „was heißt schon verrückt!", und sie sagte, „doch, doch, aber trotzdem, ich möchte jetzt wieder gerne rauchen!" Mit dieser Wendung hatte ich naturgemäß nicht gerechnet. Ich war vor den Kopf gestoßen von diesem Bekenntnis, und mir fiel nichts ein dazu. Ich stammelte vermutlich.

„Ja, warum denn, warum denn nicht? Hast du denn noch ... Zigaretten?" Sie kicherte und sagte, „eben nicht! Ich habe sie in den Mülleimer geworfen. Jetzt aber will ich doch noch eine!"

„Gut, kaufen wir halt welche!", schlug ich vor. Es dauerte kaum eine Minute, und die Frau mit der gewissen Ähnlichkeit war wieder an unserem Tisch und brachte den bestellten Salat. Ich bat um Zigaretten, und Marie ergänzte, „Caballero bitte, ohne Filter!" Die Bedienung nickte, wünschte mir einen guten Appetit und entfernte sich. Marie kicherte neuerlich und schüttelte den Kopf. „O je, ich bin ein verrücktes Weib!" so sie. Ich befasste mich mit meinem Salat, der mich mit einem Mal überhaupt nicht mehr reizte.

„Du hast mir meine Frage noch nicht beantwortet, Marie!", sagte ich nach der ersten Gabel voll. Es war zu viel Mayonnaise an meinem Salat, und ich musste mich gegen ein Ekelgefühl erwehren. Ich fühlte mich ins Maritimarestaurant auf dem Werth versetzt und dachte, eigentlich ist sie dir noch genauso fremd wie im Maritimarestaurant auf dem Werth, und die Bedienung legte genau in diesem Augenblick eine Schachtel Caballero und ein Heft Streichhölzer auf den Tisch. Wir sagten gleichzeitig „Danke!" Marie öffnete die Caballeropackung ebenso ungeschickt wie am Vortag. Das überraschte mich, denn ich hielt sie alles in allem für eine geschickte Frau. Allein wie sie unsere Kleidung zu Bündeln geschnürt hatte innerhalb kürzester Zeit, hatte mir Bewunderung abverlangt. Die Zigaretten hingegen öffnete sie ungestüm und in gewisser Weise geradezu zerstörerisch. Sie zerriss beinahe die ganze Packung, ehe sie endlich eine Zigarette in der Hand hielt. Ich sagte, „es stört mich nicht, wenn du sie anzündest, rauche ruhig, Marie! Der Salat schmeckt mir ohnehin nicht!" Wie groß mein Hunger allerdings war, merkte ich erst beim Essen, und Marie hielt die Caballero noch unschlüssig in ihrer Hand und sagte, „ich weiß nicht, was du meinst, Robert!", und ich dachte, das kann doch einfach nicht wahr sein. „Hast du denn noch gar nicht daran gedacht, was aus unserer noch jungen Bekanntschaft werden wird?", wollte ich wissen, doch bekam ich darauf keine Antwort; vielmehr hatte Marie wieder den mir bereits verträumten, etwas weggetretenen Blick. Ich sagte „Marie!", ich sagte mehrere Male und viel zu theatralisch „Marie!"

„Ich weiß nicht, was du meinst!", gab Marie endlich zurück. „Wie es mit uns weitergeht, das meine ich natürlich! Sehen wir uns wieder oder war es das, wenn wir wieder daheim sind?" Marie errötete nun.

In diesem Moment hatte ich nicht damit gerechnet, dass sie erröten würde. Sie zündete sich unsicher die Caballero an und hustete prompt; und dann sagte sie, den Blick auf die Gracht richtend, "es ist viel geschehen zwischen uns, nicht wahr?", und ich nickte.

Aber Marie sah mein Nicken nicht, und deshalb sagte ich nach einiger Zeit, "ja, sehr viel, viel zu viel, als dass ich darüber so einfach hinweggehen könnte, Marie!"

"Viel zu viel?", flüsterte sie. "Weißt du", und ich zuckte zusammen, ich hasse nichts mehr, als wenn jemand *weißt du* zu mir sagt, *weißt du*, ist erheblich schlimmer als *wissen Sie*, aber ich wollte mich nicht daran aufhängen. Ich sagte "ja, was denn, Marie?", und sie sagte, "soeben in dieser Straße, ich habe mir alle Frauen daraufhin angeschaut, ob sie dich erregen könnten; hab mir überlegt, wie die Frau aussieht, die dich erregt!" Ich konnte nicht umhin, obschon ich es für ein geradezu makabres Spiel hielt, das sie mit mir spielte, zu sagen, "das weißt du doch, die Frau die mich erregt, sieht aus wie du." Ich dachte, jetzt hast du es angefangen, jetzt bringst du es zu Ende, und ich sagte, "ich will mit dir schlafen, Marie!", und ich dachte, jetzt bist du zwar eindeutig geworden, aber es ist dennoch alles Unsinn, warum wirst du nicht obszön, das, was du meinst, ist eigentlich nicht anders als obszön zu sagen. Du willst mit ihr ja nicht nur *schlafen*, wie man sagt, vorher soll ja etwas anderes geschehen, und ich sagte, "nein, nicht schlafen, sondern ...", aber ich wagte es nicht, ein anderes Wort zu benutzen, obschon es am Platz war, und Marie bemerkte meine rhetorische Schwierigkeit und fragte, "meinst du das Lieblingswort von unserem Walter?" Ich fürchtete, die Erinnerung an *unseren Walter* würde uns erneut vom Thema abbringen, und ich sagte, "Ficken ist so ein hässliches Wort, Marie! Ich hasse es!", und sie sagte, "ja, es klingt hässlich, aber wir wissen, was gemeint ist", und sie sagte, "Vögeln oder Bumsen ist auch nicht unbedingt besser, finde ich!" Woher kennt eine Frau wie Marie solche

Ausdrücke, dachte ich, woher kennst du eigentlich selbst diese Ausdrücke, dachte ich, und ich sagte, „nenne es wie du willst, aber darum geht es im Grunde, da hast du recht. Nenne es, wie du willst, aber genau das will ich mit dir tun, Marie. Das ist mein Herzenswunsch im Moment!"

Kaum hatte ich das ausgesprochen, merkte ich, es war nicht die Wahrheit, jedenfalls nicht die ganze Wahrheit, es ging mir nicht allein darum. Es war nicht das Sexuelle allein, das ich mir wünschte. Es ging mir um einen Austausch mit der Pianistin Marie, der ich einen Steinway kaufen wollte. Das dachte ich und nichts anderes. Ein Einswerden mit der Geliebten, die mich an ihrem Klavierspiel teilhaben lässt wie an ihrem Busen, sei es an der Sturmsonate, sei es an jedweder Klaviermusik, dachte ich. Schlimmstenfalls sogar Mozart, dachte ich. Nichts anderes als die ganze Marie mitsamt ihrer Sexualität, dachte ich. Die Marie, die mit dir essen und trinken sollte, dachte ich. Die mit dir zusammenliegen sollte vermehrungssymbolisch, das dachte ich. Die ihr Leben, den Rest ihres Lebens mit dir teilen sollte, nichts anderes dachte ich in diesem Moment, wenn ich ehrlich bin.

Marie drückte die Caballero schon wieder aus, immer noch so ungeschickt wie am Vorabend.

Sie nahm ihren Genever und nippte daran und sagte, „ich habe auch darüber nachgedacht, Robert! Es gefällt mir, es schmeichelt mir, ganz ehrlich, dass du das mit mir willst; es macht mich richtig stolz, Robert! Aber *weißt du* ...", und ich musste mich wieder beherrschen, innerhalb kürzester Zeit gleich zweimal *weißt du*, das war schlimm für mich, und sie wiederholte jetzt ausgerechnet das *weißt du*, weil sie noch nicht vorformuliert hatte und nach der richtigen Ausdrucksweise suchte, „weißt du, ich möchte es erst einmal nicht – so nicht jedenfalls." Ich erkundigte mich so ruhig und gefasst wie möglich, „was meinst du mit *so nicht jedenfalls*, geht es dir zu schnell, meinst du das?" Sie sagte „nein, nein, Robert, zu schnell nicht, aber es ist eben ganz anders, als ich es mir vorgestellt habe!" Ich wandte ein, „das weißt du doch noch nicht!", ich machte mich jetzt vollends zum Narren, „wir wissen es doch beide noch gar nicht, Marie, warum versuchen wir es nicht miteinander?", und ich dachte gleichzeitig, was hat es für einen Sinn, und ich ärgerte mich über mich, dass ich Argumente anbrachte, wo gar keine Argumente gefragt waren. Ich sagte, „verzeih, ich verstehe schon!", aber das war nicht wahr, verstanden hatte ich nämlich nichts, ich hatte lediglich eingesehen, dass ich meinen Herzenswunsch so schnell wie möglich vergessen musste, wollte ich nicht die Achtung vor mir selbst verlieren. Sie sagte, „ach Robert, du verstehst mich vielleicht doch nicht, sei doch bitte nicht gekränkt!", und ich sagte, „ich bin gar nicht gekränkt, Marie, überhaupt nicht! Ich bin vielleicht ein wenig enttäuscht, aber das gibt sich!", und ich nahm eine letzte Gabel voll Salat und schob die Schüssel an den Rand des Tisches, und ich sagte, „lass uns von etwas anderem reden! Ist dir eigentlich aufgefallen, dass unsere Bedienung hier enorm der Frau auf dem Foto ähnelt?", und Marie seufzte. „Aber bitte nicht gerade davon!", bat sie. „Es weckt zu viele unangenehme Erinnerungen, wenn du verstehst!" Ich verstand zwar nicht, nickte aber.

„Dann lass uns von deiner Karriere als Pianistin reden!", schlug ich vor. „Spielst du für dich noch regelmäßig?" Die Bedienung erschien, räumte meinen Teller, die Espressotasse und das Geneverglas auf ein Tablett und fragte, ob wir noch einen Wunsch hätten.

Beide schauten wir kurz aus dem Fenster, als ob es des Regens bedurft hätte, um eine Entscheidung zu fällen; im Falle Maries war es offenbar so, sie sagte, „ja, ich möchte noch so einen Genever!", und ich sagte, „mir dann bitte ein Wasser!", und ich korrigierte mich sogleich, sagte, „nein, nicht Wasser, ein großes Bier, bitte!", und ich dachte, es ist alles eine einzige Verrücktheit. Alles ist tatsächlich eine einzige Verrücktheit, dachte ich. Was kommst du auch jetzt noch auf dumme Gedanken, dachte ich. Ich sagte zu Marie, die wieder hinausschaute, „in Zukunft werde ich immer an dich denken, wenn ich Wien höre!", und das war wahr. Kaum hatte ich das gesagt, hörte ich auch schon Wien. Ich hatte es sofort im Kopf trotz der irgendwo im Hintergrund plätschernden Schlagermusik; es war die Coda, die letzten sechs Minuten, und ich sagte, „wirst du mich einmal besuchen und mir etwas vorspielen, Marie?" Marie errötete. „Ich weiß gar nicht, ob ich das noch kann, ich habe Jahre nicht mehr geübt", so sie. „Vielleicht spielst *du mir* etwas vor", und ich sagte, „ich spiele gar nicht Klavier!" – „Du hast eins und spielst nicht?", wunderte sich Marie. Ich sagte, „ja, einen Steinway!", obwohl ich diesen Steinway ja in Wahrheit noch gar nicht hatte und erst an diesem Abend auf den Gedanken gekommen war, ein solches Instrument anzuschaffen, weil ich es mir nämlich leisten konnte. Dass ich es mir leisten konnte, hatte ich mir immerhin mühsam genug erarbeitet. „Ja", sagte ich, „aber ich spiele nicht darauf!", und sie sagte, „das gibt es doch nicht, er hat einen Steinway und spielt kein Klavier!", und ich sagte, „verrückt, nicht?", und sie sagte, „das kann man wohl sagen!"

Ich streckte Marie meine Hand hin, in der Hoffnung, sie würde sie ergreifen, und sie ergriff sie tatsächlich. Ich sagte, „nun, was ist, kommst du und spielst bei mir?", und sie sagte, „ja, warum eigentlich nicht?" Was hätte sie auch sonst sagen sollen, frage ich mich heute. Wir lachten beide unbeholfen, und ich fragte, „wann?", und sie sah mich verblüfft an, als sei mein *wann* eine nicht zu verstehende Frage, und ich präzisierte, „schon nächste Woche? Hast du Lust?" Ich war aufgeregt, und sie sagte, „ich weiß nicht, ich werde viel um die Ohren haben in der nächsten Woche!"

„Verstehe, das Haus", sagte ich und sie nickte und sagte, „und die Beerdigung! Unter anderem auch das Haus, aber das ist ja wahrlich nicht alles!", und jetzt nickte ich. Marie nahm die nächste Zigarette aus der Packung und zündete sie an. „Komm, gib mir auch eine, es ist ja eh alles eine einzige Verrücktheit!", sagte ich, und sie gab mir ihre bereits angezündete Caballero und nahm sich selbst eine neue.

Ich fragte, „verträgst du es heute schon besser?", und sie antwortete, „ich denke schon, aber es schmeckt mir immer noch nicht!", und ich wollte wissen, „warum tust du es dann?", und sie sagte, „weil ich es will, weißt du!", und ich zuckte zusammen. „Zu Hause war es ein Tabu, Robert! Robert verbat es mir, danach mein Vater, aber jetzt ist er tot und Robert ist eh schon lange tot! Jetzt sind alle tot, die mir das Rauchen verbieten können!" Die Bedienung stellte mir ein naturgemäß nicht ganz volles Glas Bier hin. Maries Genever hatte sie vergessen, und sie entschuldigte sich und hastete zurück zum Tresen und war wenige Sekunden später mit Maries Bestellung zurück und entschuldigte sich noch einmal. „Wir könnten auch eine Partie Schach spielen, wenn du kommst!", sagte ich. Das war ganz unvermittelt über meine Lippen gekommen, ich war darüber beinahe genau so erstaunt wie Marie, und mir fiel ein, dass sie am Morgen eine Andeutung gemacht hatte, und ich fragte, „warum spielst du eigentlich nicht mehr, du wolltest es mir doch erzählen!", und sie sagte mit einem Schmollmund, „und du wolltest mir deine Kussgeschichte erzählen! Hast du auch nicht getan!"

„Was hat das denn damit zu tun?", fragte ich, und sie nippte am Schnaps und inhalierte einen kräftigen Zug aus ihrer Caballero. „Es ist eine unangenehme Erinnerung, weißt du, es passt vielleicht nicht hierher!"

„Das kannst nur du entscheiden!", räumte ich ein, während ich über ihre letzte Bemerkung nachdachte, und sie sagte, „also gut, in aller Kürze dann! Ich spielte damals viel mit Robert, wir waren ziemlich gleich stark, und es war immer offen, wer gewinnen würde, und ..."

Sie schaute aus dem Fenster und machte eine Pause, und ich wiederholte „und", und sie wiederholte ihr „und", mehrere Male sagte sie „und", ohne ihren Satz zu vollenden. Erst jetzt merkte ich, dass sie an Schach dachte und nicht ans Klavierspiel, an das ich jedoch gedacht hatte.

Dann sagte sie, „ich möchte es doch nicht erzählen, akzeptierst du das?"

Ich nickte und mir kam Waltz for Debby in den Sinn, die Komposition von Bill Evans, die mir die wichtigste ist. Ich sagte nach einiger Zeit, ich hatte mir im Kopf die Version angehört, die Evans kurz vor seinem Tod in Bad Hönningen einspielte, ich hatte Evans aber damals, also im Jahr 1980, noch nicht gekannt und war darum nicht zugegen gewesen in Bad Hönningen, „ich möchte dich mit Bill Evans bekannt machen!" Marie zog ihre Brauen hoch, und ich sagte, „ja, unbedingt, wenn du Jarrett liebst, wirst du ihn auch lieben, er ist genauso wichtig, glaub mir, und sie sagte, „gerne!", und ich sagte, „oh ja, das werden wir tun. Es gibt eine Menge wichtiger Musiker, die ich dir vorstellen möchte, du wirst öfter kommen müssen, wir schaffen das gar nicht an einem Abend!"

Marie lachte und sagte, „wenn ich dann noch da bin", und ich erschrak über diesen Einwurf und fragte, „was soll das heißen?", und sie antwortete, „ich werde, wenn alles klappt, Wuppertal verlassen, aber mehr sage ich noch nicht dazu, ich bin nämlich abergläubisch!" Marie drückte ihre Zigarette aus und sagte, „drücke mir die Daumen, ja?", und ich nickte, obschon ich im Moment alles andere wünschenswert fand als Marie Wuppertal verlassen zu lassen.

Wie tief hast du dich verstrickt, dachte ich, vor zwei Tagen sah die Welt noch anders aus, vollkommen anders, vor zwei Tagen hätte jeder Mensch Wuppertal verlassen können, ohne dass ich ein Gefühl des Bedauerns gespürt hätte. Auch ich hätte jederzeit Wuppertal verlassen können, denn es liegt mir ja im Grunde an Wuppertal genauso wenig wie an jedem anderen Ort der Welt. Ich habe in Wuppertal *zufällig* mein Haus, weil ich in Wuppertal *zufällig* geboren wurde und zufällig in die Schule ging und zufällig mein Abitur dort machte und zufällig die Gerling-Niederlassung bekam. Mehr verband mich mit Wuppertal zeit meines Lebens nicht. Vor zwei Tagen noch hätte ich es als absurd abgetan, dass ich eine Frau begehren und lieben würde und alles aufs Spiel setzen würde, nur um dieser Frau nahe zu sein. Daran erinnerte ich mich, und ich dachte, du bist verrückt, du musst auf den Boden zurück, es ist alles ohnehin nur Illusion und nichts weiter. Es war richtig, mit solchen Geschichten niemals anzufangen; das dachte ich jetzt wirklich.

Gar nicht erst auf dumme Gedanken kommen, dachte ich.

Es ist noch nicht zu spät. Lass die Finger von dieser wunderbaren Frau, ein Mann in deinem Alter, dachte ich auf einmal, und ich drückte meine Caballero ebenfalls aus.

Ich dachte, du brauchst keine Frau. Als du eine hättest brauchen können, war keine da, und du hast dich abgefunden und eingerichtet und es zu etwas gebracht ohne Frau. Warum jetzt noch damit anfangen, warum alles zerstören *in deinem Alter*, und ich dachte weiterhin, die größte Dummheit wäre es, einen Steinway zu kaufen, aber ich sagte, „ja, hoffentlich klappt es, ich wünsche es dir!", und Marie sagte, „danke!", und ich ärgerte mich über mich, dass ich tatsächlich erwartet hatte, ein Wegzug aus Wuppertal könne *Marie* wegen *mir* leid tun, zumindest ein wenig. Was für ein grotesker Gedanke, dachte ich in diesem Moment, und ich hätte um ein Haar laut herausgelacht. Als ob sie mich vermissen müsse nach diesem *Ansmeerwochenende*, dieser Wahnsinnsidee, gemeinsam nach Holland zu fahren. Was für eine überhebliche Annahme, dachte ich, und ich sagte, „wir kennen uns ja in der Tat kaum!" Ein Satz, der mein Beleidigtsein verriet, wie ich jetzt denke, nicht der Satz eines Zweiundsechzigjährigen, sondern eines Sechzehnjährigen. Ich erinnere mich genau, in dem Moment hatte ich das unglaubliche *All the things you are* im Kopf, das Jarrett in Köln am 15. Oktober 1989 zunächst solo, dann mit den nacheinander doch noch einsetzenden Peacock und DeJohnette als Zugabe spielte, und mir schwindelte. Der zu hastig heruntergeschlungene Salat verursachte mir ein widerliches Aufstoßen. Ich hatte naturgemäß am 15. Oktober 1989 in der Kölner Philharmonie gesessen, ich weiß es noch genau, denn eigentlich hatte ich an diesem Tag bereits in der Früh nach Schoorl fahren wollen, ans Meer; ich bin dann aber erst nach dem Konzert nach Schoorl aufgebrochen; habe mich nach dem Konzert in mein Auto gesetzt und war direkt aus dem Parkhaus der Kölner Philharmonie heraus- und nach Schoorl gefahren.

„Ich frage mich gerade, was Walter wohl macht", sagte Marie, aber sie sagte es nicht besorgt, eher beiläufig, und ich sagte, „gut, dass wir ihn los sind!"

„Zu gern wüsste ich, was sich da abgespielt hat; meinst du, er hat sich tatsächlich mit beiden ...", und ich fiel ihr ins Wort, „der ist doch viel zu besoffen, der kriegt doch gar nichts mehr mit!"

Ich sah im Geist die beiden Negerinnen vor mir, vor allem die, die mir zugezwinkert hatte, und die Vorstellung, dass der Amerikaner diese Frauen anfassen und sie umarmen und sich an sie drücken würde, versetzte mir erstaunlicherweise einen Stich. Ich malte mir aus, wie Walter sie beleidigte, und ich hasste ihn dafür, während ich naturgemäß mit den beiden Frauen Mitleid hatte. „Als ik nu even afrekenen mag", sagte die Bedienung; ich hatte sie gar nicht bemerkt, sie stand auf einmal am Tisch, und ich erschrak. Der unerwartete Abrechnungswunsch kam wie aus einer anderen Welt, und sie entschuldigte sich. „Wir schließen", sagte sie lächelnd, und ich fragte Marie, „wie spät ist es denn?"

„Knapp vor zwölf", antwortete die Bedienung an Maries statt. „Wir schließen um zwölf dicht!" Sie löste jetzt keine Erinnerung mehr an die auf dem Foto Kniende aus, zumal ich gedanklich bereits mit unserem Rotlichtviertelbesuch abgeschlossen hatte. Marie zahlte, wie es seit dem Nachmittag verabredet war, und ich überlegte, ob es nicht sinnvoll sei, prophylaktisch die Toiletten aufzusuchen, und ich entschloss mich dazu. Es war ganz plötzlich eine Atmosphäre der Eiligkeit entstanden, eine Atmosphäre der Hetze, als wollten Gäste wie auch Personal von einer Minute zur anderen partout, dass *Portofino* pünktlich schloss. Wir waren tatsächlich die letzten Gäste, die noch nicht im Aufbruch begriffen waren; auf der Treppe, die zu den Toiletten führte, brannte nur noch Notbeleuchtung. Wir werden ja regelrecht hinausgeworfen, dachte ich, und beim Pinkeln dachte ich noch einmal kurz an meine Fahrt von Köln nach Schoorl im Oktober '89, weil ich, als ich damals spät in der Nacht in Noordholland angekommen war, im *Portofino* noch eine Suppe bekommen hatte, weit nach Mitternacht; das stimmte jedoch gar nicht, wie ich mir in diesem Moment klar machte; die Suppe hatte ich nicht im Portofino bekommen, denn es wäre ja unvernünftig gewesen, zu so später Stunde erst in Alkmaar Halt zu machen; naturgemäß war ich durchgefahren von Köln aus, und die Suppe hatte ich nicht im *Portofino,* sondern im *Paddestoel* bekommen, bei Evert, und beim Gedanken an Evert war ich wieder bei Walter und Marie. Warum hat sie dich nur ihre Brust anfassen lassen, warum hat sie dich nur auf dumme Gedanken gebracht, ich weiß genau, ich dachte *dumme Gedanken,* und ich beeilte mich jetzt. Marie erwartete mich tatsächlich bereits *vor* dem Portofino, sie hatte diese Aufbruchsituation offenbar ähnlich gehetzt empfunden wie ich. Ich verließ das Restaurant, das hinter mir sofort abgeschlossen wurde. Es regnete immer noch heftig. Maries Haare waren bereits nass. Ich küsste sie auf ihr nasses Haar und sagte „also dann!", und wir hakten uns ein und überquerten den Käsemarkt. Es war ohnehin ausgeschlossen, dass wir eine Chance hatten, trocken zum Auto zu kommen, deshalb versuchten wir es auch gar nicht erst und ließen uns in aller Ruhe nass regnen. „Ich muss noch einmal auf etwas zurückkommen", sagte Marie, als wir in die Fußgängerzone einbogen, und ich sagte „ja bitte!"

„Ich habe Angst, dass du mich falsch verstehst, falsch verstanden hast, weißt du. Ich möchte es dir *irgendwie* erklären."

Ich möchte jetzt gar keine Erklärung hören, dachte ich. Ich war ja mit ihrer Absage, und nichts anderes konnte sie meinen, völlig bedient, wie man sagt, aber sie erklärte, „ich möchte dir erklären, dass ich dich für einen Mann gehalten habe, der es darauf anlegt, und ehrlich gesagt, ich wäre mit dir, wie soll ich sagen ...", und ich unterbrach sie, sagte, „hättest dich zu meinen *männlichen Zwecken* benutzen lassen, war es das, was du meintest?" Marie schaute auf den Boden und sagte, „in gewisser Weise, ja, mit dir ins Bett gegangen, wenn du so einer gewesen wärst, weißt du." Ich zuckte noch einmal zusammen, mir wurde es definitiv zu viel mit ihrem *weißt du,* aber sie merkte es naturgemäß nicht; sie fuhr fort, „weißt du, ich mag dich einfach wirklich, aber ich fürchte, es würde nur eine Pleite", sie sagte tatsächlich Pleite, und ich fragte, „was meinst du denn mit Pleite?" Sie sagte, "ja, was meine ich wohl mit Pleite, ich meine, ich habe es mir so vorgestellt, dass ich ...", sie wedelte mit den Armen, "ich weiß auch nicht, irgendwie *genommen* werden würde, ohne selbst etwas zu tun, verstehst du?" Ich sagte, "du meinst, selbst etwas zu geben, nehme ich an", und sie nickte. "Ich habe nicht damit gerechnet, einen Mann zu treffen wie dich", sagte sie, als sei dies eine Erklärung, mit der man etwas hätte anfangen können.

"Was bin ich denn für ein Mann?", erkundigte ich mich, und sie sagte, "ein sehr lieber Mann, aber so geht es einfach nicht, weißt du!" Ein *lieber Mann* wollte ich gar nicht sein, wie man sich vielleicht denken kann; außerdem regte mich Maries fortwährendes *weißt du* maßlos auf und ich sagte laut, viel zu laut – ich war tatsächlich zornig geworden – "warum denn ausgerechnet mit mir nicht? Nur, weil ich dir anvertraut habe, dass ich noch Jungfrau bin?"

"Ja, nein!", so Marie daraufhin mit einem Gesichtsausdruck, in dem Resignation steckte; auch das regte mich auf, weil es mir das Gefühl gab, ich und nicht sie sei es gewesen, der dem anderen fortwährend Rätsel aufgab, und ich schüttelte den Kopf. Marie setzte neu an, "Vielleicht macht das die Sache tatsächlich schwieriger, Robert! Weißt du, ich habe in meinem Leben immer alles selbst in die Hand nehmen müssen, mir hat nie jemand etwas abgenommen."

"Was soll *das* denn jetzt? Worauf willst du denn jetzt wieder hinaus?", reagierte ich gewiss schroffer, als es meine Absicht war. Sie sagte, sehr leise jetzt, als beschwichtigte mich das, "ich will auf nichts hinaus, du sollst mich nur verstehen!", und ich sagte leider, "fällt mir verdammt schwer!" Und dann sagte ich mit zurückgenommener Lautstärke "du meinst wahrscheinlich, es muss ein anderer Typ Mann sein, ein männlicherer, ein jüngerer Mann, verstehe ich dich richtig?" Das sagte ich jetzt, obwohl ich gar nicht weiß, warum. Marie weinte plötzlich, und ich sagte, "rege dich doch nicht auf darüber, es ist ja alles in Ordnung, ich bin ja sechzig Jahre *ohne* ausgekommen, da werde ich die letzten Jährchen wohl auch *ohne* verkraften!"

Mir fiel ein, wie sie mir erzählte, dass sie mich für einen Eroberer gehalten habe, und dass sie im Eissalon nicht trotz dieser Einschätzung meiner Person, sondern gerade wegen dieser Einschätzung meiner Person spontan unserer Ansmeerfahrt zugestimmt hatte. Mein Begehren und meine Sympathie für diese wunderbare Frau waren allerdings unerschütterlich, und ich sagte jetzt tatsächlich flehend, „weine bitte nicht mehr, nicht wegen mir, ich bin deine Tränen doch gar nicht wert!", und ich küsste sie auf die Stirn. Wortlos schleppten wir uns durch Alkmaars Fußgängerzone, wie begossene Pudel, dachte ich. Eine Gruppe grölender Halbstarker kam uns entgegen. Das bereitete mir Unbehagen, und ich dachte, Kinder, eine Horde losgelassener Kinder, und ich dachte, du hast nie dazugehört, Nachkriegszeit hin oder her, solche Rudel hat es damals auch gegeben, ich meinte damit die Zeit, in der ich *Halbstarker* war, auch bei uns gab es sie, immer alkoholisiert und laut, aber ich habe nie zu einem solchen Rudel gehört, weder als Kind noch später, ich habe immer die Gemeinschaft gemieden. Aus gutem Grund, dachte ich jetzt. Wir begegneten den Halbstarken, und ich erwartete, nein, ich befürchtete, dass etwas geschehen würde, und es geschah tatsächlich etwas. Ein allenfalls fünfzehn Jahre alter Bengel stellte sich uns breitbeinig in den Weg und kolportierte mithilfe seiner beiden Hände den Koitus, angestachelt von seinen Kumpanen, die vor Begeisterung wieherten; es war sogar ein Mädchen darunter, wie ich jetzt sah, und ich dachte, es ist beschämend. Ich schämte mich für den obszönen Rudelknaben, sowohl Marie als auch dem Mädchen gegenüber schämte ich mich dafür, dass ich Geschlechtsgenosse einer so peinlichen Kreatur war, aber das Mädchen wieherte mit der Meute, fand es wohl originell, was der Co-Jugendliche da vorführte. Was soll sie auch anderes tun, dachte ich, und ich griff Maries Hand fester und zerrte Marie an diesem Provokateur vorbei, was bei den Halbstarken auf der Stelle noch mehr Heiterkeit erzeugte. Immerhin, wir hatten sie nun hinter uns gelassen, und ich sagte, „es tut mir leid, dass dir das nicht erspart geblieben ist", und Marie sah mir in die Augen und sagte, "es scheint nur ein Thema zu geben heute Abend! Offenbar sieht man es uns an!" Es überraschte mich, dass sie in dieser Situation eine derart souveräne Aussage machen konnte, und ich gestand, "ich habe Angst gehabt, man weiß ja nie, was in solchen Köpfen vorgeht!", und sie sagte, "ja, das weiß man wirklich nicht, hast du schon einmal Ärger mit solchen Bengels gehabt?", und ich antwortete, "nein, nein, aber man hört ja so vieles!", und ich dachte, um Himmels Willen, nur weil wir nicht mehr *davon* sprechen wollten, muss ich doch nicht in die übelste Niveaulosigkeit abgleiten, und ich erkundigte mich, "hast du die Zigarette gut vertragen, Marie?" Genauso gut hätte ich vieles andere fragen können, es wäre darauf vermutlich nicht angekommen. Sie sagte "ich denke schon." Erstaunlich, dachte ich, sie wundert sich gar nicht über meine Gedankensprünge, über die ich mich selbst sehr wohl wundere, und obwohl sie mich nicht dazu aufgefordert hatte, erklärte ich ihr, dass ich an das Frühstück dachte, an das hoffentlich gemeinsame Frühstück im Hotel, und sie sagte, "ja, ich auch!"

Ich fragte "wann musst du denn zurück sein, Marie, wann sollen wir abfahren?"

"Ich möchte gerne am frühen Nachmittag zuhause sein", antwortete sie, "ist dir das recht?"

"Ehrlich gesagt, nein", gab ich zu, "ich bliebe lieber länger, aber das weißt du ja! Wir fahren selbstverständlich früh genug los!", und tatsächlich sagte sie jetzt etwas, auf das ich zuvor, viel früher, gewartet hatte, mittlerweile aber längst nicht mehr, sie sagte "du wirst von niemandem erwartet in Wuppertal, nehme ich an", und sie sah meine Überraschung und ergänzte, "nein, nicht zu Hause, ich meine geschäftlich!", und ich sagte, "nein, ich bin sozusagen Rentner", was aber ganz falsch ausgedrückt war, denn ich beziehe keine Rente, ich lebe von der hohen Kante, wie man sagt. Andernfalls hätte ich mit fünfzig ja aufgehört, Assekuranzfragen interessierten mich im Grunde ja nie, ich habe mich mit Assekuranzfragen nur so lange beschäftigen müssen, weil ich etwas auf der hohen

Kante haben wollte, und ich sagte, „meine Bibliothek, meine CD-Sammlung, die erwarten mich. Albert Vigoleis Thelen erwartet mich. Brad Mehldau erwartet mich. Yaron Herman erwartet mich. Aber die haben es nicht eilig mit mir, wir brauchen ab und an durchaus auch einmal Abstand voneinander und außerdem ...", und Marie fiel mir trotz Tränen ins Wort, „hast du deine Musik ja ohnehin im Kopf abgespeichert!"

„So ist es!", so ich nach heftigem Nicken.

Unterdessen konnten wir schon mein Auto sehen, es war jetzt das einzige dem Bahnhof gegenüber geparkte Auto, und ich befürchtete, es könne ein Strafmandat angebracht sein.

„Gleich haben wir es geschafft", sagte ich und gab Marie damit ungewollt ein Stichwort.

„Hoffentlich schafft es Walter auch und findet gut heim!"

„Warum sorgst du dich denn um so einen?", fragte ich sie, weil es mich wirklich interessierte.

„Das ist wahrscheinlich mein Helfersyndrom", versuchte Marie eine Erklärung, und ich stutzte, ich sagte, „bist du etwa auch mal Krankenschwester gewesen?"

Sie lächelte traurig und sagte, „notgedrungen ja, für meinen Vater nämlich, fast dreißig Jahre lang!" Mir fiel jetzt erst auf, dass ich sie nach vielen wichtigen Aspekten ihres Lebens nicht gefragt hatte, und ich sagte, „hast du eigentlich einmal einen Beruf ausgeübt, nachdem du nicht als Pianistin debütiertest?" Im selben Moment dachte ich, das ist ja eine Zumutung, so etwas fragt man doch nicht, und Maries Miene verfinsterte sich naturgemäß, sie schüttelte den Kopf und sagte, „ich wäre gerne Pianistin geworden, ich habe dir ja erzählt, warum es anders kam. Aber ich wurde dann Frau Pastor! Ist das etwa kein Beruf? Ich würde sagen, doch!"

Kein Strafmandat klebte an meinem Auto, und ich entriegelte die Türen und sagte ganz spontan und zu meiner eigenen Überraschung, „noch einmal einen Kuss wie der auf Everts Parkplatz!" Aus unerklärlichen Gründen war ich mir sicher, dass sie ihn mir nicht verweigern würde, aber ich hatte mich geirrt. Sie sagte, „nicht hier!", wie sie ja schon einmal *nicht hier* zu mir gesagt hatte, vielleicht ganz unbedarft und ganz ohne die Absicht, in mir die verwegensten Wünsche zu wecken, die dümmsten Gedanken – das hielt ich ihr zumindest zugute. Ich ließ sie also ungeküsst einsteigen und spürte, während ich hinter mein Steuer kletterte, dass ich gekränkt war. Mit dieser Kränkung kehrte plötzlich der Zorn von soeben zurück, und ich sagte, während ich den Motor anließ, „du hast schon einmal gesagt, nicht hier, und ich frage dich, wo dann, wann dann! Jetzt sagst du *nicht hier*, und ich frage dich, wo dann? Wie ich mit solchen Antworten zurechtkommen soll, möchte ich wirklich gern wissen!", sagte ich, und ich sah Marie mit einem vielleicht zu strengen Blick an. „Ich meinte eigentlich nicht *nicht hier*, sondern *nicht jetzt!*", gab Marie zu, beinahe patzig klingend. Sie hatte eine Zigarette im Mund und war im Begriff, diese anzustecken, und ich hätte beinahe gesagt, *nicht hier* und *nicht jetzt*, aber ich konnte mich gerade noch beherrschen, und sie zündete die Zigarette also an, was ich als Trotzreaktion auffasste; ich dachte, was du kannst, kann ich auch und betätigte den Fensterknopf, erwischte aber den falschen, nämlich den für das Beifahrerfenster. Ich gebe zu, dass das ein Fehler war, bestehe aber darauf, festzuhalten, dass es ein Missgeschick war. Wäre ich souveräner gewesen in diesem Moment, hätte ich das Fenster augenblicklich wieder geschlossen, aber das tat ich nicht. Ich fuhr los, und endlich, ich hatte die Kehrtwende bereits vollzogen, sagte sie, „ja, ja, du hast recht, ich bin auch wirklich nicht zu verstehen!" Sie sagte allen Ernstes, *ich bin auch wirklich nicht zu verstehen*, als ob ich mit einer solchen Aussage auch nur das Geringste hätte anfangen können. Ich wollte keine larmoyante Selbstkritik, ich wollte Tacheles, wie man sagt, und ich sagte, „nicht so, Marie, bitte nicht schon wieder so!", und sie sagte, „doch, doch, ich weiß, meine Verrücktheiten überraschen mich selbst wahrscheinlich am meisten, ich tue dauernd Dinge, die mir schaden, aber ich muss sie tun, verzeih, Robert!"

Ich sagte, „zum Beispiel mit mir nackt am Strand laufen und mich küssen", und sie fragte, „hat dir das geschadet? Ja vielleicht, du hast recht, ja, ich musste es aber tun, frag mich nicht, warum, ich weiß es nicht, genauso das mit den Zigaretten, weißt du!", und sie warf die gerade erst angerauchte Caballero hinaus. Mit resigniert klingender Stimme sagte sie, "von mir aus tun wir es halt gleich hier und jetzt!" Das verwirrte mich. "Tun was?", fragte ich, und sie sagte, "na was wohl, worum geht es denn die ganze Zeit, es geht doch nur um das Eine!" Sie ist wunderbar, sagte ich mir wie einen auswendig gelernten Vers auf, sie ist einmalig witzig, sie ist die erste und einzige Frau für mich, ich skandierte es regelrecht im Kopf, witzig, aber sie ist die launischste Erscheinung, die mir je begegnet ist. Es war mir klar, auf diese Spontanentscheidung wollte ich nicht hereinfallen, nicht noch einmal fällst du darauf herein, dachte ich, und obschon allein ihr Aussprechen des Worts *tun* mich erregte, wehrte ich mich gegen diese Erregtheit und dachte, nein, gar nichts werden wir, und nach einiger Zeit sagte ich auch, "gar nichts werden wir!" Marie schwieg. Ich dachte, es ist wie in französischen Filmen, und ich sah Lino Ventura vor mir, wie er an meiner Stelle am Steuer saß und *gar nichts werden wir* sagte, am besten mit der Stimme von Pannekoeken-Evert; es mischten sich alle Gefühle, die ich an diesem Abend gehabt hatte, Hass, Angst, Zorn, Ekel, Erregung, Zuneigung, Verantwortung und Rührung, und ich musste lachen, ein ganz und gar nicht befreiendes, ein in sich gekehrtes, ein im Grunde quälendes Lachen. Es ist ja Unsinn, wenn behauptet wird, Lachen befreie grundsätzlich. Genauso kann es das Gegenteil bewirken wie in meinem gerade beschriebenen Fall, und mir fiel ein, dass ich vor Marie und vor mir selbst geheult hatte an diesem Tag, es war ein sehr ähnliches Gefühl gewesen wie dieses Lachen jetzt, und ich fragte mich, ob mein Lachen nicht ein verdecktes Heulen war und lachte sofort nicht mehr. Ich schaltete mein Lachen ab wie ein Radio oder eine Lampe. Trotz des schlechten Wetters waren einige Fahrradfahrer unterwegs, manche fuhren ohne Licht, und ich musste mich arg konzentrieren, um keinen Unfall zu verursachen. Marie sagte, "sie hat so schön angefangen, unsere Exkursion", und ich ging darauf ein, fragte sie, „bereust du sie jetzt?", und sie sagte, zum Glück jetzt, „ganz im Gegenteil!" Mir fiel ein, dass sie eine Schwester erwähnt hatte, „ist deine Schwester älter oder jünger?", fragte ich sie und sie antwortete, „zwei Jahre jünger, wie kommst du jetzt auf Rebecca?" – „Wegen deines Krankenschwestersyndroms", erklärte ich. Marie sah mich überrascht an, und ich sagte schnell, „ich habe überlegt, warum du allein so stark betroffen warst vom Sterben deines Vaters, wo du doch auch eine Schwester hast, die dich hätte unterstützen können." – „Anders wäre es nicht gegangen", behauptete Marie.

„Wieso nicht?", wollte ich wissen, und sie sagte, „Rebecca hat Vater immer nur gehasst und er sie auch. Das wäre einfach nicht gegangen!" Ich stellte meine Frage anders, „hast du deinen Vater nicht auch gehasst und ihn trotzdem versorgt?", und sie antwortete leise, „gehasst, gehasst, gehasst, ich weiß nicht, ob man das so sagen kann, es klingt so hart!"

"Spielt sie denn auch eine Rolle beim Verkauf des Hauses?", erkundigte ich mich.

Marie gab darauf keine Antwort, und ich sagte, „du brauchst es mir ja nicht zu sagen!", und sie sagte „Nun, Rebecca ist mittlerweile auch tot!" – „Verzeih, das habe ich allerdings nicht geahnt", sagte ich.

„Wie solltest du auch!", so Marie bitter. Normalerweise bin ich nicht neugierig, doch in diesem Moment hatte ich das Gefühl, ich müsse unbedingt alles mit Marie in Zusammenhang stehende erfahren. „Wie ist das passiert?"

Marie seufzte und sagte, „eine perfide Krankheit!", und ich fragte, „wie lange ist das her?"

„Zwei Tage vor meinem Vater, am Mittwoch starb sie!"

Marie sah aus dem Seitenfenster und schwieg, und ich dachte, diese Frau ist von nichts verschont worden, und ich war beeindruckt, wie gelassen Marie mit mir darüber reden konnte, und ich dachte, angesichts dieser Katastrophen ist es ja geradezu ein Wunder, dass sie mit dir nach Holland gefahren ist und deine Hand auf ihre Brust geführt hat, und ich sagte, „meine Toten sind schon mehr als vierzig Jahre tot." Ich dachte an meine Mutter, die nicht einmal fünfzig geworden war, *meine junge Mutter*, dachte ich, und mir wurde in diesem Moment bewusst, dass Marie, die neben mir sitzende Frau, die ich begehrte wie nichts auf der Welt, bereits acht Jahre älter war als meine Mutter auf dem Sterbebett, und ich hatte plötzlich *We will meet again* im Kopf, meine zweitliebste Komposition von Bill Evans, und ich dachte naturgemäß auch an meinen Vater, der den Verlust meiner Mutter nicht verkraftet hatte und verrückt geworden war und sich in der Garage vergiftete. Was für eine Theatralik, dachte ich in diesem Moment. Ich erfuhr vom Tod meines Vaters durch einen Reiseruf im Autoradio, erinnerte ich mich jetzt. Ich war auf dem Rückweg von Paris nach Wuppertal, hatte ein verheerendes Wochenende mit sogenannten Freunden hinter mir, darin der Eklat mit der Prostituierten. Ich erinnerte mich noch genau an diesen damaligen Reiserückruf. Herr Robert Van Melis, unterwegs mit einem silbergrauen Mercedes mit dem amtlichen Kennzeichen W-RB-580 wird gebeten, seinen Vermieter in München anzurufen. Wir waren schon durch Schoorl gefahren, als mich dieser Reiseruf in meinem Kopf wiederereilte, wir näherten uns dem Strandhotel, und ich sagte zu Marie, „du bist sicher total geschafft!" – „Mir geht dieses ekelhafte Foto nicht aus dem Kopf", sagte Marie statt einer Antwort, und ich sagte, „es war keine gute Idee, nach Alkmaar zu fahren", und sie sagte, „ich habe es zumindest nicht bereut, es war höchstinteressant!"

„Alkmaar hat uns den Abend verdorben!", resümierte ich, und es tat mir leid, dass ich verdorben gesagt hatte, vielleicht, so dachte ich, sieht Marie diesen Abend gar nicht als einen verdorbenen an, und ich bog auf den Parkplatz unseres Hotels und schaltete den Motor aus.

Jetzt stellen sich endgültig die Weichen, dachte ich, und wir betraten das Hotel. Meneer Jensen saß an seiner Rezeption und lächelte uns berufsbedingt freundlich entgegen, und ich sagte, „der Chef persönlich, was für eine Ehre!", worauf Jensen irgendetwas sagte, das ich vergessen habe. Er reichte uns unsere Zimmerschlüssel und sagte, „wel te rusten", und ich sagte ebenfalls, „wel te rusten", und Marie und ich stiegen die Treppen hinauf und standen vor unseren Zimmern. Ich scheute mich, etwas zu sagen, es sollte noch kein Fazit gezogen werden, ich hatte das Gefühl, dass all meine Empfindungen nicht gültig genug waren, um als endgültig betrachtet zu werden, und ich stand unsicher und schüchtern, das ist das treffende Wort, *schüchtern* vor Marie. Sie nahm jetzt mein Gesicht zwischen ihre Hände und zog es auf Augenhöhe zu sich hinab und küsste mich auf die Lippen und sagte leise, „vielen Dank, Robert, es waren zwei wunderbare Tage mit dir!" Dann ließ sie mich abrupt los, schloss ihr Zimmer auf und ging hinein; und ohne sich noch einmal umzudrehen, schloss sie die Tür. Erst jetzt, als ich mein Zimmer betrat, bemerkte ich, dass es dort eine Uhr gab, ein Digitalwecker stand auf dem Nachttisch, er zeigte null Uhr neunundfünfzig an, und ich konnte nicht anders, als auf das Umspringen der Ziffern zu warten, es kam mir viel länger vor, wie mehrere Minuten zumindest. Erst um ein Uhr konnte ich mich ausziehen und mir die Zähne putzen. Nebenan rauschte die Wasserleitung, und ich legte mich ins Bett und griff nach meinem Vigoleis und schlug *Die Insel des zweiten Gesichts* irgendwo in der Mitte auf; ich begann sogar darin zu lesen, aber ich huschte nur mit den Augen über die Zeilen. Ich hatte zufällig die Stelle erwischt, in der Vigoleis und Beatrice sich als Fremdenführer versuchen, eine der komischsten Stellen der Weltliteratur, aber meine Gedanken waren anderswo, ich sah die Frauen in den Schaufenstern und sah Marie nackt am Strand, ich sah den betrunkenen, ekeligen Amerikaner vor Everts Hecke sein Geschäft erledigen; ich sah das von Marie wiedererkannte Foto im Schaufenster des Sexshops und ich legte *Die Insel des zweiten Gesichts* beiseite und schaltete das Licht aus. In meinem Kopf tönten *People* und *We will meet again* gleichzeitig, es kommt selten vor, aber es kommt immer wieder einmal vor, dass ich zwei Musiken gleichzeitig höre.

Ich sah Maries Brüste vor mir, die ich angefasst hatte, und ich sah Maries Hintern und den Hintern dieser Frau im Schaufenster, und ich fror in meinem Bett, ich schwitzte einerseits und fror andererseits. Ich wollte mich den Bildern einfach ausliefern und mit ihnen einschlafen, aber ich wurde von einem unangenehmen Geräusch, das durchs gekippte Fenster ins Zimmer drang, beim Einschlafen gestört. Nach einer Weile siegte die Neugierde gegen meine Faulheit, und ich stand auf, um nachzusehen. Vor meinem Fenster hatte ein Auto mit Dieselmotor gehalten, ein Taxi, und neben dem Taxi saß Walter im Kies und versperrte die Parkplatzausfahrt. Meneer Jensen kam hinzu und redete mit dem Taxifahrer; er griff zu seinem Portemonnaie, und ich dachte, er muss die Taxe auslegen, mir fiel ein, wie viel Geld Walter noch im Paddestoel bei sich gehabt hatte, es waren mehrere Hunderteuroscheine gewesen, und ich hielt es für möglich, dass die Nutten es ihm abgenommen hatten. Ich trat rasch etwas zurück, wollte von Walter nicht entdeckt werden, obschon es unwahrscheinlich war, dass er mich von der Straße aus erkannt hätte; ich stand ja im Dunkeln. Er war jetzt augenscheinlich total betrunken. Ich legte mich also wieder ins Bett, hellwach mittlerweile, und ich lauschte dem Tuckern des Diesels sowie dem Gespräch zwischen Fahrer und Meneer Jensen, das naturgemäß in Niederländisch geführt wurde. Nach einigen Minuten erst fuhr das Taxi davon. Ich hörte, wie Jensen auf Walter einredete, in gebrochenem Englisch beschwor er den Amerikaner, das Hotel zu betreten und keine Gäste dabei zu wecken. Ich hörte Walter dreckig lachen, ferner hörte ich, dass Marie noch wach war, ein leises Poltern kam aus ihrem Zimmer, wie wenn ein Turm aufeinandergestapelter Schuhkartons eingestürzt wäre. Dann sah ich bei wieder geschlossenen Augen die Alkmaarer Rotlichtfrauen vor mir. Am deutlichsten erkannte ich die Negerinnen, zu denen Marie Walter geschickt hatte. Ich sah das Zwinkern der einen, und ich war fasziniert von diesem Zwinkern. Auf einmal fiel mir eine andere Prostituierte ein. Die Geschichte lag mindestens zehn Jahre zurück, ich hatte sie sozusagen vergessen, auf einmal war sie wieder da, in diesem Moment nämlich. Es war eine ähnliche Situation gewesen wie die an diesem Abend erlebte, nur war ich noch gute zehn, vielleicht sogar fünfzehn Jahre jünger, in Paris, und wenn ich an Paris denke, denke ich naturgemäß auch an Jarretts Paris-Konzert, bei dem ich zugegen gewesen bin; ich erinnerte mich plötzlich an Paris, aber nicht nur an Jarrett, sondern an meinen Streifzug durchs Montmartre mit lauter beschwipsten Reisegefährten, es waren die bereits erwähnten Fotografierlächler. Warum ich immer wieder auf diese oder ähnliche schreckliche Menschen hereingefallen bin, ist mir ein Rätsel. Wir schlenderten am Sacré-Cœur vorbei, und Rita, sie hieß, so erinnerte ich mich, Rita, sie sah auch aus wie eine Rita, machte den Vorschlag, eine Mademoiselle für den schüchternen Robert auszuwählen. Das löste, wie sich denken lässt, große Gaudi aus, vor allem bei den Frauen seltsamerweise. Eine *Mademoiselle* für den Robert, dass er endlich einmal erfährt, worum es geht zwischen Frauen und Männern! Das, vermute ich, werden sie gedacht haben; gelacht haben sie jedenfalls so. Die Männer fanden es eher peinlich, so wie ich auch, von den Männern kam kein Kommentar zu diesem absurden Einfall, dass Rita für mich eine Prostituierte aussuchen wollte, und da stand dann sie, meine *Irma la douce*, lachte mich an und wedelte mit ihrem Täschchen, die Auserwählte; ich wollte dem Theater ein Ende machen und sagte, „also gut, wenn es euch Freude macht!", und Rita und Helen kramten in ihren Taschen, zückten ihre Portemonnaies. Rita wagte es tatsächlich, die Mademoiselle anzusprechen, zu fragen, was es denn koste *für diesen netten jungen Herren*, wobei sie auf mich zeigte. „Combien fait-il pour ce joli jeune homme?", und sie zeigte dabei penetrant auf mich. Ich sah Rita der *Mademoiselle* ein paar abgezählte Scheine in die Hand drücken, und ich dachte, seltsam, dass mir diese Erinnerung jetzt erst wieder, gemeint ist die Nacht vom Samstag zum Sonntag in Camperduin, so deutlich kommt. Zwar hatte ich soeben in Alkmaar kurz an die Pariser Mademoiselle denken müssen, oder genauer, auf dem Parkplatz vor dem Paddestoel, als ich nämlich mit Walters Idee konfrontiert wurde, Marie werde die *Dame* aussuchen, mit der er in vermehrungssymbolischer Absicht zusammen liegen solle. In diesem Moment war ich gedanklich bereits kurz auf dem Montmartre gewesen, aber das Streitgespräch mit Marie hatte mich schnell zurückgeholt. Es geschah naturgemäß nichts damals auf dem Montmartre; ich verschwand mit der von Rita Sobriweit für mich auserwählten Frau in einer billigen Absteige, in der es unangenehm roch; die *Mademoiselle* sah sehr braun aus, eine braune Frau, alles an ihr habe ich braun in Erinnerung, ich meine jetzt wirklich braun und nicht schwarz, sie sah aus wie eine, die regelmäßig das Solarium aufsucht, und sie führte mich zu einer Pritsche, aber noch vor dieser Pritsche sagte ich ihr, „ich habe es mir anders überlegt!" und ließ sie stehen mit ihrem überraschten Grinsen und verließ schleunigst das Etablissement; ich nahm naturgemäß einen Umweg. Ich wollte auf Umwegen zu meinen Begleitern zurück, damit genügend Zeit verstrich, die ich würde benötigt haben, um den getanen Handel zu einem Abschluss, in diesem Fall Samenerguss, zu bringen. Rita, Herbert und seine Frau, ihren Namen weiß ich nicht einmal mehr, traf ich da, wo ich sie verlassen hatte. Ihre Stimmung war jedenfalls lange nicht mehr so ausgelassen wie zuvor, auf dem *Nullpunkt* gewissermaßen war sie; Ludwig Sobriweit, Ritas Ehemann, war angeblich verschwunden und Rita, ganz außer sich, weil sie annahm, auch er sei mit einer Mademoiselle auf und davon; dabei war er nur irgendwo auf einen Pastis eingekehrt, weil er angenommen hatte, die Zeit bis zu meiner Rückkehr sinnvoller verbringen zu können als in Gesellschaft der anderen Idioten auf mich zu warten. Mir hatte Rita Sex verordnen wollen, was sie in Anbetracht einer Laune für witzig hielt, hatte diesen Sex bereits für mich bezahlt; ihrem Mann gönnte sie jedoch nichts. Es war eine einzige Peinlichkeit für alle Beteiligten.

Ich dachte im Camperduiner Hotelbett, warum hast du damals eigentlich gekniffen, und ich musste lachen in meinem Camperduiner Hotelbett. Ja, meine Angst zu versagen, war der Grund gewesen, dachte ich, was sonst, ich konnte diese Angst jedoch auf einmal nicht mehr begreifen; deshalb musste ich tatsächlich lachen. Alkmaar hatte mir an diesem Abend ein ganz anderes Gefühl vermittelt, obschon ich mittlerweile ja ein um zehn Jahre älter gewordener Mann war, hatte ich plötzlich nicht mehr das Gefühl, versagen zu können, oder aber ich hatte das Gefühl, dass es mir zumindest nichts ausmachen würde, wenn ich gegenüber einer Frau, die es professionell mit Sexualität zu tun hat und dafür bezahlt wird, versagte, und ich dachte, wir wollen doch einmal sehen. Ich knipste das Licht wieder an und schlug die Bettdecke zur Seite, und ich gebe zu, ich nahm mein Glied in die Hand und drückte und rieb es eine ganze Weile, bis es zu wachsen begann, nicht so rasch wie in früheren Jahren, aber immerhin. Es wurde tatsächlich dann, nachdem ich es längst wieder losgelassen hatte, immer steifer, fast völlig steif, und ich betrachtete mein steifes Glied und dachte, quod erat demonstrandum, aber wozu eigentlich? Und weiterhin dachte ich, wer hätte das gedacht, dass du so etwas tust *in deinem Alter*, und ich schaltete das Licht wieder aus. Ich dachte, du gehst jetzt zu Marie hinüber, du sagst ihr, dass du es brauchst, du gibst zu, dass du es willst, weil du es kannst, aber ich wusste, dass ich es nicht tun würde, und ich ärgerte mich über meine Feigheit und Unaufrichtigkeit mir selbst gegenüber. Es war lächerlich. In diesem Moment nahm ich ein Husten wahr, das aus dem anderen Nebenzimmer kam, und mir fiel ein, was sich dort in der vergangenen Nacht abgespielt hatte, und nun lief alles vollautomatisch in mir ab, wie ich sagen muss, es geschah wie einstudiert und mit einer Entschlossenheit, die mich im Nachhinein selbst überrascht; ich weiß, dass ich noch dachte, Vorsicht, aber ich weiß, dass ich beinahe im selben Moment dachte, es ist doch egal, es kommt nicht darauf an, jetzt kommt es schon gar nicht mehr darauf an, du bist einer unter Millionen, wenn nicht Milliarden, und ich dachte *ja*, dann dachte ich wieder *nein*, so ging das eine Weile, ja, nein, ja, nein, und ich zog mich, auf einmal zu allem entschlossen, in größtdenkbarer Eile an. Der Digitalwecker zeigte ein Uhr dreiunddreißig. Ich überprüfte kurz meine Liquidität, besuchte prophylaktisch die Toilette, und ich verschloss mein Zimmer absichtlich nicht, ohne jetzt noch angeben zu können, warum. Möglicherweise legte ich es darauf an, dass Marie aus irgendeinem Grund bei mir anklopfen würde und mich, falls sie einträte, nicht vorfände; ich wollte Marie vielleicht Rätsel aufgeben, was weiß denn ich jetzt, ich ließ den Schlüssel jedenfalls innen stecken und hastete die Treppen hinunter, vorbei am eingenickten Jensen; es lief alles wie im Zeitraffer, zumindest in meiner jetzigen Erinnerung; schon saß ich hinter dem Steuer meines Autos. Ich dachte in einem fort, ja, ja, ja, ich sah das mittlerweile wie ausgestorben daliegende Schoorl; vermutlich fuhr ich viel zu schnell hindurch, ich sah das ebenfalls wie ausgestorben daliegende Bergen und dachte, du fährst weiter, es gibt jetzt kein Zurück mehr, ich sah das Ortseingangsschild von Alkmaar, und ich weiß nicht, wie ich so schnell dorthin gekommen war, ich weiß nicht, was ich dachte, was ich im Kopf hatte, es war, als liefe mir die Zeit davon und ich hastete der Zeit hinterher, und ich sah mich mein Auto auf dem mittlerweile beinahe verwaisten Käsemarkt zentralverriegeln und die Brücke über jene gewisse Gracht überqueren, die das Rotlichtviertel vom anständigen Alkmaar trennt. Erst als ich an der Auslage des bereits erwähnten Sex-Shops angelangt war, hielt ich inne und dachte, bist du eigentlich von allen guten Geistern verlassen? Alles kam mir jetzt noch rotlichtiger vor als soeben, und ich dachte, es ist wie mit Maries Caballeros, es ist durch und durch abwegig und unvernünftig, und ich dachte ferner, noch könntest du zurück, noch ist nichts passiert, und ich setzte meinen Fuß in die Gasse und fühlte geradezu, nein, kein zurück, und ich dachte, du nimmst die Erstbeste, aber ich tat es naturgemäß nicht, ich ging langsam an den Schaufenstern vorbei. Ich hatte mir die Erstbeste vorgenommen, aber sie gefiel mir nicht, sie sah nicht freundlich aus, wie sie da saß, halb nackt und übrigens in ein Mobiltelefon maulend; und ich dachte, wenigstens freundlich muss sie wirken, und ich sah jetzt abwechselnd nach rechts und nach links und kam automatisch vor dem Fenster der Negerinnen zu stehen, bei denen Walter eingekehrt war. Die Vorhänge waren zugezogen. Ich dachte, ob er noch immer drinnen ist, aber mir fiel ein, dass ich ihn ja gehört hatte im Hotel; er konnte hier nicht mehr sein. Ich ekelte mich und dachte, um Himmels Willen nicht diese, und ich ging weiter und sah nun eine sehr junge Frau in einem Schaufenster sitzen, die überraschenderweise überhaupt nicht rotlichtgemäß gekleidet war; sie saß in ihrem Korbsessel, trug normale Alltagskleidung, Pullover, Jeans, und sie sah mich beiläufig an und sah auch gleich wieder an mir vorbei, und ich dachte, sie könnte durchaus deine Enkelin sein, und ich fürchtete mich vor mir selbst, weil mir diese junge Frau gefiel.

Ich hatte diese angezogenste der feilgebotenen Frauen naturgemäß im Kopf ausgezogen gesehen, und ich ging an meiner *Enkelin* vorbei und dachte, du nimmst die älteste, die du findest, keine Enkelin, und dann dachte ich, nein, das dauert zu lange, dann müsstest du ja erst noch einmal alle abschreiten; du würfelst, dachte ich, und ich zählte die noch vor mir liegenden Schaufenster, es waren auf beiden Seiten mehr als zehn, und ich dachte, du nimmst die vorletzte auf der rechten Seite, egal wer es ist, und ich ging jetzt schneller, ich wollte sehen, wer die vorletzte war, und ich erschrak, es war nämlich eben die mir vor Stunden zugezwinkert habende Negerin im Badeanzug, die zusammen mit einer Kollegin Walter eingelassen hatte; ich dachte, wie ist das möglich, und ich ging auf das Schaufenster zu. Offenbar hatten die im Viertel arbeitenden Damen nicht nur wechselhaft Geschlechtsverkehr, sondern auch wechselhafte Einsatzstätten. Sie erkannte mich naturgemäß wieder, es gab keinen Zweifel, sie winkte mir; von Drohgebärden keine Spur mehr jetzt, und als sie mein Interesse spürte, zog sie den Vorhang zu und öffnete mir die Seitentür ihres Schaufensterkabuffs. Zunächst verblüffte mich die Stimme der Negerin, sie sprach mich mit sonorer Altstimme und vor allem in bayerischem Akzent an, deutsch gewissermaßen, und ich war so perplex, dass ich zunächst nicht wahrnahm, was sie sagte, und ich sagte, *„wie bitte? Noch einmal bitte!"*, und sie sagte, *„wos wuist jetzert?"* und ich sagte, *„ich weiß ja nicht."*

Sie aber ratterte nun ihre vorrätigen Dienste herunter, wohlgemerkt bayerischer, als ich es wiedergeben kann, „mit der Hand fünfundsiebzig, französisch hundert, Verkehr hundertfünfzig, französisch mit Verkehr zweihundert, alles ausschließlich mit Gummi *freili!*", und ich konnte in diesem Moment nichts damit anfangen und sagte aus diesem Grunde auch nichts. „*Für di tat i scho omal a Ausnohm mohe, wennst wos drauflegst, Opa!*" sagte sie nun. Ich ärgerte mich über den *Opa*, weil ich doch ganz bewusst auf die Enkelin verzichtet hatte, obwohl sie mir viel besser gefiel.

„Was also kostet es nun", wollte ich wissen, um endlich zum Punkt zu kommen. Ich wusste ungefähr vierhundert Gulden in meinem Portemonnaie, und sie fragte, was ich denn haben wolle, und ich antwortete, „normal eben, aber nenn' mich nicht Opa! Ich bin dein Opa nicht!", und sie lachte schallend.

„Gezahlt wird aber vorher!", ließ sie mich wissen, zog jedoch schon die Träger ihres Badeanzugs, für mich sah es jedenfalls wie ein Badeanzug aus, über die Schultern und legte ihre Brüste frei. Es waren unglaubliche Brüste mit riesigen Warzen, und ich erinnere mich noch, dass durch die linke dieser riesigen Warzen eine schwarze Sicherheitsnadel gepierct war. Um Himmels Willen, dachte ich, genau das waren die von mir in diesem Moment gedachten drei Wörter. Sie sagte, „da, schau, Opa, darfst gleich zulangen, aber erst wird gezahlt! Normal, sagst du? Also einfach Verkehr ohne Französisch? Das macht dann hundertfünfzig!" Ich konnte meinen Blick kaum von der Sicherheitsnadel reißen und zum Portemonnaie greifen, aber ich fand es nicht an gewohnter Stelle vor. Ich fasse jetzt hektisch an die andere Hosentasche und fand es auch dort nicht, und die Negerin zog sich die Träger des Badeanzugs wieder über die Schultern und schnauzte mich an,

„Willst mich verarschen, dann sag es gleich, Opa!!" Ich stammelte ärgerlicherweise „nein, nein!", obwohl ich schon im selben Moment dachte, dass ich derlei nicht nötig hatte, der Ton dieser Dame missfiel mir eklatant, und sie sagte sehr laut jetzt, „verpiss dich, Opa – hätte ich mir ja gleich denken können!" Ich fasste noch einmal an alle Taschen, aber mein Portemonnaie war tatsächlich nicht auffindbar. Ich dachte, entweder ist es mir beim Ausziehen aus der Hose gerutscht oder es ist mir geklaut worden, was ja immer auch möglich ist, wenn man sich in solch einem Ambiente aufhält. Ich bückte mich und schaute unter die Pritsche, auf die ich mich im Geiste schon hatte hinlegen sehen, und ich versicherte, völlig überflüssigerweise *freili*, es tue mir leid, ich sei wirklich nicht in betrügerischer Absicht erschienen. Wie sich denken lässt, hätte ich auch den Mond anbeten können; der Erfolg war der gleiche, die Negerin bugsierte mich mit einer Kraft, die ich ihr kaum zugetraut hatte, vor die Tür und schlug diese mit ohrenbetäubendem Knall zwischen uns zu, und noch durch die geschlossene Tür beschimpfte sie mich auf das Bayrischste. Ich nahm ihr das Dampfablassen nicht einmal übel, ich kann nicht erklären, warum, aber ich hatte sofort volles Verständnis für den Argwohn der Negerin; ich war zwar vor den Kopf gestoßen, aber nicht wegen der Beschimpfungen, die ich in gewisser Weise ja verdient hatte ohne Geld. Das Gefühl, insolvent bei einer *Dame* eingekehrt zu sein, setzte mir zu. Allein der Anblick ihrer Brüste, die um einiges fülliger waren als Maries, war ohne Geld unrechtmäßig erschlichen, und ich dachte, du hast den Anblick dieser braunen Brüste nicht genossen im Gegensatz zu dem Anblick von Maries blassen Brüsten, und ich dachte, es hat sich alles verändert binnen Tagen, du hast Brüste gesehen, aus der Nähe, du hast bewusst hingesehen, und die entscheidenden Brüste, Maries Brüste, sind auf der Stelle die für dich einzig wichtigen geworden, sogar ohne Barzahlung; du hast an Maries ungepiercte Brüste gefasst; darüber hinaus hast du eine echte Kussgeschichte, die du ohne Scham erzählen kannst, und ich fragte mich jetzt, wer hat eigentlich wen geküsst, war es Marie, die dich geküsst hat oder hast du Marie geküsst oder küsst man sich immer gegenseitig? Ich war sehr erregt. Es regnete zum Glück nicht, sonst hätte ich nicht stehenbleiben und nachdenken können, und ich stand nun einige Meter von dem Schaufenster der bayrischen Negerin entfernt, sie zog soeben die Vorhänge wieder auf und setzte sich erneut in Positur, und ich ging weiter, um nicht mehr in ihrem Blickfeld zu sein; ich war beinahe wieder auf Höhe des Schaufensters meiner Enkelin; ich dachte, der Verlust des Portemonnaies macht dir nichts aus, vielleicht findest du es im Hotel, vielleicht ist es tatsächlich geklaut, was macht das schon, und mir wurde plötzlich klar, der Rückweg zum Hotel war ein Canossagang, ich war mit einem erklärten Ziel aufgebrochen, und in diesem Zusammenhang erst ärgerte mich der Verlust meiner Barschaft. Mit Vehemenz wurde mir bewusst, dass ich ohne Geld verloren war in dieser Gasse, die mir, auch das dachte ich jetzt, gar nicht mehr so zuwider war; ich bewegte mich freier, mit einer gewissen Selbstverständlichkeit in dieser Rotlichtgasse, ich war ja immerhin zurückgekommen, als Freier, wie man sagt, nicht als Zaungast wie mit Marie, ich hatte ja jetzt *zu tun* gehabt hier, hatte ja Absichten, vermehrungssymbolische nämlich, aber Geld hatte ich nicht, ein Zustand, den ich sehr lange nicht mehr kannte. Ohne Geld jedoch hat man dort nichts verloren, ohne Geld bist du hier nichts, wie ich dachte, Erektion hin, Erektion her. Geld war immer eine Sicherheit gewesen für mich; nicht, dass ich mich als reich bezeichnen könnte, aber finanzielle Unabhängigkeit war in den letzten Jahren zumindest zu einem Pfeiler meiner Existenz geworden; dafür hatte ich schließlich lange genug geschuftet. Wäre es mir auf diese Unabhängigkeit nicht angekommen, ich hätte ja mein Maklerbüro viel früher für immer geschlossen; aber jetzt stand ich ohne Geld im Alkmaarer Rotlichtbezirk, übte weder Treu noch Redlichkeit und war dennoch aufgeschmissen ohne mein Portemonnaie. Aufgeschmissen! Das war das Wort, das ich dachte; du bist *aufgeschmissen* ohne Geld, du hast hier nichts zu suchen, dachte ich, und ich verbesserte mich in Gedanken, doch, du hast hier etwas verloren, dein Geld hast du verloren, wenn man es dir nicht geklaut hat. Es war armselig. Irgendwie musst du in dieses Hotel zurück, dachte ich, du musst dich unverrichteter Dinge wieder ins Bett legen und die Sexualpleite vergessen, ich dachte wirklich *Sexualpleite*, wie komme ich nur unbeschadet davon, das war meine einzige Sorge. Nie warst du Manns genug, wie man sagt, jetzt warst du einmal Manns genug, und das in deinem Alter, dachte ich. Resultat negativ. Ich trat nun den Rückweg an und beneidete die mir entgegenschlendernden Männer, die vermutlich allesamt genug Geld in der Tasche hatten, um sich für eine Viertelstunde meine bayerische Negerin leisten zu können, und ich blieb nur noch einmal kurz stehen, vor der Auslage des Sex-Shops, ich musste noch einmal das von Marie so gehasste Foto studieren, und ich dachte, kinetische Energie, nichts weiter, einen solchermaßen obszönen Gedanken hatte ich tatsächlich, und ich hielt auf mein Auto zu mit dem Gedanken, dass die Kniende doch keine Ähnlichkeit mit der Kellnerin hatte, weil sie wahrscheinlich den Tod darstellen sollte. Es war tatsächlich eine Dreistigkeit gewesen, dass ich mein Auto mitten auf dem Käsemarkt geparkt hatte, der naturgemäß Teil der Alkmaarer Fußgängerzone ist; ich konnte mich nicht erinnern, wie es zu dieser Dreistigkeit hatte kommen können. Vermutlich war die Verwirklichung meines dummen Sexualvorhabens so dringlich gewesen, dass ich jegliche Vorsicht und Rücksicht hintangestellt hatte, Vorsicht insofern, als in der Nähe des Rotlichtviertels gewöhnlich Polizei in Habacht lauert, und ich kann nur von Glück sagen, dass ich kein Strafmandat unter dem Scheibenwischer fand, noch schlimmer, eine von außen an den Hinterrädern angebrachte Wegfahrsperre, wie sie in Amsterdam an der Tagesordnung ist. Ich setzte mich hinter mein Steuer und ließ den Motor an und fuhr vom Käsemarkt herunter und war zum zweiten Mal, wie ich in dem Moment dachte, begossener Pudel, auch wenn es zu regnen aufgehört hatte. Es hat nicht sollen sein, dieser ärgerlich abgeschmackte Satz kam mir tatsächlich in den Sinn, dieser fatalistische Blödsinn, und ich schaltete Wien ein, ich hoffte, Wien würde mich auf andere Gedanken bringen; ich fuhr absurderweise zu schnell, obschon ich eigentlich, ganz wie in Brechts Gedicht vom Radwechsel, nirgendwo dringend ankommen wollte. Warum sehe ich den Radwechsel mit Ungeduld? Ich stellte mir vor, was geschehen wäre, wenn ich mein Portemonnaie nicht verloren hätte, auf welche Art und

Weise auch immer, ich überlegte, was die Negerin mit Ausnahme gemeint hatte; ich stellte mir vor, wie ich mich hätte ausziehen müssen vor dieser Wildfremden; das hätte ja dazugehört, dachte ich, und ich war sicher, ich hätte mich nicht geschämt. Marie hat dir die Scham genommen, vor Marie hast du dich zunächst ein wenig geschämt, als wir uns kurz nach unserer Ankunft am Meer unserer Kleidung entledigten, vor der Negerin aber nicht, es ist im Grunde wie beim Arzt, dachte ich, eine Prostituierte ist wie ein Arzt, sie wird dafür bezahlt, deinen Körper zu sehen, nur zeigt sie auch ihren her im Gegensatz zum Arzt. Mehr ist es im Grunde ja nicht, dachte ich, und mir fiel ein, dass Marie vor zwanzig Jahren gern einen Prostituierten aufgesucht hätte, und ich konnte sie plötzlich verstehen; die Anonymität des gemieteten Körpers ist schon verlockend, das Zu-nichts-verpflichtet-sein, Sich-einfach-gehen-lassen, Sich-bedienen-lassen, Sich-heilen-lassen; eine verlockende Vorstellung, sich heilen zu lassen, auch wenn es nichts mit Zuneigung zu tun hat, dachte ich, was hast du schon mit Zuneigung zu tun?, dachte ich, du siehst ja, was es dir einbringt, du liebst diese Frau und bist dabei der unglücklichste Mensch, dachte ich, es ist ein Wahnsinn! Am besten ein Vollrausch, ein schnell herbeigeführter Vollrausch, eine Flasche Calvados oder eine Flasche Grappa aus Jensens Beständen, und alles ist weg, alles vernebelt sich, das kam mir plötzlich in den Sinn. Du kannst dann wenigstens schlafen, dachte ich, obschon mir ja Schnaps gar nicht bekommt, wie ich weiß. Du verträgst ja Schnaps gar nicht mehr, dachte ich, aber ich hatte Angst, diese Nacht nicht schlafen zu können, auch wenn es bereits nach drei Uhr war, ich konnte mich nicht erinnern, wann ich zum letzten Mal so lange auf gewesen war, und ich fing an, *Waltz for Debbie* zu singen und parkte meinen Wagen auf dem Hotelparkplatz. Mevrouw van Amerongen hatte mittlerweile ihren Chef abgelöst und stellte so etwas wie eine Nachtwache dar, sie saß leichenblass an der Rezeption, und ich überlegte, ob ich sie fragen sollte, wie ihr das Amsterdamer Konzert gefallen habe, aber ich unterließ es; ich hatte keine

Lust auf Konversation; ich vermute, sie auch nicht; sie sah mich lediglich fragend an, als ich mich an ihr vorbei zu den Treppen schlich, und ich sagte, „mein Schlüssel ist bereits oben, ich hatte noch etwas zu erledigen!", und sie sagte, „wel te rusten!", und ich sagte, „jaja, ebenfalls! Ook zo!"

Vor Maries Tür blieb ich kurz stehen und horchte; es war nichts zu hören zum Glück. Wenigstens ist sie nicht wach geworden, wenigstens das nicht, dachte ich, und ich dachte, du hast ja ein schlechtes Gewissen, wie absurd, ein schlechtes Gewissen ist absurd, besonders in deinem Fall, dachte ich, und ich ärgerte mich über mich; ich dachte, du hast es nicht nötig, ein schlechtes Gewissen zu haben, in deinem Alter ist ein schlechtes Gewissen absurd; dreißig, vierzig Jahre war ich mehr oder weniger ununterbrochen mit einem schlechten Gewissen durchs Leben gekommen, selbst den von mir aufs heftigste abgelehnten Menschen gegenüber hatte ich immer ein schlechtes Gewissen gehabt; erst die Einsamkeit hat dich vom schlechten Gewissen befreit, dachte ich; ich habe sie eigentlich genossen, meine sukzessive Einsamkeit, sie war der Weg weg vom schlechten Gewissen, dachte ich, und ich lachte mich jetzt aus. Ich betrat mein Zimmer, schaltete die Deckenbeleuchtung ein und schloss die Tür von innen ab, und das erste, was mir ins Auge stach, war mein Portemonnaie. Es lag geradezu provozierend auffällig mitten auf dem aufgeschlagenen Bett. Dieser Anblick steigerte meinen Ärger über mich ins kaum noch Aushaltbare. Indem ich das Portemonnaie da liegen sah, erinnerte ich mich plötzlich, dass ich es in der Absicht aus der Hose gezogen hatte, meine Barschaft zu überprüfen, und das hatte ich auch getan, ich hatte ungefähr vierhundert Gulden gezählt und das Portemonnaie dann beiseite gelegt, weil mir der Gedanke gekommen war, vorsorglich zu pinkeln. Vermutlich warst du zu aufgeregt und erregt gewesen, du verhinderter Faun, dachte ich, und tatsächlich erwog ich einen Moment lang, das Portemonnaie einzustecken und neuerdings gen Alkmaar zu streben; ich zog mich jedoch in aller Ruhe aus und löschte das Licht und legte mich ins Bett.

Die Decke zog ich mir über den Kopf und dachte, jetzt bloß nichts überstürzen. Ich erinnere mich, dass ich noch wahrnahm, wie erschöpft und müde ich war; ich hatte es in Alkmaar nicht gemerkt, auch nicht bei der Rückfahrt, aber jetzt war die Müdigkeit da, und sie war glücklicherweise stärker als ich. Ich wollte mir noch im Kopf das Wohltemperierte anhören, in der Glenn-Gould-Version von 1959, ich schwankte einen Moment lang zwischen Wien und dem Wohltemperierten; ich entschied mich dann, weil ich nicht an Marie denken wollte in diesem Moment, für Bach, aber schon während des C-Dur Präludiums muss ich wohl eingeschlafen sein; ich kann mich jedenfalls nicht erinnern, die Fuge noch gehört zu haben.

Einmal wachte ich in der Nacht kurz auf, aber ich erinnere mich nicht, wie spät es war, ich schlief sofort weiter, ich schlief in dieser Nacht so tief wie lange nicht; als hätte ich tatsächlich eine Flasche Calvados oder eine Flasche Grappa im Blut, nach denen ich dann glücklicherweise doch nicht mehr gefragt hatte. Dabei liegt die Erinnerung an eine selbst ausgetrunkene Flasche Schnaps Jahrzehnte zurück, ich trinke ja im Grunde nie, sieht man von einem gelegentlichen Glas Wein oder Bier ab. Alkohol bekommt mir nicht, Schnaps schon gar nicht, und mit fortschreitendem Alter ist er mir immer weniger bekommen und hat nichts als Sodbrennen und totale Erschöpfung zur Folge gehabt, sobald ich nur geringfügig die mir angemessene Menge Alkohols überschritt. Ich erwachte durch lärmende Motorräder, die auf der Verbindungsstraße Camperduin-Schoorl ein Rennen veranstalteten, vor meinem Fenster quasi, und mein erster Gedanke war naturgemäß Marie.

Der Digitalwecker zeigte elf Uhr zwei an, und ich erschrak. Viel zu spät, dachte ich, das Frühstück mit Marie, unsere Rückfahrt, dachte ich, und ich schnellte aus dem Bett und hastete zur Toilette, und auf dem Weg entdeckte ich, dass vor der Zimmertür ein Blatt Papier lag, und mir war klar, Marie hatte es unter der Tür durchgeschoben, wer sonst, und ich bückte mich nach dem Blatt, es war tatsächlich ein von Marie beidseitig beschriebenes; Maries Handschrift rührte mich; noch nie hatte ich eine so zierliche Schrift gesehen. Ich setzte mich mit dem Blatt in der Hand aufs Bett und las zunächst die letzten Zeilen, denn sie sind erfahrungsgemäß die entscheidenden; meistens reicht ein Blick auf den Schluss eines Briefes, und man weiß, woran man ist, und ich las *trotz allem ganz lieben Dank für alles! Marie*, und ich spürte, dass ich eine Gänsehaut bekam und mir heiß und kalt gleichzeitig war, und ich dachte, die Katastrophe ist eingetroffen, genau dieses Wort dachte ich, die Katastrophe; das *trotz allem* ließ keine andere als eine katastrophale Wende vermuten, und ich las nun mit pochendem Herzen.

*Lieber Robert, ich habe gründlich nachgedacht und bin sogar zu einem Ergebnis gekommen. Ist das nicht gut? Ich wollte mit dir darüber sprechen, aber du warst nicht in deinem Zimmer. Ich möchte mich entschuldigen, Robert! Ich habe dir Schwierigkeiten bereitet! Das tut mir sehr leid. Wahrscheinlich muss ich mich erst langsam finden!*

*Es macht mich beinahe glücklich, dass du mich begehrst, wie du gesagt hast. Mein Leben lang habe ich mir das gewünscht, jetzt bin ich aber eine alte Frau, bin runzlig und grau – doch doch, Robert, das ist schon so, und ich denke noch immer, du machst mir nur Komplimente. Trotzdem danke ich dir. Ich höre deine Komplimente gerne. Die Freude darüber kann mir niemand mehr nehmen. Aber! Du nahmst an, ich würde einen anderen Typ Mann bevorzugen, und es klang so beleidigt, gekränkt, wie du das sagtest. Meine Entscheidung, nicht mit dir zu schlafen, liegt nicht an deinem Alter, nicht an deinem Aussehen, nicht an deinem Wesen, ach Robert, wo denkst du denn hin!? Robert, du bist ein Mann, der mir sehr gut gefällt! Glaub mir das! Wenn wir noch etwas jünger wären, würde ich vielleicht darauf hoffen, wir hätten eine Zukunft, aber wie gesagt, wenn. Wir sind es ja nicht. Du hast einen Eindruck von mir, der nicht stimmt. Ich habe es darauf angelegt, über die Stränge zu schlagen, es ist mir aber nicht gelungen, ich bin noch immer dieselbe. Tatsächlich habe ich daran gedacht, mit dir zu schlafen, immer wieder sogar. Es bewegt mich sehr, einen Mann kennengelernt zu haben, der noch genauso unerfahren ist wie ich,* wenn auch viel klüger. Versteh mich bitte, ich wollte heute Abend nicht mit dir ins Bett gehen, weil ich Angst habe, dass du ebenso viel Angst davor hast wie ich. Daraus kann nichts werden! Unser beider Angst potenziert, das führt zu nichts. Ich habe es immer mit ängstlichen Menschen zu tun gehabt, du siehst, wo mich das hingeführt hat. Robert war ein Schisser, und mein Vater war ein noch größerer Schisser. Entschuldige, dass ich dich so verwirrt habe, es tut mir sehr leid. Vielleicht war ich auch zu eitel und genoss es zu sehr, dass ich auf meine alten Tage noch begehrt wurde. Verzeih, Robert! Darüber hinaus ist mir klargeworden, dass du nur wegen mir, wegen meiner Termine, nach Wuppertal zurückfährst, und das will ich nicht. Bleibe noch ein paar Tage, es ist nicht einzusehen, dass du deinen Urlaub abbrichst, weil ich das Haus meines Vaters verkaufen muss. Ich fahre mit dem Zug heim. Es ist kein Problem, im Gegenteil, ich fahre gerne Bahn. Lass mich dir noch einmal danken. Unsere Ansmeerfahrt hat mir gefallen. Du hast mich inspiriert, Robert. Ich werde immer an dich denken, wenn ich das Wien-Konzert höre.

Bleib bitte noch ein paar Tage, erhole dich, auch von mir. Ich finde es besser, allein heimzufahren. Vor der Rückfahrt im Auto hätte ich mich geradezu gefürchtet.

So ist es gut! Wir haben wunderbare Stunden miteinander verbracht, ich bin dankbar dafür. Was jetzt noch gekommen wäre, ich weiß es nicht. Ich glaube, es wäre verkrampft geworden. Vielleicht sehen wir uns noch einmal, im Maritimarestaurant, bei einem Konzert unseres Meisters oder sonst wo. Lassen wir es einfach darauf ankommen. Ich denke an dich, ganz bestimmt.

Wir sind beide nicht glücklich.

Trotz allem ganz lieben Dank für alles!

Marie.

Zweimal las ich den Text, und ich spürte einen mir nicht erklärlichen Drang zu lachen, aber das Lachen blieb mir im Hals stecken, wie man zutreffend sagt, es entstand im Magen und versuchte sich einen Weg nach oben zu bahnen, aber es fand keinen und blieb stecken, sorgte für einen Überdruck in mir;

ich hatte das Gefühl, platzen zu müssen, aber ich platzte nicht, und mein einziger Gedanke war in diesem Moment, ihr nach! Sofort ihr nach!

Und ich zog mich in der größtmöglichen Eile an und rannte aus dem Zimmer. Ich stürzte beinahe die Treppe hinab zur Rezeption, die ärgerlicherweise nicht besetzt war, und ich sah im Frühstücksraum nach. Der widerliche Amerikaner saß wie am Vortag an einem Tisch und spielte Schach mit seinem Computer, er schaute nicht einmal auf zu mir; das war mir recht. Der hat dir gerade noch gefehlt, dachte ich. Ich betätigte die Klingel am Rezeptionstresen, und obschon es sicher nicht länger als eine Minute dauerte, bis Mevrouw van Amerongen auftauchte, war ich ungeduldig. Ich wandte mich an die Hotelangestellte, „Entschuldigung, können Sie mir sagen, wann Frau Josephs abgereist ist?" Mevrouw van Amerongen zog die Augenbrauen hoch und sah mich an, als sei sie irritiert.

„Heel vroeg, ik was er nog niet eens, ik zou even mijn baas moeten vragen!", und ich sagte, „nein, nein, danke, das reicht mir schon, Sie brauchen Meneer Jensen nicht zu belästigen! Danke!", und Mevrouw van Amerongen sagte, jetzt halb auf Deutsch, „das moet auf jede Fall vor neun Uhr gewest sein", und ich gab zurück, „seien Sie doch bitte so nett und machen mir die Rekening klaar, ich möchte auch abreisen!" „Schon fertig!", sagte Mevrouw van Amerongen und reichte mir ein Kuvert, und mir fiel ein, dass wir ja nur bis zum Sonntag gebucht hatten. Ich nahm die Rechnung entgegen, es handelte sich um die Summe für beide Zimmer sowie zwei Flaschen Wein, und ich war zumindest in diesem Punkt erleichtert, wenigstens hat Marie sich noch einladen lassen, dachte ich; es war keine Selbstverständlichkeit, denn wir hatten darüber nicht gesprochen, wer was bezahlte mit Ausnahme des einen Essens; ich hatte mir zwar von Beginn an vorgenommen, dass ich für diese Spontanreise aufkommen wollte, aber ich hatte es nicht ausdrücklich gesagt. „Ich packe eben noch meine Sachen, und dann erledige ich das!", sagte ich zu Mevrouw van Amerongen. „Ich bin in fünf Minuten wieder zurück!", und ich eilte hinauf

auf mein Zimmer. Indessen merkte ich sofort, ich hatte untertrieben; in fünf Minuten kann ich es nicht schaffen, dachte ich, aber es kommt ja nicht darauf an, und ich zog mich aus und stellte mich unter die Dusche, und naturgemäß fiel mir sofort ein, wie es am Vortag war, als ich unter der Dusche gestanden hatte, Wand an Wand mit der sich ebenfalls duschenden Marie, Wand an Wand mit der nackten Marie, und ich ließ das heiße Wasser auf mich rieseln und schloss die Augen und sah nichts als Maries wunderbare, ungepiercte, blasse Brüste, die ich sogar angefasst hatte. Zweimal hatte ich diese *Einzigbrüste* angefasst, und ich erinnerte mich an die Erektion, die ich am Vortag nach dem Duschen gehabt hatte, und ich dachte, vielleicht wäre das der bessere Augenblick gewesen, vielleicht hatte sie zu diesem Zeitpunkt noch nicht abgeschlossen mit dem Thema Beieinanderliegen, und ich dachte, du hast keine Erfahrung mit Frauen, wenn überhaupt, sind deine Frauenerfahrungen die unerfreulichsten, du weißt nicht, wann der geeignete Augenblick bei einer Frau ist. Du weißt nicht, wann bei Marie der geeignete Augenblick ist, andere Frauen existieren ja nicht, du kennst sie ja nicht, dachte ich, und ich dachte tatsächlich, was Hänschen nicht lernt, lernt Hans nimmermehr. Mit zunehmendem Alter fallen einem die lächerlichsten Plattitüden ein. Warum hast du das Gefühl eines Betrogenen, fragte ich mich, genau das war es, ich fühlte mich betrogen, um etwas betrogen, obschon ich auf nichts ein Recht hatte. Du hast ja im Grunde kein Recht auf sie, dachte ich, was stellst du dich so an, aber ich konnte mich nicht auf etwas anderes konzentrieren, der Eindruck, den das *Anmariesbrüstefassen* und unsere Küsse hinterlassen hatte, war ein zu dominierender, und darunter waberte noch die Laszivität der vergangenen Nacht in mir, das von Marie so gehasste Foto und die Negerinnen, und ich trocknete mich mit diesen Bildern im Kopf ab und zog mich an, und ich stopfte in aller Eile meinen Vigoleis und den eigens für diese spontane Ansmeerfahrt mit Marie gekauften Fotoapparat in die Reisetasche, und in dem Moment dachte ich, das wenigstens hast du. Du hast Maries wunderbare Nacktheit, das kann man dir nicht mehr nehmen, dachte ich, vermutlich, weil Marie etwas Vergleichbares geschrieben hatte, und mir ging Maries nackter Körper nicht aus dem Sinn, ich versuchte mir vorzustellen, wie die Fotos aussehen würden, die ich von ihr *geschossen* hatte, ich versuchte, mich an die Bilder zu erinnern, die ich auf dem Display meines neuen, im Grunde nur für Marie gekauften Fotoapparates beim Auslösen gesehen hatte, es gelang mir aber nicht. Die Situation, in der diese Fotos entstanden, war eine viel zu geschlossene, runde, ich konnte kein Einzelbild wachrufen, es war alles Bewegung, wie alles im Zusammenhang mit Marie Stehende eine einzige, runde Bewegung war, und ich dachte, dass ich noch nie in meinem Leben auf Fotos so gespannt gewesen war, und das ist auch wahr: ich war zuvor noch nie auf Fotos gespannt gewesen, ich hatte sie immer eher hingenommen, sie bedeuteten mir nichts, ganz im Gegensatz zu den Nacktfotos der von mir begehrten und geliebten Frau, und ich dachte, während ich mich umsah in meinem Zimmer, um festzustellen, ob ich nichts liegen ließ, dass ich diese Fotos schnellstmöglich haben wollte und dass ich um Marie kämpfen würde, und gleichzeitig dachte ich, wie lächerlich, du und um eine Frau kämpfen, und ich dachte, warum denn eigentlich nicht, warum nicht um Marie kämpfen, und dann dachte ich, nein, du hast ja noch nie um eine Frau gekämpft, es hat bislang noch nie einen Grund gegeben, um eine Frau zu kämpfen, und ich dachte, doch, im Grunde hast du ja in der ganzen Zeit, in der ihr zusammen wart, nichts anderes getan. Und das ist der Stand der Dinge.

Rufe ich sie an oder nicht, wenn ich zurück bin, das war meine Frage, rufe ich sie an oder nicht, und ich habe sie bis jetzt nicht angerufen, bis heute nicht. Aber ich denke an nichts anderes! Ich höre Wien und sehne mich und denke, du rufst sie an, noch bevor sie das Haus verkauft hat und ausgezogen ist, musst du sie anrufen. Jeden Tag denke ich das, und dann denke ich, ach was!